CURAR *para a* IMORTALIDADE

CIP-BRASIL. CATALOGAÇÃO NA PUBLICAÇÃO
SINDICATO NACIONAL DOS EDITORES DE LIVROS, RJ

E54c

Epstein, Gerald, 1935-
   Curar para a imortalidade: a nova medicina das imagens mentais / Gerald Epstein. – 1. ed. – São Paulo: Ágora, 2013.
il.

Inclui bibliografia
ISBN 978-85-7183-095-0

1. Psicoterapia.   2. Imagem (Psicologia) – Uso terapêutico.   3. Corpo e mente.   I.Título.
13-05053   CDD: 616.8914
                                                              CDU: 615.851

www.editoraagora.com.br

Compre em lugar de fotocopiar.
Cada real que você dá por um livro recompensa seus autores
e os convida a produzir mais sobre o tema;
incentiva seus editores a encomendar, traduzir e publicar
outras obras sobre o assunto;
e paga aos livreiros por estocar e levar até você livros
para a sua informação e o seu entretenimento.
Cada real que você dá pela fotocópia não autorizada de um livro
financia um crime
e ajuda a matar a produção intelectual de seu país.

CURAR *para a* IMORTALIDADE
A nova medicina das imagens mentais

Dr. Gerald Epstein

EDITORA
ÁGORA

Do original em língua inglesa
HEALING INTO IMMORTALITY
A new spiritual medicine of healing stories and imagery
Copyright © 2010 by Gerald Epstein
Direitos para a língua portuguesa adquiridos por Summus Editorial

Editora executiva: **Soraia Bini Cury**
Editoras assistentes: **Salete Del Guerra**
Tradução: **Silvana Vieira**
Projeto gráfico: **Gabrielly Silva**
Diagramação: **Triall**
Ilustrações: **©1977 by Wynn Kapit e Lawrence M. Elson**
Capa: **Buono Disegno**
Imagem de capa: **Naluwan/Shutterstock**
Impressão: **Sumago Gráfica Editorial**

*Este livro não pretende substituir qualquer tratamento médico.
Quando houver necessidade, procure a orientação de
um profissional especializado.*

Editora Ágora
Departamento editorial
Rua Itapicuru, 613 – 7º andar
05006-000 – São Paulo – SP
Fone: (11) 3872-3322
Fax: (11) 3872-7476
http://www.editoraagora.com.br
e-mail: agora@editoraagora.com.br

Atendimento ao consumidor
Summus Editorial
Fone: (11) 3865-9890

Vendas por atacado
Fone: (11) 3873-8638
Fax: (11) 3873-7085
e-mail: vendas@summus.com.br

Impresso no Brasil

Para Colette, minha iluminada guia e professora,
sem a qual este livro não teria sido escrito.

SUMÁRIO

Apresentação 9

Introdução 13

1. A medicina da mente: tornando visível o invisível.... 27
   Acaso e providência divina 30
   Lógica e verdade 39
   Verdade e realidade na cura 42
   Vontade de poder e vontade de amor....................45

2. O universo espelhado....................................... 51
   Espelhamento...51
   A crença cria a experiência................................59
   Os sistemas de crença e as crianças....................71

3. O escudo moral... 75
   Os mandamentos e a vida cotidiana....................83
   Os três votos 103

4. As sete chaves da cura **105**
Purificação 106
Fé 108
Perdão 109
Dor 110
Quietude 111
Reversão 112
Sacrifício 114

5. O relacionamento de cura **117**

6. Por que adoecemos **133**
Dúvida 134
Expectativa 141
Negação 145
Tornando-se um observador 155

7. Como recuperamos a saúde **161**
Vontade voluntária 162
Imaginação 165
Memória 173

8. Exercícios para a autocura **183**
Exercícios com imagens 184
Exercícios com espelho 214
Exercícios com espirais 219
Exercício do plano de vida 221
Exercícios de parar 223
Exercícios de descriação 225
Canto 226
Oração 229
Exercícios para ressurreição 233

9. Ressurreição: cura para a imortalidade **235**

Apêndice **251**

Índice remissivo **255**

APRESENTAÇÃO

Em 1974, lá estava eu sentado no jardim da minha professora Collete Aboulker-Muscat, em Jerusalém, num lindo dia de junho, prestes a iniciar um aprendizado de nove anos em medicina espiritual ocidental. Acabara de finalizar algumas imagens mentais que me haviam levado a níveis de realidade onde eu conhecera meu guia interior. Tomava uma xícara de chá de hortelã com bolo de mel, enquanto apreciava o delicioso aroma que exalava do jasmineiro ali perto. Um homem magro, de óculos, que nenhum de nós dois conhecia, passava pela rua e aproximou-se para espiar o jardim. Vendo-nos naquele ambiente idílico, retumbou com sua voz grave e ruidosa: "Isso me faz lembrar do tempo das profecias". Dizendo isso, afastou-se. Nunca mais vi esse homem, até que, em janeiro de 1986, voltei a encontrá-lo na livraria Paraclete, na cidade de Nova York.

A Paraclete tem um vasto sortimento de livros religiosos e espirituais de todas as crenças. Naquele dia, eu estava procurando

Dr. Gerald Epstein

livros sobre imagens mentais. Alguns deles, como os manuais de imagens terapêuticas escritos durante a Idade Média e o Renascimento por Santo Inácio e Santa Hildegard de Bingen, assentam-se sobre uma perspectiva religiosa. Eu havia separado e empilhado seis livros sobre o balcão e aguardava na fila do caixa, onde uma ou duas pessoas à minha frente também esperavam sua vez de pagar. De repente, um homem magro, de óculos, barba por fazer, vestindo um sobretudo com a gola levantada, passou roçando por mim, pegou os livros e começou a folheá-los um a um, soltando cada um deles ruidosamente sobre o balcão, com evidente desagrado. Em seguida, afastou-se e, ao fazê-lo, virou-se na minha direção, apontou para um livro que se encontrava na mesa perto dele e disse que eu deveria comprá-lo. Baixei o olhar para ver qual era o livro. Meditações sobre os 22 arcanos maiores do tarô. Senti um misto de curiosidade e ceticismo. Embora hesitante, peguei o livro e me pus a folheá-lo. Diagramas saltavam das páginas à minha frente (sou louco por diagramas): a estrela de Davi, a árvore da vida, a cruz grega, além de outros desenhos de cunho religioso--espiritual. Fiquei tão empolgado que decidi comprar aquele livro e deixar os outros. Saí pela porta principal, a mesma pela qual o homem acabara de sair, e quis agradecê-lo, mas, quando cheguei à rua, não consegui avistá-lo.

Pensando depois, concluí que nessas duas ocasiões, em Jerusalém e Nova York, eu fora visitado por um anjo, assim como Abraão quase 3.900 anos antes. Os dois encontros foram essenciais para mim: me indicaram uma nova direção e mudaram para sempre minha vida. Gosto de pensar, pelo menos, que aquele homem era um anjo, pois é essa a experiência que guardo dele. Meditações sobre os 22 arcanos maiores do tarô tornou-se desde então instrumento para minha reflexão e compreensão da saúde e da doença. Tenho a sensação de que o escritor — que assina "Amigo desconhecido" — fala comigo diretamente, com infinita sabedoria e inspiração.

Curar para a imortalidade

Minha vida foi abençoada com a presença de pessoas incomuns, de natureza sensitiva e espiritual, que influenciaram meu pensamento e meu desenvolvimento pessoal. Conheci swamis, lamas, mestres zen e sufistas, rabinos cabalistas, médiuns renomados e agentes da cura de várias linhas, até finalmente me relacionar e trabalhar com Colette. Foi, sem dúvida, uma trajetória movimentada e frutífera, que definiu os rumos da minha vida e conduziu a este livro.

INTRODUÇÃO

Curar para a imortalidade representa um retorno, o regresso para a casa da visão ocidental sobre o espírito e a doença. Na última metade do século 20, muitas pessoas se voltaram para o Oriente em busca de alimento espiritual e caminhos de cura. Muitos de nós ansiávamos por compreender as realidades mais profundas, esotéricas, e a sabedoria espiritual que não parecíamos encontrar nas religiões institucionais do Ocidente — o judaísmo, o cristianismo e o islamismo. Por um tempo, o Oriente nos ajudou a preencher esse vazio. Tive a sorte, porém, de descobrir a tradição ocidental graças à benevolência de minha professora, Colette Aboulker-Muscat. Acredito que, como ocidentais, nascemos nessa tradição não por acaso, mas com o propósito de usá-la para encontrar nosso próprio caminho para a totalidade espiritual e a saúde. Sendo médico, canalizei minhas descobertas para o exercício da medicina, na esperança de restabelecer os elos com as condutas e a sabedoria antigas.

Dr. Gerald Epstein

Neste livro, forneço um guia básico para unificar o espírito e o corpomente[1] e assim curar-nos de várias enfermidades e condutas prejudiciais à saúde, a fim de manter o bem-estar. Discuto relatos da tradição religiosa ocidental que nos ensinam o que fazer e como agir para promover a saúde, o bem-estar e a harmonia em nós mesmos e nas pessoas à nossa volta. Apresento várias técnicas eficazes para o restabelecimento da saúde, entre elas as sete chaves para a cura e inúmeros exercícios com imagens — pontes salutares entre o espírito e o corpomente. Não é preciso ser ocidental para se beneficiar desses métodos e ensinamentos, tampouco ser oriental para tirar proveito das tradições de sabedoria do Oriente. No entanto, se você é ocidental, talvez se identifique por inteiro com essa nova visão — ou melhor, com esse resgate — do significado pleno de saúde e de espiritualidade sadia.

Este livro reúne os resultados de meus quase 30 anos de prática médica e investigação clínica da mente e de suas funções, bem como de minha procura, ao longo da vida, de caminhos para que cada um encontre seu verdadeiro eu. Não é só um livro sobre medicina do corpo, da mente e do espírito; é um livro também sobre minha odisseia pessoal desde as fileiras da medicina convencional até o campo dessa "nova" medicina, que existe, na verdade, há cinco mil anos.

Minha trajetória começa aos 19 anos, quando um colega de faculdade me deu o livro *O homem contra si próprio*, de Karl Menninger. Depois de lê-lo, decidi me tornar psiquiatra e psicanalista, pois queria aprender mais sobre o poder da mente e seus efeitos em nossa vida. Assim, comecei a ler Freud na faculdade e finalmente alcancei meus objetivos depois de me formar em Medicina.

---

1. Espiritualistas e holísticos acreditam, ao contrário do pensamento cartesiano, que corpo e mente são indivisíveis, constituindo uma entidade única que denominam de "corpomente". [N. E.]

Curar para a imortalidade

Mas os meus interesses começaram a se desenvolver muito antes de eu ingressar na faculdade. Na infância, junto com meu amigo Allen Koenigsberg, pesquisei sobre a percepção extrassensorial e a hipnose. Na época, aos 13 anos, cunhei um termo para a experiência dos fenômenos extrassensórios: "consulta aos céus". Imaginava que havia no céu um "grande livro" no qual todos os acontecimentos já estavam registrados. Ao mesmo tempo, intuía a existência de um eixo, ou realidade, vertical — o sentido de subida e descida da mente, conhecido em todas as culturas do mundo como a direção do movimento rumo à liberdade, para longe dos grilhões da doença, do sofrimento e da escravidão. Trinta e cinco anos mais tarde, ao descobrir o mundo da imaginação com Madame Muscat, vim a saber que minha intuição estava correta. Ela me mostrou que o eixo vertical é o caminho para a liberação, sendo a imaginação e as imagens mentais a escada para subir e descer nesse eixo. Sempre em busca de expandir minha compreensão, na faculdade aventurei-me pelo pensamento oriental, com sua ênfase no voltar-se para dentro, e comecei a meditar. Investiguei também as raízes de minha religião ocidental e finalmente, em 1974, mergulhei no reino sem limites da imaginação. Foi então que iniciei meu aprendizado de nove anos com Madame Muscat sobre as técnicas mentais e a expansão da consciência na tradição ocidental.

Todo esse desenvolvimento me levou a reconhecer, tanto na vida pessoal quanto profissional, a poderosa influência da mente não só na origem como na cura de todas as enfermidades. Discorri detalhadamente sobre essa compreensão em meus livros anteriores: *Imagens que curam* (Summus, 2009), *Waking dream therapy* (Human Sciences Press, 1981; ACMI Press, 1992) e *Studies in non-deterministic psychology* (Human Sciences Press, 1980; ACMI Press, 1993). Em *Waking dream therapy*, apresento uma abordagem terapêutica inovadora que permite explorar nosso eu mais profundo, pelo poder da imaginação, e utilizar as imagens sensoriais que descobrimos durante essa viagem interior. Com esse método de

Dr. Gerald Epstein

usar a imaginação, chega-se ao autoconhecimento e à autocompreensão de maneira rápida e profunda, assim como à cura. Em *Imagens que curam*, concentro-me nas dificuldades e enfermidades físicas e emocionais mais comuns e proponho para elas exercícios de cura usando imagens mentais. Esse livro é uma espécie de cartilha, que introduz o leitor no fantástico mundo das imagens mentais e ensina-o a criar imagens personalizadas.

Em todos os meus livros, utilizo o termo "imagens mentais" em vez de "imagens visuais" ou "visualização". "Imagens mentais" implica o uso de todos os sentidos no processo de imaginar, não apenas a visão. Na verdade, porém, as imagens visuais constituem cerca de 90% do que se passa na mente.

Neste livro, explicarei quais tendências da mente predominam no desenvolvimento de distúrbios físicos e emocionais e quais de suas funções prevalecem na cura da enfermidade. Em outras palavras, explicarei por que adoecemos e como recuperar o bem-estar. Acredito que assim posso ajudar as pessoas a descobrir caminhos, hoje esquecidos, para a cura genuína. Apresentarei um novo modelo médico, um modo diferente de encarar a doença e a saúde, que aceita e compreende a função da mente de uma maneira que faz sentido. Refiro-me a ele ora como "medicina da mente" ora como "medicina espiritual". Espero também reintroduzir a mente na psiquiatria, visto que ela praticamente desapareceu do processo de cura ao se privilegiarem as "soluções" bioquímicas e farmacêuticas. Até agora, a medicina convencional do Ocidente não foi capaz de incorporar adequadamente as funções e tendências da mente ao modelo que desenvolveu para a compreensão da saúde e da doença. Esse modelo reconhece a separação entre corpo e mente que existe em nossa cultura e acredita que, nessa equação, a mente tem pouca ou nenhuma importância no desencadeamento ou na cura da doença.

Essa cisão entre mente e corpo na tradição ocidental ocorreu há cerca de 350 anos, durante o período ironicamente chamado de "Era das Luzes", quando René Descartes, o filósofo francês,

Curar para a imortalidade

disse que só é real o que pode ser compreendido pela razão, e o inglês Francis Bacon afirmou só ser real o que pode ser percebido pelos sentidos no mundo externo. Eles e os filósofos que os sucederam, especialmente durante a Revolução Industrial, relegaram ao purgatório da insignificância todos os modos ilógicos de pensamento e modos não empíricos de percepção. Essa bomba filosófica partiu o indivíduo em dois — a cisão corpo-mente —, causando um trauma do qual só agora, lentamente, começamos a nos recuperar.

Minha intenção neste livro é ajudar a restaurar e restabelecer a continuidade mente-corpo que, por milhares de anos antes, se sustentara como um fato. Antes de ocorrer essa ruptura no pensamento ocidental, no século 17, nossos antepassados tinham uma concepção de mundo bastante diferente da nossa. Não viviam essa separação entre sua consciência e o mundo à sua volta, ou entre eles. O homem antigo, medieval e renascentista via o mundo como uma unidade. A partir do Iluminismo, começamos a nos afastar do mundo e dos outros. Dividimos o universo em dois: o físico (tudo que fosse diretamente percebido pelos cinco sentidos) e o não físico (tudo que os sentidos não pudessem apreender diretamente). Físico tornou-se sinônimo de objetivo; e não físico, de subjetivo. Físico também foi associado a corpo e realidade; e subjetivo, a mente e irrealidade. Esses preconceitos macularam nosso pensamento até recentemente. Por meio da experiência pessoal e da experimentação, descobri a verdade da realidade subjetiva ou, para ser mais preciso, das realidades subjetivas. A imaginação, as imagens mentais, os sonhos, os devaneios, as alucinações são todos realidades subjetivas. Não se pode medi-los nem quantificá-los fisicamente. Suas qualidades são incalculáveis.

O objetivo deste livro é ajudá-lo a treinar sua mente de outro jeito, reeducar seu corpomente de maneira integral, para que você tenha uma vida nova e saudável, em harmonia com sua verdadeira natureza e o mundo à sua volta. Ele é um incentivo para que você favoreça sua própria cura, participe dela, experimentando o

Dr. Gerald Epstein

reino da imaginação a fim de alcançar uma compreensão maior de si mesmo.

Por fim, a novidade neste livro, aquilo que supera tudo que já foi escrito e publicado no campo de estudos da mente-corpo, é que não se trata simplesmente de um conjunto de técnicas que podem provocar uma mudança significativa. Ele também fornece um contexto mais amplo de compreensão, do qual essas técnicas são apenas uma parte — uma estrutura social, moral e espiritual que inclui Deus, o Ser infinito do qual emana tudo que conhecemos. Os livros da sabedoria ocidental dizem que Deus, na verdade, se fez menor, contraiu-se e retirou-se para dentro de si mesmo, a fim de permitir que o mundo criado viesse à tona. Essa contração foi um ato de grande misericórdia e amor. Serve-nos de modelo para entender como favorecer nossa cura. Discorrerei sobre isso ao discutir o relacionamento de cura, mas o simples fato de conhecer esse contexto essencial da vida, e saber como foi que passamos a existir, permitirá que as técnicas de cura que aqui ensino se estabeleçam; contribuirá para que elas se imprimam indelevelmente em nosso corpomente e permaneçam conosco para sempre, em vez de serem apenas mais um paliativo.

A medicina do corpomente que ofereço parte do princípio de que existem causas e curas imateriais e invisíveis para todas as doenças — causas que não se podem observar, medir e calcular de maneira direta e objetiva por meio dos cinco sentidos. Ela contraria o modelo médico ocidental, que atribui as enfermidades a "agentes" patogênicos — mais especificamente, micro-organismos como bactérias e vírus. Ninguém até hoje soube explicar direito por que algumas pessoas sucumbem imediatamente a esses patógenos, enquanto outras não são afetadas por eles ou, quando são, se recuperam mais rápido. A resposta está no reino invisível da mente, na imaginação.

A realidade invisível corresponde ao que alguns chamam de realidade espiritual. Ela está por trás da realidade sensorial cotidiana, aquela que é visível, objetiva, física. Descobrimos e expe-

Curar para a imortalidade

rimentamos a realidade invisível voltando nossos sentidos para dentro, quando usamos a imaginação e seu processo funcional de imagens mentais.

A realidade invisível compõe-se de muitos níveis ou mundos, todos eles concretamente reais. Embora não tenham volume ou massa substantiva que possamos perceber com os sentidos, esses mundos exercem o importante papel de configurar e influenciar a realidade visível. Não são apenas metáforas do mundo exterior, físico, que experimentamos quando estamos acordados; são tão reais quanto ele. Esse aspecto constitui uma das teses principais deste livro. Também chamo essa realidade espiritual invisível de realidade vertical. Essa realidade sem substância e impossível de localizar transmite sua influência para a realidade visível a fim de dar forma, na verdade, criar o mundo visível, cotidiano. No campo da espiritualidade religiosa, a influência da realidade vertical se encontra no relato da criação, no primeiro livro da Bíblia, o Gênesis. A criação se originou de uma fonte invisível que fez aparecer o mundo visível. A cura é um ato igualmente criativo, que requer um movimento ascendente pelo eixo vertical da imaginação, para dentro da realidade espiritual invisível.

As pessoas me perguntam se precisam acreditar em Deus ou na realidade invisível para ocasionar a cura. Respondo que isso não é necessário para fazer os exercícios e as técnicas que apresento neste livro. Basta fazê-los e observar o que acontece. No entanto, durante sua execução, é importante deixar de lado o ceticismo e participar do trabalho com fé. Quem experimentou o caminho da medicina da mente alcançou resultados maravilhosos.

O lugar central que os contextos social e moral da doença e do bem-estar ocupam na medicina mental ou espiritual é uma contribuição do Ocidente para a cura. Nenhuma abordagem médica oriental integrou os elementos sociais e mentais a suas práticas, embora o Oriente reconheça a extrema importância da mente na origem das enfermidades. A abordagem oriental é passiva na motivação da cura, ao passo que a abordagem ocidental é ativa.

Dr. Gerald Epstein

Na medicina mental, a mente e o corpo funcionam em total parceria; eles formam uma unidade. Quando examinamos nossas doenças e aflições, percebemos o significado dos sintomas. Reconhecemos o seu valor, no sentido de que nos alertam não só para um problema físico, mas também para as dificuldades sociais e morais mais amplas que enfrentamos nas situações da vida. Quando aceitamos a integração mente-corpo, como faziam os antigos, cada órgão do corpo assume um significado no nível emocional e social.

Por exemplo, tratei vários pacientes com doença cardíaca. Eles passaram a entender e valorizar suas experiências de vida, conseguindo identificar que sua cardiopatia começou a se manifestar após o término de uma relação amorosa ou a perda de um ente querido. Embora o coração seja tido, desde os tempos remotos, como a sede do amor, se olharmos a mente e o corpo como coisas separadas, então os sintomas jamais terão outro significado senão o de manifestações físicas de natureza puramente mecânica, sem relevância para os aspectos emocional, mental ou social da vida. É dessa maneira convencional que a medicina ocidental vê a hipocondria, por exemplo, em que o paciente apresenta vários sintomas de uma vez ou sintomas persistentes para os quais não se encontra nenhum distúrbio orgânico. Em geral se diz que tal pessoa tem mania de doença, ou seja, seus problemas "estão todos na mente" e, portanto, não vale a pena prestar-lhes muita atenção. No entanto, essa pessoa está comunicando seu sofrimento por meio de sintomas físicos. O corpo fala de nossas circunstâncias de vida usando uma linguagem própria, expressando-se fisicamente. Todas as experiências de vida falam conosco, seja por intermédio dos sonhos, das emoções ou das reações físicas. Os médicos e os pacientes precisam aprender essa linguagem.

Um paciente produzirá sintomas até que alguém ouça e escute o que ele está dizendo, ou até que ele próprio entenda as mensagens de seu corpo. Por exemplo, um incômodo no ombro pode

Curar para a imortalidade

"dizer" que ele está carregando as dificuldades sozinho ou arcando com responsabilidade além do que pode suportar. Do mesmo modo, um problema cardíaco "fala" de mágoa, despeito ou decepção — algum revés amoroso que se reflete no coração físico. Portanto, o nome científico de uma doença não é relevante na medicina do corpomente. Os sintomas são importantes porque nos alertam para o fato de que os fatores da vida estão em ação e precisamos cuidar do que está acontecendo — ou seja, procurar e corrigir as tendências insalubres. A natureza do sintoma fornece dicas do tipo de processo mental que podemos utilizar para eliminar o distúrbio (discuto isso no Capítulo 7). Na cura do corpomente, porém, podemos examinar os sintomas no contexto mais profundo de toda a nossa situação atual, pois conectamos os sintomas aos demais aspectos da nossa vida. Uma medicina que não incorpore a mente como vontade significativa tenderá a isolar e separar o sintoma da pessoa, examinando-o de maneira objetiva e distante, sem relação com o restante de sua vida.

* * *

O primeiro capítulo, "A medicina da mente", é uma introdução ao papel da realidade invisível na saúde e ao modo como ela atua em nossa vida por meio de sua principal função invisível, a mente. Esse capítulo compara a visão de mundo espiritual do Ocidente com sua atual visão científica da realidade.

O Capítulo 2 descreve a relação entre as realidades objetiva e subjetiva — de que maneira elas se espelham. Aplico aqui o antigo aforismo ocidental que diz "O que está em cima está embaixo" para propor um novo e viável modelo de medicina.

O Capítulo 3, denominado "O escudo moral", permite aperceber-nos das aplicações médicas e curativas dos dez mandamentos como prescrições para uma vida sadia, moderada, feliz e sem doenças.

Dr. Gerald Epstein

O Capítulo 4 identifica e explica as faculdades mentais que cada um de nós pode desenvolver para ocasionar a própria cura. Chamo-as de "as sete chaves da cura".

O Capítulo 5, "O relacionamento de cura", oferece uma nova e revigorante perspectiva sobre a importância da relação entre o agente da cura e o paciente, e também sobre o paciente como agente da própria cura, e de que maneira essa relação contribui para promover a cura.

"Por que adoecemos", o Capítulo 6, define três tendências da mente que operam em todos nós, criando problemas físicos e emocionais.

O Capítulo 7, "Como recuperamos a saúde", fornece os três remédios, inerentes ao funcionamento da mente e do coração, que atuam na cura dos problemas físicos e emocionais.

O Capítulo 8 traz vários exercícios de cura que fazem uso de imagens mentais e da vontade.

O último capítulo detalha minha visão do que esse novo modelo de medicina pode nos proporcionar — ou seja, a imortalidade, pela superação da doença e da morte, tal como a concebiam nossos antepassados e os sábios antigos. Nosso movimento em direção a essa imortalidade ou possibilidade de ressurreição depende mais de nosso esforço interior e da expansão da consciência que de autoridades ou instituições médicas.

Ao longo deste livro, discuto os relatos bíblicos e sua relevância para a saúde, o bem-estar e a compreensão do espírito. Começo afirmando que a Bíblia é uma história moral do mundo. Mais do que relatar os acontecimentos, ela conta como a história foi vivenciada e de que maneira se produziram as maravilhas e os desastres que caracterizam a vida na Terra. A Bíblia declara, logo no início, que uma realidade invisível, intangível e oculta aos nossos sentidos, chamada Deus, criou o mundo físico. Essa criação foi verdadeira, perfeita, bela, boa, moral — termos sinônimos usados em seu sentido absoluto.

Curar para a imortalidade

Para compreender plenamente os relatos bíblicos em seu sentido espiritual, não podemos tomá-los como metáforas. A palavra "metáfora", tal como a entendemos hoje, indica que existe algo real por trás de algo irreal. Os psicólogos freudianos, por exemplo, ao descreverem um sonho no qual aparece um rifle, possivelmente dirão que ele não é, de fato, um rifle, mas um pênis. Assim, algo — um rifle — se revela à nossa percepção no sonho, mas não é considerado uma realidade autônoma, com características próprias e significados inerentes. Ao contrário, só ganha significado por meio daquilo a que ele se refere, o pênis — este, sim, com significado "real". O valor do rifle reside meramente na sua dependência de alguma outra coisa, à qual está relacionado. Sua própria existência depende dessa relação. Metáfora denota essa relação de dependência. No entanto, eu veria o rifle como algo real, concreto, com valor intrínseco e independente, que dispensa qualquer ponto de referência para justificar sua existência. Ele tem um significado próprio que se mostra a nós para transmitir uma mensagem pela verdadeira linguagem da mente — a imagem.

O contraste entre essas duas formas de interpretar a linguagem da mente sintetiza toda a diferença entre uma psicologia de causa e efeito baseada na dependência, como a psicanálise e todas as suas variantes, e o processo de cura da medicina espiritual, baseado no espírito e centrado na autoridade que cada um tem sobre si mesmo. Não precisamos depender de nada nesta vida para encontrar a cura. De fato, nossa saúde depende de nos tornarmos autoridades em nós mesmos. Consequentemente, não usamos a linguagem baseada na dependência, típica da metáfora. Portanto, quando lemos sobre o desafio colocado a Adão e Eva, de escolher entre o bem e o mal, devemos ver e perceber aí as pessoas reais e a escolha real. Tendo em mente que aceitamos toda experiência como algo real e concreto, os relatos da Bíblia devem ser lidos literalmente, mas não apenas assim. A sabedoria espiritual do judaísmo afirma que devemos interpretar a Bíblia em quatro níveis:

Dr. Gerald Epstein

1. Como verdade concreta e literal.
2. Como analogia.
3. Como alegoria moral.
4. Como relato arquetípico.

A migração de Abraão de sua terra natal, Ur, para a Caldeia, por exemplo, é reconhecida como um acontecimento literal. Mas é também uma analogia à migração interior (o externo e o interno refletindo-se um no outro). É ainda uma alegoria sobre a necessidade de deixar o próprio lar e o ambiente conhecido a fim de encontrar a liberdade; e um relato arquetípico de como devemos viver no cotidiano, assim como Abraão — que, para encontrar Deus, precisou romper com a cultura vigente.

É dessa maneira que peço a você para ler as referências bíblicas. Existe uma realidade invisível que foi habitada por Adão e Eva. Sim, eles existiram, assim como Caim, Abel e todos os demais. Quando a Bíblia fala de pessoas como Enoque e Elias, que não morreram, é no sentido literal. Não se trata de relatos metafóricos; são todos acontecimentos literais, assim como a ressurreição de Jesus. Para a vida espiritual, tudo é, a princípio, concretamente real.

Em vários momentos ao longo do caminho, reitero propositalmente certas histórias bíblicas. O objetivo é recordar-lhe da importância dessas histórias e imprimir em sua psique o significado delas. Em cada ocasião, o relato serve para ampliar e aprofundar sua compreensão. A repetição atua como um cântico ou um mantra, conferindo mais força ao tema central da discussão.

Estabelecendo relação com os episódios bíblicos, menciono o fato de Eva ter comido a maçã primeiro, dando-a depois a Adão. Como no universo espiritual nada acontece por acaso, não foi à toa que Eva foi a primeira a provar do fruto. Ao fazer isso, ela assinala um aspecto significativo da tradição espiritual do Ocidente: a mulher ensina o homem. A mulher conduz o homem na vida ou o devolve à vida. Eva conduz Adão nesta vida terrena, que é

Curar para a imortalidade

agora nossa universidade, onde devemos aprender as leis da compreensão espiritual que, um dia, nos permitirão transformar este planeta repleto de violência em um lugar de amor, justiça e misericórdia. Essa transição já está acontecendo, à medida que a dominação patriarcal do passado cede lugar ao impulso matriarcal do amor, da sabedoria e da cooperação.

Uma última recomendação: trabalhe experimentando as técnicas e métodos que apresento para descobrir se elas funcionam para você. Não acredite simplesmente no que eu digo. A cura é uma jornada interna de autodescoberta que todos podemos empreender. Torne-se você mesmo a autoridade no assunto da sua própria saúde.

1. A MEDICINA DA MENTE

tornando visível o invisível

> [...] coloquei diante de vocês a vida e a morte,
> a bênção e a maldição. Agora escolham a vida,
> para que vocês e os seus filhos vivam.
>
> —Deuteronômio, 30:19[2]

A medicina da mente, ou medicina espiritual, é aquela que nos move na direção do espírito, da realidade invisível. É uma medicina de verdade e amor. O texto original que inspira este livro é a Bíblia, ela mesma o texto vivo da cura médica. A medicina espiritual se baseia em um ensinamento essencial, o de que possuímos os meios para curar-nos usando os processos mentais internos. Podemo-nos tornar autoridades em nós mesmos e assumir a

---

2. Essa e outras passagens bíblicas da presente tradução valeram-se da Nova Versão Internacional da Bíblia, disponível em www.bibliaonline. com.br. [N. E.]

Dr. Gerald Epstein

responsabilidade por nossa saúde e bem-estar. O objetivo último desse esforço é não apenas alcançar um estado de cura, mas conquistar, por fim, uma longevidade que agora parece impossível. Com o tempo, como espero explicar nestas páginas, podemos chegar a derrotar a morte. A possibilidade da ressurreição é comum às três grandes religiões ocidentais: o judaísmo, o islã e o cristianismo. Este livro anuncia nosso ingresso na era da ressurreição, da qual a tradição espiritual do Ocidente tem falado há muitos milhares de anos, desde o antigo Egito até Israel, Grécia, Irã, Turquia e Europa.

O século 20 caracterizou-se por uma escala sem precedentes de mortes humanas. A morte em massa e o potencial para uma destruição ainda maior nos impelem a tentar refrear nossos impulsos destrutivos. Toda essa morte foi ocasionada por nossas mãos e só por elas pode ser corrigida, mas enquanto depositarmos a confiança nas autoridades e nos líderes mundiais e acreditarmos, erroneamente, que outros seres humanos, ou outras criações humanas, têm a chave para nossa felicidade e realização pessoal, continuaremos no cativeiro. Por direcionar mal a nossa confiança, fizemos deste mundo um lugar extremamente perigoso.

Podemos dizer também que, no decorrer do século 20, Deus foi esquecido. Onde há Deus, onde há verdade e amor, não pode haver morte. Deus é verdade e amor, é mais forte que a morte. Para começar a reverter essa tendência para a morte, o perigo e a destruição, e fazer deste mundo um lugar acolhedor, precisamos trazer Deus de volta à nossa vida. O advento do amor e da verdade neste mundo, se o permitirmos, vencerá a morte e permitirá que a era da ressurreição se complete.

Jeffrey S. Levin, professor-adjunto de medicina da família e da comunidade na Eastern Virginia Medical School, destacou o papel salutar que a espiritualidade, bem como a prática e o sentimento religiosos, desempenha na superação da doença:

> Desde o século 19, foram publicados mais de 250 estudos empíricos na área da medicina clínica e epidemiológica nos

Curar para a imortalidade

quais um ou mais indicadores de espiritualidade ou religiosidade, definidos de maneiras variadas, mostraram alguma associação estatística com determinados resultados relacionados à saúde. Alguns estudos nessa área sugerem que a religião tem efeitos salutares na doença cardiovascular, na hipertensão, no derrame cerebral, em quase todos os tipos de câncer, na colite e na enterite, em inúmeros indicadores do estado de saúde e nos prognósticos de morbidade e mortalidade. Além disso, quaisquer que sejam a definição e o critério de espiritualidade adotados (crenças, comportamentos, atitudes, experiências etc.), os dados encontrados aparentemente se mantêm. Há ainda uma literatura não especializada, e particularmente volumosa, que reúne mais de duas dezenas de estudos nos quais se demonstram os benefícios para a saúde de simplesmente frequentar com regularidade a igreja ou a sinagoga. Por fim, embora nenhum estudo tenha "provado" conclusivamente que a perspectiva espiritual ou a prática religiosa seja um fator universal de cura ou prevenção, os efeitos positivos da espiritualidade sobre a saúde foram observados em estudos com brancos, negros e latino-americanos; em estudos com adultos e adolescentes; em estudos com americanos, europeus, africanos e asiáticos; em estudos prospectivos e retrospectivos, de coortes e de controle de caso; em estudos com protestantes, católicos, judeus, pársis, budistas e zulus; em estudos publicados nas décadas de 1930 e 1980; em estudos que mediram a espiritualidade como crença em Deus, prática religiosa, leitura da Bíblia, hábito de orar, anos de estudo na yeshivá, sentimentos numinosos, envolvimento com magia, entre muitos outros construtos; e em estudos de condições agudas debilitantes, doenças crônicas terminais, enfermidades com período de latência prolongado, breve ou ausente entre a exposição, o diagnóstico e a mortalidade. Em resumo, esses estudos parecem constantemente registrar a presença de algo que merece uma investigação séria, e en-

Dr. Gerald Epstein

tender o "quê", o "como" e o "por quê" desse evidente fator espiritual na saúde [...] pode ser essencial para reduzir o sofrimento e curar o doente[3].

O "fator espiritual" que o dr. Levin menciona é o fator crítico em qualquer cura. Este é o momento propício para definir os elementos que compõem o fator espiritual e compará-los com algumas das premissas básicas da medicina, da psicologia e da ciência.

ACASO E PROVIDÊNCIA DIVINA

A diferença entre a medicina da mente e a medicina convencional reside, na verdade, na perspectiva com que cada uma aborda a realidade. No Ocidente, a esmagadora maioria das pessoas acredita que o acaso é a realidade fundamental; que o universo, embora talvez seja, em última análise, determinado, é, em seu funcionamento momentâneo, uma massa incipiente, caótica, aleatória e imprevisível, que pode acarretar-nos, a qualquer instante, alguma consequência terrível. O acaso é a causa de todos os acontecimentos em um mundo onde Deus não existe nem pode existir.

Essa crença está atrelada à noção de que não pode haver uma realidade invisível e de que somos, essencialmente, seres escravizados, mecânicos, que funcionam de maneira determinada, obedecendo às imutáveis leis de causa e efeito. Nossa tarefa, como seres humanos, é tentar controlar esse universo físico e social, impedindo que sua aleatoriedade e maluca imprevisibilidade nos afetem. Acredita-se que, com conhecimentos suficientes, podemos subjugar o universo e dominar até mesmo as forças da natureza.

A ciência, a medicina e a psicologia, três das grandes instituições que governam nossa vida — infelizmente, até demais hoje em dia —, operam de acordo com essa crença no acaso. Segundo

3. *Advances: The Journal of Mind-Body Health*, v. 9, n. 4, outono de 1993.

Curar para a imortalidade

essas três visões de mundo, a vontade humana e quaisquer forças não físicas estão subordinadas ao acaso, que age sem a intervenção de uma realidade invisível. A medicina diz que o ser humano é meramente um mecanismo, nada mais que um organismo mecânico que pode ser consertado sempre que uma de suas peças quebrar. Esse elemento misterioso, intangível e imaterial chamado mente não é de fato real nem está ligado ao corpo.

Embora os médicos reconheçam que o físico pode afetar o mental (os esteroides são um exemplo disso), eles fundamentalmente não admitem o contrário. Nenhuma medicina que acredite apenas na realidade física pode admitir ou reconhecer que o imaterial, o invisível, a mente sejam significativos. Os médicos costumam não ter a menor ideia do papel que a mente desempenha na origem da doença, e nem se importam com isso. Quando um médico não consegue descobrir a patologia física que está "causando" a queixa do paciente, ele em geral diz: "Não encontrei nenhum problema. Suas queixas estão todas na sua mente. Vou recomendá-lo a um psiquiatra".

Analise-a como quiser, do ângulo que preferir, o fato é que a medicina convencional atua com base na suposição de que o acaso é o princípio norteador. A própria linguagem médica revela essa suposição ao apoiar-se em explicações estatísticas como "remissão espontânea", "sobrevida de cinco anos" e "doença genética". "Remissão espontânea" significa que o desaparecimento de uma enfermidade aconteceu por acaso, o que ocorre em um entre um milhão de casos. "Sobrevida de cinco anos" refere-se às suas chances de estar vivo cinco anos depois do aparecimento de uma doença. "Doença genética" quer dizer que não entendemos como uma enfermidade se distribui entre os membros da família, a não ser pelo acaso da transmissão genética. É claro, o tabuleiro do acaso chamado estatística é apenas uma realidade abstrata; não informa o que vai lhe acontecer (a menos que você acredite nisso) e não tem nada que ver com você aqui e agora.

Dr. Gerald Epstein

Para a ciência médica convencional, nós, humanos, somos apenas um fato probabilístico no universo e só por acaso viemos parar neste planeta. Em um mundo aleatório, a sorte explica a experiência do acaso — ou temos a "boa sorte" ou a "má sorte". A sorte é uma explicação conveniente que nos livra da responsabilidade pelo que nos acontece. Vemo-nos à mercê da experiência e, assim, tomamos todas as precauções possíveis para ter segurança e certeza na vida, para garantir que não seremos "vítimas das circunstâncias". Andamos por aí com a cabeça encoberta, olhando por cima dos ombros, preocupados com a próxima catástrofe que nos aguarda ao dobrarmos a esquina neste mundo voltado para a ruína e a tristeza, em que a mídia mal pode esperar para relatar o "desastre" ou a "tragédia" que vem a seguir.

No entanto, quando abandonamos conscientemente a crença no acaso, iniciamos a caminhada rumo ao espírito. O mundo da realidade invisível, ou da providência divina, tem uma visão oposta da vida. Para os que acreditam nessa visão, o universo é ordenado e seu funcionamento obedece a um plano divino. Os seres humanos nascem com o livre-arbítrio e têm a escolha de criar a própria realidade. O mundo de Deus é paradoxal: somos livres dentro de um todo universal ou cósmico determinado. Nada nesse mundo acontece por acaso. Tudo emana da realidade invisível e se manifesta pelas ações da nossa vontade. Até mesmo o mundo mecânico está sob a égide da realidade invisível. Se o seu carro não pegou esta manhã, não foi por acaso. Há uma razão; algo importante para sua vida tinha de ser acionado naquele instante. Às vezes, a importância do acontecimento se revela de forma clara — como quando uma pessoa perde o voo a caminho do aeroporto porque seu carro, por exemplo, teve uma avaria mecânica e o avião em que ela embarcaria sofre um acidente fatal.

Na perspectiva da realidade espiritual, interpretamos os fatos com base em suas correspondências, não na relação de causa e efeito. A psicologia, por exemplo, diria que é a ansiedade que está causando palpitações no meu coração. Porém, na medicina es-

Curar para a imortalidade

piritual, a ansiedade e as palpitações se correspondem — uma é manifestação física, a outra é emocional, e ambas se espelham, se refletem. Acontecem simultaneamente, embora no mundo cotidiano da percepção e da experiência pareçam ocorrer em sequência, dando-nos a impressão de que uma é causa da outra. Na visão de mundo científica, a mente e o corpo são separados e inerentemente distintos. (Na verdade, para a ciência e a medicina, a mente é irreal.) Na ciência e na medicina espiritual, mente e corpo são considerados funções análogas entre si. Não causam um ao outro; são, antes, reflexos especulares um do outro, expressões genuínas do ser humano. O fato de que as realidades física e emocional se reflitam explica por que dizemos, por exemplo, que o coração é a sede do amor e o fígado, a sede da raiva. O amor se reflete como coração; o coração, como amor. O coração e o amor estão em essência conectados. Do mesmo modo, também, há uma conexão inerente entre o tangível e o intangível. Os sonhos noturnos, as imagens mentais e as experiências da meditação são fatos tão reais quanto os que acontecem no estado de vigília. Eles espelham o que ocorre quando estamos acordados, assim como os sintomas físicos correspondem a fatos mentais e espirituais. Para entender por que adoecemos e como recobramos o bem-estar, é essencial compreender esse aspecto.

Podemos perceber o mundo de maneira diametralmente diferente daquela que nos é inculcada no dia a dia. Para ser mais específico, a chave para a saúde está em aceitar a verdade da divina providência, da unidade corpomente, da realidade invisível.

O modelo convencional de realidade não dá conta das suas ou das minhas experiências subjetivas, das nossas intuições, dos nossos desejos e experiências espirituais. Em sonhos, assim como em devaneios e na imaginação, eu posso ir parar nos confins do universo. Meu corpo físico está aqui, mas também estou em algum outro lugar, no mesmo instante. Sonhei recentemente que estava na casa da minha professora em Jerusalém. Se você me perguntar qual das duas experiências era mais vívida, próxima e consciente

Dr. Gerald Epstein

para mim, estar lá com Madame Muscat ou estar fisicamente deitado na minha cama, em casa, responderei da mesma maneira que você provavelmente responderia se eu lhe fizesse a mesma pergunta acerca de seus sonhos: nesse momento, sou muito mais consciente e humanamente mais próximo da minha realidade onírica do que da minha cama. Como poderia ser diferente? Quem estava em Jerusalém? Eu. Esse "eu" é muito mais que aquele corpo físico deitado na cama.

A medicina e a psicologia convencionais não podem arbitrar o que é verdadeiro, real, normal e anormal; não podemos conhecer o mundo invisível por meio de uma especulação feita no mundo exterior. Meu sonho não está aberto à avaliação científica, objetiva. A ciência pode me dizer que eu estava no sono REM (movimentos oculares rápidos associados ao sonhar), mas isso não informa nada sobre a realidade do sonho, apenas sobre um elemento periférico associado a ele. A ciência não pode analisar a mente, apenas o cérebro. A mente é ilimitada, mas o cérebro não; ele é um objeto físico, com limites. Como pode o limitado abrigar o ilimitado? Como pode a mente localizar-se no cérebro, como somos levados a crer? O ilimitado pode dar origem ao limitado, pode conter o limitado, mas não o contrário. O ilimitado não tem fronteiras, não tem fim.

Mais uma vez, o relato da criação no Gênesis ilustra esse tema. No princípio era o caos, a ausência de forma. Dessa amorfia surgiu o mundo criado. Na vida espiritual do Ocidente, o movimento do amorfo e invisível para o visível caracteriza o modo como o mundo realmente funciona. Esse movimento ocorre ao longo do eixo da causalidade vertical, sendo essencial para a compreensão da medicina da mente. A causalidade vertical define a relação do mundo invisível com o mundo visível. Na realidade invisível, existem níveis de criação, conforme ilustra o diagrama da página 35.

Curar para a imortalidade

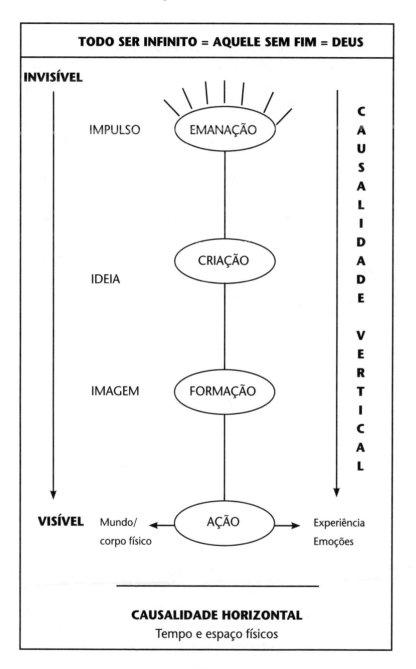

Dr. Gerald Epstein

Na consciência, esses níveis de criação se espelham simultaneamente. É assim que experimentamos a realidade vertical. Tomemos como exemplo a possibilidade denominada andar. O conhecimento para concretizá-la vem na forma de um impulso, que é registrado como ideia, que é vista como imagem e vivenciada como ação. Cada uma dessas funções espelha as demais. Na vida diária, geralmente nos apercebemos da realidade da ação, mas não das outras três.

A causalidade que sustenta a compreensão da ciência natural e a medicina convencional é a "causalidade horizontal", cujo foco principal é a visibilidade. De acordo com a medicina convencional, as causas físicas têm efeitos físicos. Por exemplo, micro-organismos causam doenças no corpo, enquanto alterações na bioquímica do cérebro provocam doenças mentais. Portanto, as causas físicas podem dar origem a reações físicas e não físicas.

Da perspectiva da causalidade vertical, as doenças se originam do reino amorfo da mente, mediadas por imagens, ideias e crenças, que então se materializam no mundo físico. Uma infecção no nível físico reflete uma ruptura no tecido moral e social da nossa existência. A cura, então, deve envolver os outros níveis da causalidade vertical: a própria cura dos sintomas físicos implicará a cura do contexto em que vivemos.

A causalidade vertical está nos fundamentos do judaísmo e do cristianismo. Na vida espiritual do Ocidente, a intersecção do vertical e do horizontal é representada por este símbolo: †. A cruz da cristandade expressa a interação do vertical com o horizontal. Para a espiritualidade cristã, Jesus está na intersecção do vertical com o horizontal: † Jesus.

A interação e inter-relação do que está em cima com o que está embaixo também é simbolizada, na espiritualidade ocidental, pela estrela de Davi: ✡. "O que está em cima está embaixo" é a síntese espiritual da lei da analogia, da relação inerente entre duas coisas que, à primeira vista, não parecem ter ligação entre

Curar para a imortalidade

si. Assim, "O que está em cima está embaixo" alude à influência dos mundos verticais sobre o mundo humano e vice-versa. Na sabedoria espiritual, matéria e espírito são analogias um do outro. Na estrela de Davi, o triângulo que aponta para o alto ($\triangle$) simboliza não só o que está em cima, mas também o fogo. O triângulo que aponta para baixo (∇) simboliza não só o que está embaixo, mas também a água. Além disso, o símbolo $\triangle$ representa o ar, e ∇, a terra. Os quatro símbolos representam os elementos que, ao se fundirem e misturarem, compõem a matéria viva do universo.

A realidade vertical é um reino atemporal, a experiência do momento ou instante eterno. É o que os físicos chamam de "não tempo", no qual podemos testemunhar a presença do presente. Esse momento eterno se desenrola, ao longo do eixo horizontal do passado, presente e futuro, como a narrativa da nossa vida e aquilo que percebemos como experiência de causa e efeito, culminando, por fim, com a morte. Na medicina da mente, o objetivo é estabelecer a conexão com a presença do presente e retornar à realidade vertical, que é o que sustenta a nossa vida, o lugar onde a verdadeira cura acontece. As técnicas da medicina da mente nos possibilitam de viver no "não tempo" e, assim, alinhar-nos e sintonizar-nos com a realidade vertical. Esta é o reino da liberdade, do amor, da moral, de Deus. O que ocorre nela produz efeitos imediatos, sendo vivenciado no mundo do tempo. Os milagres podem ser definidos exatamente dessa maneira, ou seja, como acontecimentos sem precedentes ou antecedentes (isto é, fora do tempo) que têm efeitos no mundo do tempo histórico. A abertura do mar Vermelho e a ressurreição de Jesus são duas ocorrências milagrosas cujos efeitos perduram por milhares de anos.

No quadro a seguir, resumo os 12 caminhos da providência e os 12 caminhos do acaso. Eles pertencem a duas estradas que levam, respectivamente, à vida e à morte, cabendo a nós escolher qual delas seguir.

Dr. Gerald Epstein

Os 12 caminhos da vida *Providência* Causalidade vertical	Os 12 caminhos da morte *Acaso* Causalidade horizontal
Unidade corpo-mente	
	Cisão corpo-mente
Graça	Sorte
Ser (presente)	Expectativa (futuro)
Criador	Vítima
A crença dá origem à experiência	A experiência dá origem à crença
Existem a realidade objetiva e a subjetiva	Só existe a realidade objetiva
O pensamento analógico-intuitivo é reforçado pela lógica	A lógica é o único processo de pensamento válido, correspondendo à verdade
Realidade e verdade não são a mesma coisa	Realidade e verdade são a mesma coisa
Conserva a autoridade sobre si mesmo	Delega a autoridade a outrem
Fé	Ceticismo
A forma obedece à função	A função obedece à forma
Ressurreição	Morte

A estrada da providência está diretamente ligada aos processos que reconhecem a primazia da causalidade vertical, ao passo que a estrada do acaso liga-se diretamente aos processos que reconhecem a primazia da causalidade horizontal.

A maioria dos caminhos listados no quadro será discutida a seguir; o restante será abordado nos próximos capítulos. Vejamos agora algumas comparações entre o raciocínio vertical e o horizontal.

LÓGICA E VERDADE

No mundo do acaso — isto é, da causalidade horizontal —, a cola usada para unir as coisas é a lógica, função intelectiva que lida apenas com o visível, o tangível, o quantitativo. Ela exclui qualquer fenômeno que não se possa experimentar diretamente no mundo físico ou que opere fora das leis científicas, como os milagres.

Essa dependência da lógica é enganosa e falsa. Algo pode ser verdadeiro e nem por isso basear-se na lógica formal, assim como algo baseado nela pode ser totalmente falso. Por essa razão, a medicina espiritual lida com a verdade, não com a lógica. Em 1989, apresentei-me no programa de rádio de Geraldo Rivera com dois outros agentes da cura. Cada um de nós levou cinco pacientes que haviam conseguido se curar de doenças físicas graves, como o câncer. Na plateia, havia dúzias de outras pessoas que também haviam se curado. Uma médica convencional veio ao programa para explicar à audiência que o que estavam ouvindo não era verdade, pois não obedecia às leis da lógica. Segundo ela, toda cura vivenciada como experiência direta era "apenas incidental", ou seja, não era válida, genuína, real, pois se tratava de algo "apenas" subjetivo, que não fora confirmado pelo exame científico, objetivo, "verdadeiro", feito por meio de um estudo duplo-cego controlado. O que ela estava dizendo fazia certo sentido, no plano abstrato — por exemplo, no tocante a testar os medicamentos em laboratório —, mas não condizia com a verdade de que aquelas pessoas estavam curadas. Para a médica, a prova devia basear-se não naquilo que os sentidos dos pacientes haviam diretamente confirmado a eles, mas numa ideia preconcebida acerca do que torna algo verdadeiro. Ela estava tão enredada em seus próprios conceitos que não podia aceitar a verdade bem diante dos seus olhos. Muitas de nossas ideias preconcebidas se formam já na infância e são cultivadas no terreno da dedução lógica. Mais tarde, ao depararmos com algo que não se encaixa em nossa estrutura lógica, tendemos a não lhe dar valor e o descartamos.

Dr. Gerald Epstein

A cura verdadeira que todas aquelas pessoas experimentaram desafia a explicação lógica ou médica corrente e, portanto, não pode ser aceita. Assim, a verdade não consegue vencer o ceticismo preconcebido.

Sei do caso de um jovem que desenvolveu um carcinoma na cabeça do pâncreas e passou por uma cirurgia para remover essa parte do órgão. Os médicos notaram que o câncer havia se espalhado um pouco, atingindo as camadas superficiais da veia porta adjacente e um linfonodo, mas todo o resto naquela região estava limpo e normal, inclusive os dez linfonodos localizados mais acima na cadeia, mais afastados da cabeça do pâncreas. O resultado da análise sanguínea dos marcadores tumorais também estava normal. Prescreveram-lhe então um programa de tratamento "preventivo" que combinava quimioterapia e radiação. Esse programa equivaleria a uma "segunda cirurgia", conforme explicaram a ele. Os médicos o consideravam necessário porque uma célula cancerígena poderia estar circulando pelo sistema sem que fosse possível detectá-la pelos recursos conhecidos. O argumento para essa intervenção devastadora, que terminou por destruir um rim do paciente, foi que havia uma "chance" de a célula cancerígena estar andando por algum lugar. Eis como a teoria dos germes, do século 19, foi aplicada a um caso de doença crônica: uma célula isolada, como uma bactéria, pode aterrissar e crescer em algum lugar e "causar" uma doença. Essa dúvida dos médicos quanto ao desaparecimento do câncer foi transmitida ao paciente, que ficou aterrorizado com a ideia de que o tumor pudesse voltar. Vivendo então com essa crença que lhe fora inculcada, ele passou o resto da vida sentindo-se impotente para realizar qualquer mudança benéfica, fosse em seu comportamento social ou moral, em sua dieta, em suas orações etc.

Outra distinção entre lógica e verdade está na diferença entre o que é e o que pode ser. A lógica baseia suas proposições no raciocínio "se-então". Se tal coisa é a causa, então o resultado provável é tal outra. A verdade, no entanto, sempre diz respeito ao

Curar para a imortalidade

que é, ao que se apresenta a nós e a nossas percepções na instantaneidade do momento presente. O pensamento lógico se projeta no futuro, fazendo previsões, tirando conclusões, medindo os resultados. O problema é que o futuro não existe — ele é apenas potencial. Ainda não aconteceu. Tratá-lo de outra forma é participar de uma ilusão. Qualquer ideia de que o futuro pode ser previsto, manipulado, moldado ou controlado é inverídica. Desperdiçamos boa parte da vida acreditando nesse reino ilusório que jamais nos pertencerá. Debater-se com o que é essencialmente falso pode custar caro demais para nossa vida física e emocional. Estamos envolvidos em um jogo sem fim, como no conto das roupas novas do imperador, conferindo um papel especial às instituições da ciência, da medicina e da psicologia, bem como a seus guardiões, que acreditam em suas próprias miragens e desfrutam o poder que essa ilusão lhes dá.

Na medicina da mente, o futuro pertence a Deus. O primeiro mandamento diz: "Não terás outros deuses diante de mim". Os sufis (místicos islâmicos) dizem a mesma coisa de maneira muito bonita: "Não colocarás nenhum outro deus adiante de Deus". Os cientistas e médicos que têm a presunção de prever o futuro, ou que estão preocupados com os resultados de seus experimentos, querem se colocar no lugar de Deus, usurpar seu conhecimento e poder, criar um culto aos ídolos. Se você quer se curar, saia do futuro e volte ao presente.

A essência da medicina espiritual resume-se a um único ato, e nele se baseia toda cura: venha para o presente. Deixe seu passado para trás. O que passou passou; está morto e enterrado, pertence agora ao reino da experiência finda. Agarrar-se ao que já foi é perpetuar sua escravidão. O raciocínio "se-então" se aproveita da ideia de que sua experiência passada determina sua experiência futura. Se foi esse o padrão no passado, então assim será no futuro. Esse modo de pensar não lhe deixa opções e mantém seus grilhões. Nós nos agarramos a ele na esperança de consertar o futuro, de poder controlá-lo, pois acreditamos que o futuro é real

· **41** ·

Dr. Gerald Epstein

e podemos conhecê-lo. Abandone o futuro, abandone o passado. Coloque sua confiança no momento, no agora, diante do presente, e tenha uma vida livre como você jamais conheceu.

Aqueles que ainda desconhecem o raciocínio espiritual podem estar cogitando que eu menosprezo o raciocínio lógico, mas não é nada isso. Na verdade, estou designando à lógica dedutiva o lugar que lhe é próprio: servir de apoio para a intuição, para essa ausência de lógica indutiva, interna, a primeira voz que nos fala, sempre no presente, vinda do coração ou das nossas entranhas — aquilo que chamamos de "sentimento íntimo". Depois de ouvir nossa intuição, podemos então usar a lógica para pôr em prática a ação que ela nos impele a tomar. Neste mundo criado pelo homem, no qual vivemos hoje em dia, os processos lógicos se desenfrearam num êxtase tecnológico que está devastando o meio ambiente. A lógica irrefreada, que julga poder triunfar sobre Deus e nos leva a acreditar que somos Deus, é análoga ao câncer. O câncer é o desenfrear do corpo. A lógica é o desenfrear do intelecto. Não podemos controlar o câncer, a menos que controlemos o intelecto. Tampouco podemos remediar o desastre ambiental desencadeado pela tecnologia, em nome do progresso e do "sonho americano", a menos que reconheçamos a verdade de nossos sonhos, de nossas realidades espirituais internas e superiores.

VERDADE E REALIDADE NA CURA

Na medicina da mente, aceitamos todas as experiências como algo real, seja no foro íntimo da consciência — em sonhos, fantasias, alucinações, imaginação, pensamentos, sentimentos e sensações —, seja no foro exterior da consciência, conhecido como mundo externo, que inclui o mundo natural e aquele criado pelo homem. A ansiedade é real, a raiva é real, os sonhos são reais, as alucinações são reais, o medo é real. Para nós, tudo é real, mas a medicina da mente olha para além do real, para aquilo que é verdadeiro. Na medicina convencional, o foco está no real, mas não no verdadeiro.

Curar para a imortalidade

Essa é uma das principais diferenças entre elas; para a medicina da mente, realidade e verdade não são a mesma coisa.

Realidade significa a existência de qualquer fenômeno que percebemos ou criamos, tanto no mundo externo quanto interno. Verdade significa o que é, o que é fato e o que é válido em determinado contexto. Por exemplo, a ansiedade é real e até verdadeira para você no momento em que a sente. Mas o contexto em que ela ocorre não é verdadeiro, pois toda ansiedade está relacionada com o futuro. Quando estiver ansioso, pergunte-se: "Por que estou ansioso?" Do mesmo modo, quando sentir-se amedrontado, nervoso, tenso, preocupado ou zangado, indague-se por quê. E, se estiver com uma pessoa que está experimentando esses sentimentos aflitivos, faça o mesmo com ela. A resposta sempre estará relacionada ao futuro. Mas o futuro não existe! É apenas potencial e ainda não aconteceu. É, por natureza, falso, e nenhuma discussão ou emoção ligada ao futuro é verdadeira. Portanto, embora a ansiedade seja real, seu contexto não é verdadeiro. O mesmo podemos dizer dos sentimentos inquietantes relacionados ao passado, como a culpa, a vergonha, o arrependimento e a vingança. São todos reais e verdadeiros no momento, mas aquilo a que se referem, o contexto em que estão ocorrendo, não é verdadeiro. O passado é ilusório; está morto, enterrado, descartado da existência. Assim como o futuro, não é verdadeiro. Era e agora não é mais. Prender-se ao passado só serve para gerar pensamentos sobre o futuro: "Foi assim no passado, logo será assim no futuro". Fomos treinados para pensar dessa maneira, e é nessa maneira de pensar que se baseia a noção de que a experiência (o passado) dá origem à crença (o futuro). (Essa falsa noção será discutida em detalhes no próximo capítulo.)

Qualquer psiquiatra, psicólogo ou médico que julgue irreal a forma de expressão de um paciente nega a realidade da experiência desse indivíduo, fazendo-o sentir-se, em algum nível do seu ser, incompreendido e indesejado no relacionamento com o clínico. Essa incompreensão é insolúvel, pois o médico tem uma ideia

Dr. Gerald Epstein

preconcebida do que é real. De fato, todo diagnóstico psiquiátrico se baseia na avaliação clínica da relação do paciente com a "realidade". Por exemplo, a experiência de um esquizofrênico que afirma ser Jesus Cristo é real, embora não seja verdadeira. Portanto, o termo psiquiátrico "delírio", no sentido de "irreal", é enganoso. A experiência do esquizofrênico é real, mas não verdadeira. Ao ignorar esse aspecto, a psiquiatria reduziu drasticamente sua eficácia, a tal ponto que a profissão se limitou à prescrição de remédios, tornando-se apenas mais uma subdivisão da bioquímica.

Os psiquiatras em geral consideram emocionalmente perturbadas as pessoas que não se ajustam a seus padrões preconcebidos de normalidade e anormalidade. Assim, para eles, as alucinações são irreais ou "loucura", quando, na verdade, são bem reais, e o paciente certamente as vivencia dessa forma. Dizer a ele o contrário é humilhá-lo e desvalorizá-lo ainda mais, o que contribui para fazê-lo mergulhar mais fundo na doença. Infelizmente, a psiquiatria não conseguiu ultrapassar essa barreira de maneira significativa e, por isso, não pode sequer começar a lidar com a distinção entre verdade e realidade. Compreender essa distinção pode ser o primeiro passo para a psiquiatria reivindicar os domínios da mente, promessa que ela fez a si mesma e a esses sofredores chamados pacientes antes de renunciar à sua legitimidade como campo de investigação e terapia, a fim de acomodar-se à materialista medicina convencional e assim ser aceita por ela.

Na medicina da mente, jamais questionamos a realidade da experiência de uma pessoa. Questionamos, sim, sua verdade. Ao ser abordada dessa maneira, a pessoa logo começará a pensar em fazer mudanças e se dedicará a isso por meio de uma ou mais técnicas que a colocarão na estrada da cura. Parece que nós, humanos, temos o desejo inato da verdade e trabalharemos a serviço dela. Mas, se você tentar me dizer o que é real, posso armar uma grande briga ou, ao contrário, tornar-me submisso e render-me à sua autoridade. Nenhuma dessas possibilidades seria positiva para o meu bem-estar. Sim, podemos brigar também sobre o que

Curar para a imortalidade

é verdadeiro, mas podemos experimentar e, pela experimentação, chegar a um acordo. Assim é a medicina da mente: não nos submetemos a nenhuma autoridade externa e fazemos experimentos com o que descobrimos para constatar se é verdadeiro. Esse tipo de prática traz resultados notáveis em pouco tempo. As pessoas se tornam capazes de prosseguir construtivamente com sua vida.

No reino físico, a medicina da mente também se ocupa da realidade e da verdade. Nem por um momento penso em negar ou negligenciar as manifestações físicas da doença. Se o fizesse, estaria cometendo o mesmo erro que os médicos que negam a realidade dos sintomas físicos quando não descobrem nenhuma "causa orgânica". É preciso levar em conta os sintomas, acolhê-los, até mesmo agradecer-lhes por se manifestarem e nos alertarem, dando-nos assim a oportunidade de introduzir mudanças importantes em nossa vida. Eles fazem parte do quadro mais amplo da integração mente-corpo, no contexto de nossa relação social e moral com o mundo.

VONTADE DE PODER E VONTADE DE AMOR

A verdade e a lógica se refletem em amor e poder, respectivamente. A verdade e o amor são dados a nós, e por intermédio de nós, pela realidade invisível, ao passo que a lógica e o poder, que almejam controlar o futuro, se desenvolvem na mente humana por meio de nossas escolhas. Um exemplo da interação da lógica com o poder é o livro *Mein Kampf*, de Adolf Hitler, que procurou mostrar logicamente que os judeus eram os responsáveis por todas as dificuldades enfrentadas pelos alemães, estando a saída para essa situação no extermínio dos judeus. A "lógica" de Hitler, evidentemente, se baseava numa crença falsa. É na falsa crença que se apoia a vontade de poder, uma megalomania anormal que busca suplantar até Deus.

Dr. Gerald Epstein

A origem da falsa crença que engendra a vontade de poder remonta à história arquetípica de Adão e Eva no jardim do Éden. Nesse paraíso, não há doença nem morte, somente a vida eterna e a felicidade, conforme prometera Deus aos nossos progenitores ao oferecer-lhes o Éden por toda a eternidade, desde que eles obedecessem à sua voz e não comessem o fruto da árvore da ciência do bem e do mal. Nesse paraíso, o casal recebe a visita da serpente, que faz a Eva uma proposta muito difícil de recusar. Ela e Adão, promete a serpente, poderão usurpar o conhecimento e o poder de Deus, ganhar assim onisciência do futuro e onipotência sobre ele, e, consequentemente, tornar-se imortais, como o Criador. Para isso, só precisam comer o fruto da árvore da ciência. Eva se vê então diante de um terrível dilema. Está dividida entre escutar a voz de Deus ou a voz da serpente, que lhe promete uma recompensa futura se ela ceder e experimentar o fruto. Eva finalmente resolve o conflito escolhendo o fruto. Começa aí a história do mundo.

A serpente representa hoje todos os indivíduos, autoridades e instituições que vivem da vontade de poder e da promessa, embutida nessa vontade, de que controlaremos o futuro, também conhecido como destino. Ao mesmo tempo, porém, tais indivíduos, instituições e autoridades estão tentando controlar nosso destino por nós. A serpente mentiu a Adão e Eva, e todos nós alimentamos essa mesma mentira que nos contam os agentes da serpente, ao prometerem algo que jamais estará a nosso alcance: usurpar o conhecimento e o poder de Deus.

A verdade e o amor são análogos na tradição espiritual do Ocidente. Sempre existiu no mundo ocidental esse conflito entre a vontade de poder e a vontade de amor. A primeira vem do impulso de usurpar o conhecimento e o poder de Deus. A crença de que somos Deus é megalomania. O anseio por uma condição supra-humana representa o lado trágico da tradição ocidental, que atribui significado ao mundo e o vê como o contexto para as ações que nos podem beneficiar ou destruir. Quando, em nossa mania

Curar para a imortalidade

de grandeza ou megalomania, passamos por cima do primeiro e do segundo mandamentos — "Não terás outros deuses diante de mim" e "Não farás para ti imagem esculpida, não te prostrarás diante de nenhuma imagem esculpida, de nenhum ídolo falso" —, perdemos o caminho. Mais do que isso, nossa humildade se atrofia. A subversão da humildade atrai a desgraça para nossa existência individual e até mesmo para uma comunidade social maior, como foi o caso de Hitler, Jim Jones, Idi Amin e Saddam Hussein, para citar apenas alguns. Essa destruição está a serviço da vontade de poder, pois aquele que busca o poder precisa subjugar ou dominar os outros de maneira perceptível.

A médica que conheci no programa de Geraldo Rivera não parecia demonstrar qualquer afeto pelas pessoas que se curaram. Ela negava suas experiências. Todas estavam ali por amor ao que haviam recebido de Deus, mas a médica recebeu-as com esta atitude: "Não acreditem no que aconteceu a vocês nem no que seus sentidos lhes dizem". Na verdade, ela lhes disse que eram loucas de acreditar em algo, de experimentar algo que não se enquadrava no modelo científico criado pelo ser humano. Ela desvalorizou e diminuiu a experiência daquelas pessoas, sem aparentar nenhum amor. O amor é a força que nutre a realidade invisível e torna possíveis a verdade e a moral, e, no comando dessa realidade, está Deus. Derramando-se do alto, o amor permite que o mundo criado, terreno, continue a funcionar. Cada um de nós é insuflado com a capacidade de perpetuar essa energia vital, atuando como seu agente aqui na Terra. Nada que entre em contato com essa força monumental pode morrer. Consequentemente, ao contrário do que em geral se crê, a morte não é o término "natural" do processo de nascer e se desenvolver. Fomos feitos para viver — e viver para sempre, na verdade. A morte é uma limitação que impomos à nossa própria liberdade, pois somos os únicos seres aptos a integrar-nos com a capacidade inata de viver para sempre, de vencer a morte, por assim dizer.

Dr. Gerald Epstein

Deus nunca pretendeu que alguém morresse. Ele se lamenta por nós desde a queda do Éden e, em seu infinito e inabalável amor, mantém-se persistentemente devotado a nós e a nossos esforços para alcançá-lo. Quando fracassamos nesses esforços, somos então arrebatados pelo grande cirurgião chamado morte, para que possamos reiniciar o ciclo.

Agir por amor, de acordo com os preceitos morais que nos foram apresentados desde os primórdios e se consolidam no serviço da verdade, abre-nos o caminho para vencer a morte. É somente por amor que agimos moralmente uns com os outros. Os mandamentos são as ferramentas de ensino que definem a relação dos seres humanos entre si e com Deus. Todo ato de retidão moral emana da vontade de amor. Por outro lado, todo ato em sentido contrário tem origem na vontade de poder. É o amor que nos faz agir à semelhança de Deus.

Falaremos muito mais sobre o amor ao longo deste livro, mas é preciso assinalar aqui que o amor é um ingrediente necessário na medicina espiritual. Ele é a força que nutre o universo, é a emanação do coração de Deus. Já presenciei indizíveis sofrimento e infelicidade manifestando-se pela falta de amor. Precisamos amar. Precisamos ser amados também, mas amar é essencial. Sem isso, a vida se torna palco de imenso pesar, de "quieto desespero", de abjeta tristeza, de depressões, que podem se manifestar como enfermidades físicas graves. É sabido que o amor é tão forte quanto a morte, podendo até derrotá-la. A vontade de amor está a serviço da força da vida, enquanto a vontade de poder favorece a força da morte.

Como se deu essa evidente dicotomia? A resposta tem início em Deus — como sempre, aliás, na medicina baseada no espírito. Deus veio e disse que, a cada momento da vida, teríamos de escolher entre a vida e a morte. Somos nós que escolhemos o caminho — vida ou morte. Escolher o caminho da morte significa apegar-se a qualquer coisa que não esteja conectada com o momento presente. Isso inclui agarrar-se ao passado; acreditar que o

Curar para a imortalidade

futuro é real; aceitar que os padrões criados pelo ser humano são verdadeiros, genuínos e dignos de esforço; permitir que a lógica ocupe o lugar da verdade; crer que as autoridades externas têm as respostas para nossa existência; colocar algum deus adiante de Deus; e inúmeros outros erros que serão discutidos em outras passagens deste livro. Quando escolhemos qualquer direção que nega a realidade da dimensão espiritual invisível e a realidade do momento presente como a única verdade, ingressamos nos domínios da morte.

Passemos agora ao próximo capítulo, no qual conheceremos melhor os domínios da vida, a causalidade vertical e sua influência em nós.

2. O UNIVERSO ESPELHADO

> Não existe nada que seja bom ou mau;
> o pensamento é que os cria.
> —Shakespeare, *Hamlet*, ato 2, cena 2

A realidade vertical, espiritual, opera por meio da consciência individual, manifestando as percepções internas como experiências físicas, externas. O interno cria o externo. A crença cria a experiência. O invisível gera o visível. Cada um de nós reflete em sua experiência de vida pessoal aquilo que é verdadeiro no plano universal, cósmico: "O que está em cima está embaixo".

ESPELHAMENTO

A realidade vertical contém tudo que é insubstancial e bem como substancial. A matéria sutil, insubstancial, que os místicos sufis chamam de "matéria absoluta", move-se pela escada vertical no

Dr. Gerald Epstein

sentido descendente, tornando-se mais e mais substancial à medida que avança, até alcançar a total substancialidade que caracteriza a matéria espessa do nosso mundo físico. Esse movimento, ilustrado no diagrama da página 35, parte da emanação para a criação, da criação para a formação e desta para a ação (o mundo físico).

O nascimento da matéria física a partir da matéria absoluta, invisível, coincide com um processo de reflexão, isto é, cada nível reflete os demais. Assim, o mundo físico é um reflexo do mundo imaterial, invisível. O processo de refletir é o mesmo que o de espelhar — de fato, espelhar é refletir. Ser feito à imagem de Deus é ser um reflexo, um espelho de Deus. Não é ser igual a Ele. Quando olhamos no espelho, vemos um reflexo, uma semelhança, não a identidade. Somos semelhantes a Deus, mas não iguais a Ele.

O espelhamento é fundamental na medicina espiritual, e um de seus aspectos principais está relacionado com a analogia. A analogia se refere à relação entre duas coisas que têm pontos de semelhança mas não são iguais. Na analogia, considera-se o todo, vê-se o objeto em sua totalidade. Por exemplo, quando coloco minha mão esquerda diante do espelho, minha mão direita se reflete de volta. O que observo é uma analogia. As duas mãos são semelhantes, mas não iguais. Ao mesmo tempo, elas representam a totalidade de sua condição de mão. Podemos ver o lado da frente, de trás, direito e esquerdo das mãos no mesmo instante.

Portanto, o pensamento analógico apreende a totalidade no instante, enquanto o pensamento lógico tende a dissecar a experiência, decompondo-a em partes, na esperança de, mediante as inferências resultantes desse processo, montar o quadro todo com o tempo.

No pensamento analógico, os dois elementos relacionados não precisam ter a mesma natureza — não precisam, por exemplo, ser duas coisas físicas. O coração e o amor podem ser considerados análogos: um é físico, o outro é uma paixão. Podemos dizer que o coração é o análogo físico do amor. O coração espelha (reflete)

Curar para a imortalidade

o amor no mundo físico e no corpo físico (como vemos nos cartões do dia dos namorados). As imagens mentais e as coisas físicas também podem ser análogas entre si. Por exemplo, você pode imaginar uma cadeira ou vê-la no mundo físico. Ambas são tridimensionais, mas a imagem mental não tem volume nem massa, ao contrário do objeto físico. São, portanto, analogias uma da outra.

Começamos a perceber aqui um modo de pensar que não é lógico. Nesse modo de pensamento, chamado analógico, uma coisa não causa outra; o que existe entre elas, na verdade, é uma correlação ou correspondência, como no caso do coração e do amor. O amor não causou o coração; cada um deles existe em um domínio diferente, mas reflete o outro.

O pensamento analógico permite-nos encontrar outros significados para as situações de vida, muito diferentes daqueles que podemos identificar pela análise. Esta se baseia no raciocínio de causa e efeito, cujo objetivo é chegar a uma conclusão fixa, ao passo que a analogia nos leva a uma resposta reveladora.

O reino da ciência oferece uma analogia à função do espelhamento e ao movimento da invisibilidade para a visibilidade. Em 1948, o físico húngaro Dennis Gabor, que fazia pesquisas no campo da ótica, desenvolveu um processo fotográfico que dispensava o uso de lentes, batizado por ele de "holografia" — que lhe valeu, em 1953, o prêmio Nobel. Em um experimento realizado para demonstrar o processo, Gabor fez incidir um raio *laser* através de um semiespelho, meio escuro, meio prateado. Como resultado, o feixe de luz bifurcou-se e defletiu em duas direções. Um dos raios, chamado raio de referência, foi enviado diretamente para uma chapa fotográfica como padrão de energia. O outro, conhecido como raio de trabalho, foi desviado para outros semiespelhos e, então, para um objeto (como acontece na fotografia comum). Por fim, o raio de trabalho foi direcionado para a mesma chapa fotográfica, onde encontrou o raio de referência, e registrado também como padrão de energia, não como imagem.

Dr. Gerald Epstein

Na chapa fotográfica, a imagem visível (ou seja, o raio de trabalho, que transmitia o reflexo do objeto) fundiu-se com uma base invisível ou matriz, tomando o seguinte aspecto:

Gabor então disparou o raio *laser* na chapa fotográfica. Surpreendentemente, uma imagem tridimensional do objeto, suspensa no espaço, apareceu atrás da chapa. Em seguida, ele quebrou a chapa no chão em vários fragmentos e direcionou o *laser* para um deles. Novamente, a imagem tridimensional apareceu suspensa no espaço. Se a chapa fosse quebrada em fragmentos menores e um deles recebesse o raio *laser*, a imagem tridimensional ainda apareceria, embora não tão nítida. Portanto, como demonstra essa analogia, qualquer parte contém o todo. De fato, alguns físicos acreditam que essa analogia holográfica se aplica a todo o universo.

As experiências internas e externas — das imagens mentais e dos sonhos às percepções sensoriais mais comuns — são análogas à realidade invisível. Se prestarmos atenção a esses reflexos do invisível que se desvelam diante e dentro de nós, poderemos conhecer a realidade invisível. Esse conhecimento expande e aumenta a nossa consciência e pode nos ajudar a curar enfermidades e outros problemas.

Saber que a parte contém o todo tem inúmeras aplicações práticas. Podemos usar esse conhecimento na medicina da mente para chegar a uma gnose, em vez de fornecer um diagnóstico[4]. Diagnosticar quer dizer "analisar, decompor" e, então, formar um quadro completo inferindo-se o significado de cada elemen-

---

4. Agradeço a meu colega Francis Clifton por me alertar para essa distinção.

Curar para a imortalidade

to. A gnose leva a uma forma de conhecimento superior; consiste em investigar relações vitais, usando métodos que têm um componente espiritual. Com frequência, a gnose envolve um processo intuitivo que nos permite ver o quadro todo, inclusive correspondências e reflexos, em um único instante. Retomando nossa analogia, podemos dizer que a intuição nos proporciona uma imagem holográfica, da mesma forma que as técnicas de cura gnósticas, como a reflexologia dos pés, a iridologia (o exame da íris) e a terapia auricular (estudo da orelha). Todas essas técnicas fornecem um mapa de leitura do corpo inteiro mediante a observação de um único órgão.

A morfopsicologia, ciência que estuda o rosto, a imagem exterior, é uma tradição médica de cinco mil anos, de natureza também holográfica. Assim como as imagens mentais que experimentamos são reflexos da realidade espiritual, o rosto é o reflexo externo de nossas crenças internas. De fato, toda imagem interior e exterior assemelha-se a um holograma, revelando as correspondências existentes entre o que está dentro e o que está fora.

Do ponto de vista da medicina espiritual, a ansiedade e a úlcera se correspondem, assim como a raiva e a hipertensão. Para compreendê-las em termos gnósticos, holísticos, é preciso que as intervenções levem em conta nossa vida inteira, todos os níveis da nossa existência: o físico, o emocional, o mental, o social, o moral e o espiritual. Se estamos ansiosos, é porque nosso corpo está fora de equilíbrio. Quando reconhecemos a ansiedade, devemos também examinar sua origem nos fatores sociais, morais e espirituais. Por exemplo, a necessidade de competir pode ser um fator social; a necessidade de controlar o futuro criando expectativas, um fator moral; a tendência de se afastar do momento presente e não confiar na caridade da realidade invisível, um fator espiritual. Sendo assim, a investigação gnóstica de um único sintoma, como a ansiedade, pode revelar o panorama completo da nossa vida.

Dr. Gerald Epstein

Todo fato de natureza holográfica é um glifo, uma linguagem da forma e da totalidade, como os hieróglifos egípcios, que revelam uma profusão de informações ocultas. E toda experiência, ocorra ela no mundo externo da realidade cotidiana, no mundo interno da consciência subjetiva ou na realidade onírica, durante o sono, é holográfica e reflete suas verdades nas imagens glíficas que desfilam diante de nossos sentidos. Quando aprendemos a pensar de maneira analógica e exercitamos a leitura das imagens holográficas, começamos a experimentar uma sensação de leveza e liberdade. Nossos fardos se tornam mais leves e já não dependemos tanto das autoridades externas.

Para que possamos nos exercitar na leitura e na compreensão dos sintomas físicos e das nossas experiências de vida, devemos perceber que tudo tem uma correlação ou correspondência. Em seguida, precisamos traduzir essa percepção em informações e observá-las de maneira analógica, não lógica. O pensamento analógico não nos leva a conclusões imediatas. Quando nos precipitamos nas conclusões, corremos para o futuro. Se impedimos os pensamentos de se mover para o futuro, detemos as reações emocionais de ansiedade, preocupação e medo. Essas emoções estão sempre ligadas ao futuro. Quando conseguimos aquietá-las, também freamos as reações físicas que desgastam e maltratam o corpo.

Um homem com câncer veio me procurar porque estava ansioso sobre como seriam os seus últimos dias, pois os médicos haviam dito que ele tinha pouco tempo de vida. Era um homem criativo, queria continuar trabalhando, mas agora tudo lhe parecia inútil. Ele se sentia privado do valor de sua criatividade desde que soubera estar prestes a morrer. Essa informação — ou melhor, desinformação, já que nenhum ser humano sabe por quanto tempo vai viver — não tinha a menor serventia para ele. O que ele queria era um pouco de paz de espírito.

Iniciamos um exercício chamado "Encontrando a sala do silêncio". Pedi-lhe que se imaginasse em uma sala, junto com seu

Curar para a imortalidade

medo e sua ansiedade. Ele deveria então dar as costas para esses sentimentos, buscar a porta de saída e entrar em outra sala, com a intenção de finalmente encontrar a sala do silêncio. Feito isso, pedi-lhe que explorasse a sala do silêncio. Ele viu na parede a imagem de um pastor com ovelhas. Orientei-o a entrar na imagem e tornar-se o pastor. Conduzindo as ovelhas por uma campina, ele avistou um vale. Ao descer até ele, sentiu-se muito mais sereno e tranquilo, e ali encontrou uma pessoa bondosa, disposta a escutá-lo calmamente enquanto falava de sua angústia com respeito à vida. Na presença dessa pessoa, ele se sentiu muito à vontade e, quando retornou, estava bem melhor do que antes.

Perguntei-lhe se havia alguém perto dele que não lhe estava dando o apoio emocional adequado. Ele mencionou uma pessoa especialmente próxima que tentava fazê-lo sentir-se melhor, mas sabia que isso não o ajudaria porque, se ele não conseguisse se sentir bem, deixaria a pessoa chateada, aumentando ainda mais seu sofrimento. Perdido, sem saber o que fazer, nesse momento seu rosto se cobriu de tristeza. Como dependia dessa pessoa, ele tinha muito medo de perder os cuidados e a atenção dela.

Ao trabalhar com imagens, diferencio a vida interior da vida no estado de vigília. A maioria de nós identifica esta última como "a vida real", mas isso implica que as outras experiências — não só as que vivemos na imaginação, mas também as vividas em sonhos, fantasias, alucinações, devaneios, ou seja, todas as experiências internas — são irreais. Acredito, porém, que a experiência das imagens corresponde à experiência cotidiana. A imagem interior do meu paciente falava de uma situação análoga na sua vida em que ele não estava sendo tratado com compreensão. Prestei atenção à correspondência existente entre a vida interior e a exterior. As imagens que li mexeram comigo, e tive uma intuição. Quando transmiti minha impressão ao paciente, ele confirmou que o que estava acontecendo na experiência imaginal não correspondia ao que vivia em estado de vigília. Ele estava sentindo

· 57 ·

Dr. Gerald Epstein

falta desse cuidado, e sua experiência interior lhe deu uma pista do motivo de sua ansiedade.

Eis outro exemplo de imagem interior que pode ser visto como holograma ou glifo, a ser interpretado em busca de pistas sobre a cura. Meg[5] era uma jovem que sofria incômodos, como cistos dolorosos nas mamas e sintomas do hipertireoidismo. Era inteligente e bem-humorada, embora um tanto nervosa. A vida inteira tivera medo de cobras e sonhos recorrentes com elas, principalmente durante a infância.

Expliquei a ela que, quando olhasse no espelho de sua vida interior, o reflexo lhe mostraria alguma qualidade ou característica materializada em cobra. "O que são cobras?", perguntei-lhe. (As cobras têm inúmeros significados; podem representar o conhecimento, a cura, o mal, as forças sexuais instintivas, o despertar espiritual, a tentação e a sedução.) Ela respondeu que as cobras de seus sonhos representavam algo maligno. A seu ver, eram impulsos nocivos dos quais ela fugia — um inimigo prestes a dar o bote, digamos assim.

Achei que seria benéfico para Meg contemplar esses impulsos que ela possivelmente estava negando e se espelhavam como cobras. Diante dessa ideia, ela primeiro recuou, mas depois reconheceu ter tido muitas experiências recentes com pessoas que acabaram se revelando traiçoeiras. Ela tinha plena ciência de que nada acontece por acaso e reconhecia esse espelhamento na vida cotidiana, mas não conseguira aplicar isso à vida onírica.

Levando em conta a associação que ela estabelecia entre cobras e impulsos "malignos", pedi-lhe que, durante a semana seguinte, prestasse atenção a esses impulsos nela mesma e aceitasse sua presença. Quando ela retornou, uma semana depois, estava surpresa por ter descoberto que tudo aquilo se passava em sua

---

5. Os nomes e dados de identificação das pessoas que trabalharam comigo e são mencionadas neste livro foram alterados para proteger a privacidade delas.

mente. Meg percebera que ela própria havia pensado em roubar, enganar e mentir. Agora podia aceitar que tivesse esses impulsos sem julgar-se mal por isso. Essa aceitação de si mesma, que ela acabara de descobrir, havia lhe proporcionado uma das semanas mais tranquilas de sua vida. Ao admitir essas qualidades que antes rejeitava, ela podia agora repudiá-las. Desde então, só uma vez ela voltou a ter um sonho perturbador com cobras, mas logo o interpretamos e elucidamos. Os cistos nas mamas desapareceram e o funcionamento de sua tireoide se normalizou.

A CRENÇA CRIA A EXPERIÊNCIA

A realidade vertical, espiritual, explica outro conceito essencial na medicina da mente. As crenças são ideias que, na realidade vertical, se desenvolvem no nível da criação. À medida que se infiltram no nível da formação, logo abaixo, elas se refletem como imagens. Estas, por sua vez, se infiltram no nível do mundo físico, o mundo da ação, onde se refletem como experiências. Podemos conceituar isso de maneira inversa ao nosso modo habitual de ver a relação com o mundo — ou seja, o modelo da realidade vertical leva ao conceito de que as crenças criam a experiência[6]. Em outras palavras, o invisível gera o visível, o interno cria o externo, os pensamentos criam a ação por meio de imagens. O corolário dessa ideia é que as experiências refletem as crenças que as engendraram. Assim, a noção corrente de que as crenças surgem das experiências é exatamente o oposto da verdade expressa na realidade vertical. As experiências podem confirmar nossas crenças, mas não dar origem a elas. Se nossa cultura inculca-nos a ideia de que a experiência origina a crença, é por considerar que as crenças são subjetivas, não podendo ser medidas nem observadas diretamente, ao passo

---

6. Sou grato a Harry Palmer, psicólogo educacional e criador do processo "avatar" de expansão da consciência, que me ajudou a consolidar essa compreensão.

Dr. Gerald Epstein

que as experiências se manifestam no corpo físico por meio dos cinco sentidos.

A origem da ideia de que a crença cria a experiência encontra-se na passagem bíblica em que Adão designa os animais no Éden. Ao fazer isso, Adão entendeu que a forma segue a função. Quando quis nomear e concretizar a coragem, chamou-a de "leão". Quando quis nomear e concretizar a docilidade, chamou-a de "cordeiro". Quando quis nomear e concretizar a pacificidade, chamou-a de "pomba".

O modo como Adão atribui os nomes contraria diretamente a crença muito difundida, embora falsa, de que a função nasce da forma, de que os aspectos imateriais da experiência humana surgem da substância material e visível. Um cientista cujo trabalho se baseie nessa falsa crença dirá que enxergamos porque temos olhos e cheiramos porque temos nariz. Essa maneira de pensar fundamenta praticamente todo o raciocínio científico, médico e psicológico do Ocidente moderno. A ideia de que enxergamos porque temos olhos é um exemplo do raciocínio de causa e efeito, um jeito de dizer que a experiência (algo físico, tangível) origina a crença (algo imaterial).

Adão, ao contrário, demonstra o processo de espelhamento ao dar nomes com base na ideia de que a forma deriva da função. Nos termos da medicina da mente, diríamos que os olhos cumprem a função da visão, o nariz cumpre a função do olfato e as asas, do voo. A qualidade ou função invisível dá origem à característica física. A premissa básica de que a crença cria a experiência inspira todas as práticas espirituais, em todos os lugares.

A analogia com a holografia também é relevante na esfera da crença. Vamos supor, por exemplo, que um rapaz acredite que precisa de uma garota, e a garota julgue-se pronta para conhecer um rapaz. Essas crenças dão origem à experiência das duas pessoas de se encontrarem em certas circunstâncias. Nesse caso, a experiência se materializa quando a vontade ativa do rapaz se une à vontade passiva, receptiva da garota, apresentando-se a eles como realidade sensorial.

Vejamos outro exemplo. Um homem tem a crença de que deve roubar. Outro acredita que pode ser roubado, que a vida é perigosa. Quando essas duas crenças se encontram, o resultado é a experiência do roubo. Na medicina da mente, toda experiência representa o encontro de duas crenças.

A ideia simples de que a crença cria a experiência é o que a chamada consciência da "nova era" está buscando na cultura ocidental. A nova era está tentando tocar a "velha era" — a tradição viva das doutrinas espirituais antigas —, assim como Adão busca alcançar a mão encorajadora de Deus no teto da Capela Sistina. Essa ideia simples é tão profunda, tão liberadora, que as autoridades estabelecidas, em toda parte, procuram suprimi-la, pois ela abre a porta para a liberdade pessoal que temos buscado desde que Eva mordeu a maçã. No começo do Gênesis, em que a criação do mundo é descrita como um movimento da vontade de Deus, essa ideia é expressa com clareza: "Deus disse 'Faça-se a luz', e a luz foi feita". O movimento da vontade é equivalente à crença que dá origem a uma criação; o que é criado é sinônimo de experiência.

Quando Adão e Eva deixaram o Éden, desceram ao nível físico da realidade, chamado Terra. O Éden era uma realidade não física, onde não existia morte nem doença. Havia uma crença inesgotável, do tipo que se traduz na certeza da fé em Deus. Foi nesse lugar que a vontade de Deus se ligou aos nossos progenitores primordiais. Foi ali que se formou a crença. Quando a vida humana chegou a este mundo, trazia consigo o meio pelo qual poderia ressuscitar para essa existência paradisíaca. O meio é o conhecimento de que a crença cria a experiência, embora a maioria das pessoas não se lembre disso em sua vida. Para aliviar-nos da dor e do sofrimento, devemos lembrar — devemos saber — que a crença cria a experiência. Esse é o primeiro grande passo para a salvação pessoal. Pois somos todos Adão e Eva, todos viemos para cá porque comemos a maçã e sustentamos a primazia da experiência sobre a crença, o que nos mantém escravizados ao mundo físico-material.

No jardim do Éden, Eva é tentada pela serpente, que lhe promete o ilimitado poder e conhecimento de Deus se ela comer o fruto da árvore da ciência do bem e do mal. Como vimos, ela entra então num estado de grande dúvida, por ter dado ouvidos a uma segunda voz que a faz questionar sua fé na voz primeira de Deus.

Eva aceita a oferta da serpente, tencionando usurpar o papel de Deus e arrogar, a si e a Adão, a onipotência e a onisciência de Deus — ter controle sobre os fatos, conhecer o futuro e ser imortal. Ao se entregarem à dúvida semeada pela oferta da serpente, Adão e Eva veem-se então em constante dúvida, pois sua tentativa de usurpar o papel de Deus tem graves consequências. Eles são expulsos do Éden para o reino físico da morte, da doença, da infelicidade, e o medo gerado por isso leva-os — e a todos nós — a desesperar-se para mudar as circunstâncias.

Cada um de nós aceitou a oferta da serpente, que apela ao nosso desejo de ter o poder ilimitado de Deus. Aderimos a duas crenças fundamentais engendradas pela serpente, sendo elas os principais obstáculos que nos impedem de alcançar a liberdade e a realização pessoal. Uma delas já descrevemos: a experiência gera a crença. A outra é a de que o propósito da vida é atingir um estado de paz, buscando o prazer e evitando a dor. Agora, pare um pouco e reflita. À primeira vista, você concordaria com essas duas crenças? Não é um belo paradoxo que a crença de que é a experiência que gera a crença seja, na verdade, uma crença sobre a experiência que, nesse sentido, é uma crença que origina a experiência?

Tais crenças nos aprisionam na dor e no sofrimento, sujeitando-nos ao jugo de outras pessoas. Elas nos hipnotizam com a ideia de que o plano físico da existência — o mundo da experiência que estamos sempre a criar — contém tudo de que precisamos para ser felizes. Temos o hábito de nos identificar com as coisas,

Curar para a imortalidade

os objetos, as designações deste mundo, criando a ideia ilusória de que esses elementos e o "eu" que se identifica com eles são idênticos. Ou seja, geralmente identificamos o criador com a criação. Acreditamos que somos o que temos e aquilo que criamos. E, como os fatos, as experiências e as circunstâncias mundanas parecem vir de fora e impor-se a nós, não percebemos que somos nós que os criamos.

É claro que nenhuma dessas crenças sobre a realidade é verdadeira. Elas não descrevem como a realidade funciona. A descoberta de que não são verdadeiras pode abalar algumas pessoas e trazer para outras a serenidade; em alguns casos, provoca uma sonora gargalhada ou todas essas reações ao mesmo tempo. Você pode imaginar o enorme fardo que tiramos dos ombros ao nos dar conta da falácia dessas ideias? Pode imaginar como Atlas se sentiu quando finalmente tirou o mundo das costas?

Quando escolhermos levar nossos fardos com leveza, começaremos a nos livrar dessas crenças. Na realidade, não somos criação nossa, embora estejamos sempre criando. Também não podemos alcançar um estado de paz buscando o prazer e evitando a dor. Mas podemos atingir esse estado pela via que Deus — e não a serpente — nos designou. Todos podemos chegar a um estado tranquilo, e esse é o objetivo do caminho de ressurreição descrito nestas páginas.

O fato de que as crenças criam a experiência significa que o mundo experiencial é o efeito, não a causa de nossas crenças. E sendo nós os criadores de nossas crenças e, portanto, das experiências que delas decorrem, somos a fonte ativa de nossas experiências, e não meros recipientes passivos. Além disso, o que criamos é muito distinto do que somos. Embora eu esteja escrevendo este livro, sou bem diferente da obra criada. Esta pode ser descartada de várias maneiras, ao passo que eu permaneço intacto. Posso dar-lhe este livro, mas isso não quer dizer que você me tenha nas mãos. Nossa mentalidade de escravos levou-nos a crer que somos o que criamos; que somos nosso corpo e os papéis que exercemos no trabalho, na família, na sociedade etc. De fato, nós nos identificamos com tudo isso ao mesmo tempo. No entanto, nada disso pode ser o "eu" que conhece cada um desses papéis. Para conhecer algo sempre é preciso haver um conhecedor que, obviamente, não é o objeto que ele conhece. Nossa educação deficiente tem o efeito de perpetuar a equivocada impressão de que somos o que experimentamos; de que não existe um "eu" independente do mundo da experiência; de que sem apego a esse mundo o "eu" deixaria de existir. Mas, quando entendemos que a verdade é exatamente o oposto disso, abre-se a porta para a liberdade pessoal.

Os antecedentes dessa visão da realidade encontram-se no Antigo Testamento, especialmente em duas passagens do Gênesis:

E disse Deus: Façamos o homem à nossa imagem, conforme a nossa semelhança [...]. (Gênesis, 1:26)
E viu Deus tudo quanto tinha feito, e eis que era muito bom [...]. (Gênesis, 1:31)

Ser à imagem e semelhança de Deus significa que somos capazes de realizar Sua obra na Terra. Com efeito, fazemos isso o tempo todo em que estamos criando, desde o instante em que chegamos ao mundo ou, como dizem alguns, desde o momento de nossa concepção.

Como somos feitos à imagem de Deus, sempre funcionamos como Deus. Além disso, fomos dotados de livre-arbítrio, que nos permite criar experiências tanto destrutivas quanto construtivas. A criação de Deus resultou de um ato de vontade, de uma crença Dele. Sua criação foi boa. Podemos continuar a perpetuar o que é bom, mantendo-nos assim à semelhança Dele — em sua virtude —, ou impor as criações humanas à criação de Deus, distanciando-nos assim da virtude. Os impulsos que nos levam a impor nossa vontade à vontade de Deus afastam-nos da semelhança com

Curar para a imortalidade

Ele. Esses impulsos estão a serviço da vontade de poder, da vontade de ferir, da vontade de usurpar o lugar de Deus, não da vontade de amor.

As diretrizes que servem de marcos e faróis a nos orientar pela vastidão do mundo são os dez mandamentos. Qualquer violação a eles está diretamente relacionada com a vontade de poder, que sempre se expressa por meio de um indivíduo à custa de outro.

Quando Deus olhou sua obra e viu que era boa, sabia que sua criação não era ele. Ela só podia ser algo distinto; do contrário, como ele poderia olhá-la? Apesar de seu desapego, ele se preocupava muito com sua criação, sabendo que os seres que havia criado teriam de encontrar o caminho de volta a ele. Deus ama aqueles que o amam e lamenta pelos que não o amam. Sabe que são ovelhas perdidas, que se desgarraram e foram pegas pela serpente.

Assim como Deus, devemo-nos desapegar de nossas criações e parar de nos confundir com elas. Nada do que criamos pode nos conduzir a Deus. Só começamos a retornar a Ele quando nos desapegamos de nossas criações. O apego inevitavelmente nos leva a uma visão soberba de nós mesmos, que, por sua vez, acarreta-nos dor, sofrimento e problemas insuperáveis. Pensando que somos Deus, esquecemos de Deus.

A "coisa" mais valiosa deste mundo é Deus; diante Dele, todo o resto se perde na insignificância. Estamos aqui por uma razão essencial: unir-nos a Ele. Todos querem retornar ao Éden, a esse estado de paz no qual a vida, a saúde e a felicidade são eternas. No entanto, fomos desencaminhados pela serpente, que nos promete conduzir a esse estado se cedermos às tentações que ela coloca em nosso caminho. E acreditamos na serpente, embora ninguém jamais tenha escapado da morte ou da infelicidade por satisfazer os desejos despertados por essas tentações. A serpente promete-nos a imortalidade fazendo-nos crer que nos tornamos Deus. Todos provamos da maçã, e a maioria de nós continua a

Dr. Gerald Epstein

viver hipnotizada pelo engodo da serpente sem nunca alcançar a prometida vida eterna[7].

A crença de que podemos atingir o estado de paz buscando o prazer e fugindo da dor é insidiosa, pois parece natural querer evitar a dor. A serpente nos fez acreditar que a dor se origina fora de nós e nos acomete por acaso. Nesse sentido, a dor é um "mal", sem valor intrínseco, e deve ser evitada a todo custo. Mas, para chegar ao Éden pela senda de Deus, temos de passar pela dor que encontrarmos, pois ela reflete aquilo que criamos para nós mesmos. Adotando uma perspectiva divina e agindo à imagem e semelhança de Deus, podemos olhar para nossa criação — nesse caso, a dor — e dizer o mesmo que disse Deus ao contemplar sua criação: "É boa". Como veremos adiante, enfrentar a dor e reconhecer seu valor pode levar-nos a um estado de paz.

O que nos foi dado como direito natural é o controle sobre nossas crenças, sobre nossas criações mentais. As pessoas, as circunstâncias, as experiências, os eventos — em suma, o mundo experiencial —, tudo pertence a Deus. Não nos foi dado controlar o que acontece no mundo experiencial: não podemos controlar o futuro nem a conduta alheia, mas podemos controlar nossas crenças e mudá-las num instante. Podemos mudar nossa mente quando quisermos. Controlemos o que está sob nosso domínio e deixemos de controlar o que não está.

O poder de controlar nossas criações pode dar um novo rumo à nossa vida. Por exemplo, um aluno meu contou que tinha ido assistir à Orquestra Sinfônica de Boston no Carnegie Hall, em Nova York. Geralmente, nesses concertos, ele se irritava e tinha vontade de brigar com as pessoas da plateia que ficavam irre-

---

7. Foi Bob Gibson que chamou minha atenção para as profundas implicações desse anseio de alcançar o estado de paz. Um amigo já falecido, Michael Hampton-Cain, sabendo do meu trabalho com as imagens mentais, deu-me um material escrito por seu professor, Bob Gibson, que foi fundamental para ampliar minha compreensão.

Curar para a imortalidade

quietas, virando páginas, roncando etc. Naquele dia, porém, ele disse a si mesmo: "Fui eu que criei essas pessoas e o que estão fazendo, e assumo total responsabilidade por minha criação". E fez isso sem grande esforço, de maneira serena, até mesmo com uma sensação de leveza. Ao reconhecer sua criação, os incômodos cessaram. Todos, ele inclusive, relaxaram e apreciaram o concerto. Naquela noite, ele adormeceu sem dificuldades e teve uma noite de sono tranquila, ininterrupta, o que era raro, segundo ele. Isso porque, depois dos concertos e todas essas distrações, sua raiva reativa permanecia ainda por um bom tempo, atrapalhando-lhe o sono.

Exercer esse poder é, sem dúvida, simples assim. O caminho para a verdade não é tão complicado quanto nos fez crer nossa má-educação. Pelo relato acima, dá para perceber o poder que esse aluno sentiu ao ser capaz de modificar toda uma situação só por mudar sua crença. Para começar, ele não precisou entender por que havia criado aquelas distrações — ou, para colocá-lo em termos mais precisos, por que partilhava das mesmas crenças que se manifestavam ali como as experiências que ele descreveu. Não, ele simplesmente aceitou sua parte naquela criação e tudo mudou para ele naquele momento.

Se a mudança de crença produz resultados tão imediatos (experimente para ver), é fácil imaginar por que as instituições que funcionam pela vontade de poder (como a medicina e a religião organizadas e o complexo industrial-militar) e os que agem em nome delas não gostariam que você tivesse esse conhecimento. Fomos educados para acreditar que somos frutos das nossas experiências; que somos definidos pelas coisas que nos acontecem e sobre as quais não temos controle algum; que precisamos dessas instituições para nos salvar. Somos levados a crer que forças "externas" imprevisíveis e fortuitas podem nos ferir ou prejudicar a qualquer momento. A saída que nos resta é tentar controlar as circunstâncias da nossa vida, mas jamais poderemos dominar diretamente nossas próprias circunstâncias nem as nossas experiên-

· **67** ·

Dr. Gerald Epstein

cias ou as ações dos outros. Ainda assim, concentramos todos os nossos esforços nessa direção, gastando uma enorme quantidade de energia e desperdiçando recursos físicos e emocionais. Esses esforços infrutíferos nos esgotam e levam à doença, à degeneração e à morte.

As experiências criadas por nossas crenças têm um propósito específico. Elas espelham para nós a crença de que precisamos dedicar-nos à nossa vida ou discipliná-la, seja para o crescimento individual, seja para o desenvolvimento coletivo. Estamos aqui para aprender com aquilo que criamos, pois nada acontece por acaso.

Uma paciente veio a mim relatando sintomas de fadiga, glândulas inchadas no pescoço e dores generalizadas. Estelle fora diagnosticada com síndrome de Epstein-Barr, que é "causada" por um vírus. Contou-me que tinha dificuldades para aproximar-se dos outros e desejava ter mais amigos do que as duas pessoas que então faziam parte da sua vida. Ela não sabia explicar seu isolamento, a não ser pela "má sorte", e considerava-se uma pessoa agradável, sociável e amistosa. No entanto, por causa de experiências passadas, não acreditava que pudesse fazer novos amigos. Como todos nós, ela endossava firmemente a ideia de que as experiências criavam suas crenças; de que os acontecimentos do passado claramente apontavam o que viria no futuro. Essa ilusão fora reforçada pelos quase 15 anos de tratamento com um psicoterapeuta.

Depois de passar algum tempo com Estelle, compartilhei com ela a minha percepção: ela própria criara a situação de ter poucos amigos durante a vida. Observei que ela gostava de se isolar por longos períodos para poder desenvolver seus talentos. Ter muitos amigos seria um obstáculo. Além disso, era excessivamente crítica e, como tal, perfeccionista. Seu primeiro impulso era procurar defeitos nas pessoas que conhecia, e essa maneira de se relacionar, obviamente, não a tornava benquista. Estelle considerou o que eu disse e concordou com minha avaliação, dizendo que a busca de

Curar para a imortalidade

uma vida criativa exigia sacrifícios e que ela abnegava a intimidade nos relacionamentos. Era elegante e graciosa no trato com as pessoas, mas não queria de fato que os contatos fossem além de um jantar superficial ou uma reunião noturna. Não era à toa que se aproximava dos 40 anos e não se casara ainda. Depois de entender que ela própria criara a vida que estava levando, Estelle perguntou: "Como faço para aceitar o meu papel nisso tudo?" Respondi que ela deveria simplesmente reconhecer o fato e aceitá-lo sem se julgar, culpar, criticar, punir ou ter qualquer outra reação crítica. A simples aceitação é um passo inicial difícil, mas ela foi em frente. E, ao fazer isso, seus sintomas aliviaram consideravelmente.

O que aconteceu com Estelle poderia acontecer a qualquer um de nós que vive a vida perseguindo uma miragem, uma ilusão criada por si mesmo. O objetivo da medicina da mente é evitar que cometamos esse erro, proteger-nos do equívoco de acreditar que a experiência gera a crença, porque o preço a pagar por isso é a perda da saúde física e emocional. O primeiro passo na medicina espiritual é perdoar-nos desse erro, para assim começarmos a nos curar dele. É exatamente o que se dá quando reconhecemos nosso papel em criar as situações que nos atingem.

Podemos não saber de imediato quais crenças geraram a experiência com que deparamos, mas é de inestimável proveito reconhecer esse processo. A partir disso, podemos tentar descobrir qual crença devemos ter para engendrar a experiência. Em geral, a resposta vem rápido, e então podemos simplesmente criar uma crença contrária, que se manifestará como uma experiência nova e benéfica em nossa vida. Além disso, podemos nos livrar da velha crença. Na medicina da mente, uma das maneiras de fazer isso é criando imagens mentais, como no exercício a seguir: feche os olhos e visualize a velha crença escrita no centro de uma lousa. Apague-a da direita para a esquerda com a mão esquerda. Em seguida, escreva a nova crença no centro da lousa e apague-a da direita para a esquerda com a mão direita. (Para mais exercícios

Dr. Gerald Epstein

desse tipo, veja o Capítulo 8.) Mais adiante, mostrarei outras formas de eliminar as velhas crenças e criar novas.

Outro método para conhecer nossas crenças é escutar como falamos. Verbalizamos crenças incessantemente, mas sem percebê-lo. No meu trabalho clínico, ouço as crenças dos pacientes o tempo todo. Vamos supor, por exemplo, que eu dê ao paciente a tarefa de escutar suas crenças e ele diga que será difícil executá--la. Essa declaração, por si só, expressa uma das crenças do paciente, e sei então que a tarefa não será cumprida, pois a crença se manifestará como experiência de dificuldade, que levará à frustração, à desistência da tarefa e à conclusão de que a técnica não funcionou.

Esses exemplos mostram que cada um de nós cria inúmeras crenças pessoais que influenciam nossa vida. Ao refletir sobre nossas experiências e escutar-nos falar, podemos reconhecer essas crenças e identificar quais são verdadeiras ou falsas. Uma indicação segura de que a crença é falsa é a presença nela de algum padrão a ser seguido — por exemplo, a crença de que você deve ser um bom menino ou uma boa menina.

As crenças pessoais variam de um indivíduo para outro, mas, ao longo da minha atividade, observei 12 falsas crenças que, de tão generalizadas, são praticamente universais. Todos nós, tanto homens quanto mulheres, fomos a tal ponto doutrinados nessas crenças que quase ninguém escapa à sua influência. Listo a seguir essas "falsas crenças universais", cujas implicações descreverei no decorrer do livro.

Doze crenças falsas universais

1. O acaso existe.
2. A experiência gera a crença.
3. A morte é inevitável.
4. A gravidade só atua no sentido descendente.
5. A função obedece à forma.

6. O propósito da vida é alcançar um estado de paz, procurando o prazer e evitando a dor.
7. As autoridades externas sabem mais a nosso respeito do que nós mesmos.
8. É preciso ser importante para evitar a inferioridade.
9. É importante ser aceito para evitar a rejeição.
10. É necessário chamar a atenção para evitar o desprezo.
11. É importante obter aprovação para evitar a desaprovação.
12. Verdade e realidade são a mesma coisa.

OS SISTEMAS DE CRENÇA E AS CRIANÇAS

Com frequência me perguntam: "E as crianças? Elas criam suas experiências? Um bebê com uma enfermidade grave cria o que lhe acontece? E as crianças que são vítimas de maus-tratos?"

Criamos o tempo todo, desde o nascimento até a morte — ou seja, a criação nos permeia. Quando as crianças nascem, os pais reagem a elas assim que as veem. Nesse instante, a experiência dos bebês é a de que suas crenças estão se unindo às crenças dos adultos encarregados de cuidar-lhes. Quando um bebê ou uma criança pequena adoece, trata-se de uma oportunidade que lhe está sendo oferecida de aprender algo necessário naquele momento, assim como acontece quando um adulto fica doente.

No âmbito espiritual, as crianças e os adultos vivem sob as mesmas condições de existência. A enfermidade de uma criança ou a morte precoce acarreta grandes transformações na dinâmica familiar. Esse tipo de acontecimento traz à luz as verdadeiras relações entre os membros da família, podendo renovar e aprofundar os laços entre eles ou rompê-los. Seja qual for o desfecho, o resultado é a cura da família, por meio da união e da harmonia ou pelo fim do sofrimento desconhecido que precedeu o rompimento. Se a criança concluiu o seu trabalho, ela se despede da presente circunstância de vida.

Dr. Gerald Epstein

Quanto à violência praticada contra crianças, esse é um problema que existe há milênios. O assassinato e os maus-tratos de crianças estão entre os crimes mais antigos de que se tem notícia. Para compreender essa questão, precisamos examiná-la da perspectiva da medicina da mente, que diverge muito do ponto de vista da psicologia de hoje.

Quando Freud começou a investigar o funcionamento da mente, ele tomou contato com muitas mulheres que lhe relataram histórias chocantes de abuso sexual praticado por parentes próximos. A princípio, ele acreditou nesses relatos; porém, ao desenvolver suas teorias psicanalíticas, chegou a uma conclusão diferente. A teoria de Freud se baseava na proposição de que o indivíduo é motivado pela fantasia infantil inconsciente de querer eliminar o genitor do mesmo sexo a fim de se apoderar do genitor do sexo oposto. Essa teoria, conhecida como complexo de Édipo, é a pedra angular do pensamento psicanalítico. Assim, Freud passou a acreditar que o abuso sexual relatado por suas pacientes não acontecera de fato, eram apenas fantasias. Para ele, as histórias eram construções que ilustravam o desejo latente inconsciente, o complexo de Édipo. Contudo, nos últimos anos, muitas pessoas tiveram a coragem de trazer a público revelações dolorosas de abuso sexual na infância, o que despertou uma forte reação contra a teoria freudiana. Em vez de duvidar das vítimas e desacreditá-las, saímos agora em sua defesa. E essa aceitação de que o abuso de crianças é uma realidade da vida deu origem a uma nova psicologia das causas do distúrbio emocional.

Essa aparente inversão, no entanto, esconde uma ironia. Tanto a perspectiva freudiana quanto a não freudiana baseiam-se na premissa de que a experiência gera a crença, ou seja, as experiências da infância determinam como seremos quando adultos. Isso nunca foi provado nem jamais será, pois se trata de uma falsa crença, uma das mais devastadoras, aliás, que se cultivam hoje em dia. Ela contribuiu para o aumento da criminalidade e do uso de drogas, ao proporcionar aos criminosos e a outras pessoas de

Curar para a imortalidade

conduta abusiva uma conveniente racionalização: "Não sou responsável pelo meu comportamento. Veja como foi a minha infância e o que meus pais e outros fizeram comigo. É por causa do meu passado que me comporto assim agora. Todas as minhas ações são motivadas por desejos inconscientes, sobre os quais não tenho nenhum controle e pelos quais não posso ser responsabilizado". Pior ainda, a sociedade aceita e tolera esse comportamento com base nos mesmos argumentos: "Veja onde ele cresceu". "Ele foi espancado quando era criança; o que se poderia esperar dele quando crescesse?" "Ele veio de um lar muito pobre, por isso age assim." "Ele não recebeu amor em casa, apenas coisas materiais, por isso acabou recorrendo às drogas." São inúmeras as racionalizações para os erros morais que ofendem e prejudicam os outros, às vezes de maneira hedionda.

Não podemos indagar por que uma criança escolheria crenças nocivas e, consequentemente, experiências dolorosas. "Por quê" é uma excelente pergunta quando feita por cientistas interessados no mundo físico, mas irrelevante na esfera das relações humanas. "Por que" só nos leva a inventar histórias, explicações que se convertem em crenças falsas e incômodas. Quando paramos de perguntar por quê, paramos também de culpar aos outros e a nós, e de viver presos ao passado.

Cabe ainda uma observação final sobre a psicologia tradicional, em particular, sobre sua tendência de culpar os pais pelos desvios morais dos filhos. Ao culpá-los, deixamos de cumprir o quinto mandamento: "Honra a teu pai e a tua mãe, para que se prolonguem os teus dias na terra que o Senhor teu Deus te dá" (Êxodo, 20:12). (Note-se a promessa implícita de longevidade.)

O ponto de vista espiritual nos proporciona uma compreensão verdadeira e absoluta desses acontecimentos aparentemente trágicos que são a enfermidade infantil e a violência contra crianças, pois a realidade espiritual inclui a reencarnação, ou seja, quando o corpo físico para de funcionar, a alma que está abrigada nele se liberta. Em algum momento, mais tarde, essa alma ocupará outro

Dr. Gerald Epstein

corpo e será escoltada por um anjo de volta à Terra, onde escolherá um ventre para nascer, seus novos pais. Mas, ao retornar, ela traz consigo todas as suas inclinações das vidas passadas, todas as suas crenças significativas, que serão materializadas na vida presente. O novo bebê tem de passar pelas experiências engendradas pelas crenças que ele traz de sua existência anterior.

Compreender isso abre uma perspectiva inteiramente nova para lidar com a doença infantil, substituindo a tristeza por aceitação e amor. Pode ser difícil acreditar nisso, sobretudo para aqueles que ingressaram há pouco na vida espiritual ou que conservam a visão antiespiritual do ceticismo. Lembre-se, só aquilo que você experimentou ou vivenciou diretamente pode ser verdadeiro para você. A fé cega é tão nociva quanto o ceticismo reflexivo. Aceitar como verdade o que eu digo, sem descobri-lo por si mesmo, contraria frontalmente o primeiro e o segundo mandamentos e opõe-se ao movimento em direção à liberdade. De que maneira esses mandamentos nos conduzem à liberdade é o tema do próximo capítulo.

3. O ESCUDO MORAL

> O Senhor é a minha força e o meu escudo;
> nele o meu coração confia, e dele recebo ajuda.
>
> —Salmos, 28:7

Cerca de 4 mil anos atrás, os chineses fizeram uma importante contribuição à nossa compreensão da origem da doença. Disseram que a doença vem de fora, e a suas causas deram o nome de "influências externas perniciosas". No entanto, a menos que as circunstâncias internas desencadeiem um estado de desequilíbrio, as influências não conseguiriam entrar e perturbar o equilíbrio natural.

No Ocidente, a tradição médica antiga tinha uma visão correspondente: a de que toda doença era causada por influências demoníacas externas, por meio da possessão. Essas forças só podiam entrar se houvesse algum desequilíbrio emocional ou físico, criado por desvios morais. Qualquer um que incorresse em tais

Dr. Gerald Epstein

desvios estaria sujeito às repercussões, que se fariam sentir emocional e fisicamente, manifestando-se depois como possessão.

Na medicina convencional, os equivalentes modernos da possessão demoníaca são os micro-organismos, como bactérias, fungos e vírus. No plano emocional, da ótica da psicologia convencional, os equivalentes são o pensamento obsessivo, o comportamento compulsivo e a fobia. Adoecemos quando criamos um distúrbio interno em todos os níveis do nosso ser, expondo-nos assim à doença invasora.

Na medicina espiritual, a chave para a estabilidade ou instabilidade interna está nas ações morais. A moral ocupa uma posição de destaque na espiritualidade do Ocidente. No pensamento oriental, o ponto de partida para a verdade e a realidade é a mente, ao passo que, no pensamento ocidental, é o mundo. No Oriente, o mundo é considerado ilusório, uma estrutura totalmente criada pela mente, e o erro espiritual fundamental é um erro de percepção cognitiva, que consiste em confundir o nosso pequeno eu egoico com o verdadeiro Eu. O objetivo dos orientais é corrigir esse erro cognitivo separando o pequeno eu egoico do verdadeiro Eu pelo exercício da compaixão, não do amor.

Para o Ocidente, o erro espiritual fundamental é de natureza moral — o desejo de tornar-se Deus e usurpar seu conhecimento e poder. Corrigimo-lo refreando a nossa vontade e, dessa maneira, unindo-a à vontade de Deus. Nossa relação com o mundo, com aquilo que parece estar fora de nós, é o elemento crucial nesse esforço de integrar nossa vontade com a vontade de Deus. O amor é a força ordenadora de nossa relação moral com o mundo. Para agir moralmente, é preciso amar, o que requer a presença do amante e do amado, ou do indivíduo e do mundo. A espiritualidade ocidental baseia-se na dualidade, no número dois. A mais alta transformação dessa dualidade se dá pela via do amor e da verdade, já a sua mais baixa degeneração, que leva à decadência, manifesta-se pela dúvida, que é a raiz de todas as doenças e da morte.

Curar para a imortalidade

Sempre que falamos de nossa relação com o mundo, ou daquela entre o amante e o amado, estamos automaticamente conectados a uma realidade moral. A realidade moral é o mundo que Deus criou, tal como o descreve o primeiro capítulo do Gênesis. Nascemos em um mundo de verdade, amor e realidade moral. A moral é verdade, amor e bem absoluto. Ao nascer, fomos dotados de livre-arbítrio e da obrigação de preservar a beleza moral que nos foi legada. Essa injunção é dada no segundo capítulo do Gênesis: "E tomou o Senhor Deus o homem, e o pôs no jardim do Éden para o lavrar e o guardar" (Gênesis, 2:15). Na medida em que não atendemos a essa injunção, danificamos e desfiguramos esse belo organismo chamado Terra. Ao mesmo tempo que desfiguramos o mundo, desnaturamos também nosso belo organismo.

Se ignorarmos a existência da realidade vertical, espiritual, reconhecendo apenas a realidade material da causalidade horizontal, estaremos condenados a desfigurar e desnaturar nosso planeta. Por exemplo, no reino horizontal do mundo físico, os poluentes ambientais contribuem para o aumento do câncer. Embora essa seja uma relação direta de causa e efeito, a metacausa se encontra no reino vertical. Os acontecimentos do mundo físico são apenas a trilha final comum dos pensamentos e dos feitos humanos. Nesse exemplo, a pergunta é: o que ocasionou o colapso ambiental e os efeitos cancerígenos da poluição? A resposta é a cobiça, a ganância e a avareza que hoje grassam pelo mundo. É exatamente a isso que se refere o décimo mandamento, ao ordenar que evitemos esses pecados. A exploração desmedida do planeta e a desenfreada loucura social e moral da sociedade espelham-se no flagelo do câncer, a versão física de nossas condições sociais desequilibradas. Hiperindividualista e descontrolado, o câncer domina o meio em que vive e, no fim, destrói seu hospedeiro. E, assim como o câncer no micronível, nós, no macronível, estamos infestando o meio ambiente e destruindo nosso hospedeiro, a Terra.

Dr. Gerald Epstein

É interessante notar que essa rapinagem do planeta tem sido justificada com base na afirmação bíblica de que o homem terá domínio sobre a natureza. Ao longo dos últimos quatro ou cinco séculos, a palavra "domínio" ganhou uma interpretação conveniente no Ocidente, tendo o significado "posse". No entanto, o sinônimo correto para defini-la é "comando". Na posição de comandantes, deveríamos proteger e cuidar do meio ambiente e tratar o planeta como um organismo vivo que sustenta a vida e perpetua o bem comum.

Em escala global, estamos rodeados por um escudo atmosférico chamado camada de ozônio, que nos protege da excessiva radiação ultravioleta do sol. No nível físico subatômico, temos ao nosso redor um escudo de luz chamado distintamente de aura (pelos estudiosos das ciências psíquicas) e de campo eletromagnético (pelos cientistas naturais). Os cientistas naturais estimam que esse campo eletromagnético se estenda por cerca de 90 centímetros além de nossa superfície corporal. Embora os cientistas psíquicos digam que a aura é muito maior, os dois grupos concordariam em que o macrocosmo e o microcosmo são análogos: o que está em cima (a camada de ozônio protetora) está embaixo (a aura ou o campo eletromagnético que envolve cada um de nós).

Ampliando um pouco essa noção de proteção, podemos falar também em um escudo mental: nossa vida moral. Assim, de fora para dentro, temos três escudos: a camada de ozônio, a aura ou o campo eletromagnético e o escudo moral. Uma de nossas maiores tarefas na vida é impedir que algum desses escudos se rompa. No nível macrocósmico, estamos com problemas porque os poluentes causaram perfurações na camada de ozônio, permitindo que níveis perigosos de radiação ultravioleta atinjam a Terra. No nível físico, o drástico aumento dos índices de câncer indica que o escudo da aura ou do campo eletromagnético também está sendo perfurado. E a destruição de nosso escudo moral se reflete nas aberrações mentais que, ao longo do século 20, levaram ao

Curar para a imortalidade

morticínio em massa, numa escala sem precedentes na história da humanidade.

Romper qualquer um desses escudos é abrir a porta para forças destrutivas. A sabedoria antiga do Ocidente sempre nos orientou a construir ao nosso redor um escudo moral para impedir a entrada das forças letais do mal e da doença. Qualquer fenda no escudo moral cria uma porta de acesso para as forças destrutivas. Mas, quando agimos de acordo com os preceitos morais, que chegam a nós por meio da realidade invisível, espiritual, fortalecemos nosso escudo, perpetuando a nossa vida e também a do planeta.

Assim, para curar o planeta, precisamos curar-nos primeiro, corrigir os desvios morais que nos levaram diretamente às calamidades que se abatem sobre nós. O maior de todos os desvios morais, o de querer usurpar o conhecimento e o poder de Deus, está no cerne das enfermidades que assolam o mundo de hoje. No momento, estamos adormecidos para a gravidade desse perigo, mas ainda podemos salvar a nós e ao nosso planeta. Foi isso, com efeito, que Deus disse à humanidade: "Já criei e destruí vários mundos. Este que acabo de criar, cabe a ti preservá-lo ou destruí-lo. Para isso, dei-te livre-arbítrio e escolha. O resultado final está em tuas mãos".

O mundo criado por Deus é um mundo moral, baseado na verdade, na liberdade e no amor, os três ingredientes essenciais da moral e das boas relações humanas. O mundo criado pelo homem, aquele que enxertamos no mundo de Deus, baseia-se não na moral, mas no poder e na perpetuação da falsa crença de que estamos aqui para alcançar um estado de paz, buscando o prazer e evitando a dor.

Qual é o verdadeiro propósito da vida? Descobrir a verdade e livrar-nos da mentira que a serpente contou a Adão e Eva. Essa mentira foi uma gigantesca prova moral que Deus colocou no caminho deles, pela qual nós também estamos passando. Continuamente deparamos com falsidades, mentiras que criamos para definir nossa realidade pessoal. Essas mentiras nos fazem sucumbir

Dr. Gerald Epstein

à corrupção colocada em nosso caminho, e é por isso que desfiguramos a nós mesmos e ao planeta. Nosso propósito é encontrar o caminho em meio ao lamaçal de informações errôneas e, ao descobrir a verdade, começar a fazer as escolhas morais corretas que hão de corrigir as deformações.

Somos feitos à imagem e semelhança de Deus, conforme está dito no início do livro do Gênesis. Imagem significa que trazemos em nós a semente da imortalidade. Semelhança significa que nascemos com a virtude, a moral e a verdade de Deus.

O erro fundamental que nos leva à desfiguração é a tentativa de usurpar o conhecimento e o poder divinos, de tornar-nos Deus. E tentamos essa usurpação de muitas maneiras.

Em sua infinita misericórdia, Deus dotou-nos da capacidade de fazer correções. Fomos colocados na Terra para lembrar-nos de nossa semelhança com Ele, preservá-la e cultivá-la a fim de servir-Lhe. Temos a opção de não nos lembrar de Deus, e viemos exercendo essa opção por um tempo excessivamente longo.

Deus já determinou como devemos nos comportar nos dez mandamentos. Esses preceitos, transmitidos por Moisés e reiterados por Jesus no Sermão da Montanha, contêm um código moral absoluto que devemos respeitar se quisermos nos preservar, prevenir a doença e a morte e salvar o planeta.

Encontramos no Êxodo (15:26) uma clara afirmação da relação entre a vida moral e a saúde. Nesse versículo, Deus promete aos israelitas livrá-los da doença se cumprirem os preceitos ali contidos — nos quais se baseia, aliás, a medicina da mente. "E disse [Deus]: Se ouvires atento a voz do Senhor teu Deus, e fizeres o que é reto diante de seus olhos, e inclinares os teus ouvidos aos seus mandamentos, e guardares todos os seus estatutos, nenhuma das enfermidades porei sobre ti, que pus sobre o Egito; porque eu sou o Senhor que te sara."

Nossa tarefa é pôr em prática esses preceitos, primeiro na mente e depois na vida física. As ações nascem dos pensamentos. Fomos colocados neste Jardim para cuidar do jardim da nossa

Curar para a imortalidade

realidade individual, mantendo-o e cultivando-o. Algumas das sementes que plantamos darão frutos nutritivos, enquanto outras produzirão excrescências que podem envenenar-nos. São nossos pensamentos, sentimentos e ações morais que determinam o que vai germinar. A escolha é sempre nossa.

Aquilo que criamos a partir dessas sementes interiores manifesta-se à nossa percepção no mundo exterior. O que brotar no foro íntimo da consciência — as crenças, as imagens e os sentimentos (que são, em si mesmos, crenças e imagens) — ganhará forma no mundo e se refletirá de volta para nós como experiências. Para fazer uso desse conhecimento, não devemos nos equivocar com a ideia de que nossas experiências pessoais existem independentemente de nós, fora de nós, sem ter qualquer relação conosco, até que nos afetem, "levando-nos" a responder a elas. Nosso ser moral, qualquer que seja o estado em que se encontre, se refletirá nas nossas experiências. Se mentimos a nós e aos outros, se enganamos, roubamos, alimentamos a inveja, o ciúme e a raiva, ou nos comportamos de qualquer outra maneira moralmente tortuosa, cedo ou tarde sofreremos alguma consequência danosa ao nosso ser integral. As consequências são experiências que nos chamam a corrigir o erro que estamos cometendo. Se não mudamos, continuamos a repetir o erro e a experimentar as consequências; com esse acúmulo, nosso escudo moral enfraquece, deixando-nos mais e mais expostos à doença, até finalmente sucumbirmos.

Para cumprir os mandamentos, temos o desafio de estar sempre vigilantes aos nossos pensamentos e ações. Todas as circunstâncias da vida estão atreladas aos mandamentos, ou seja, não existe interação social ou troca relacional que não esteja ligada a um ou mais mandamentos. Eles cobrem todas as situações que podem ocorrer em nossa vida. Estar ciente da presença dos mandamentos em nós e de que como eles operam é a prática terapêutica nuclear da medicina da mente. Só assim podemos tratar as doenças.

Dr. Gerald Epstein

Além disso, temos de estar atentos às sutilezas de cada mandamento. Quando repreendemos nossos filhos na frente dos outros, estamos matando-os. Quando dizemos "Cuidarei disso amanhã", estamos dando falso-testemunho se não o fizermos. Quando ficamos ansiosos e preocupados com o futuro, estamos esculpindo uma imagem — uma conclusão sobre o futuro — e, ao mesmo tempo, dando falso-testemunho. Quando "furamos" a fila no supermercado, estamos agindo com cobiça. Quando falamos mal de nossos pais para os outros, não estamos honrando pai e mãe. Quando saímos às compras todos os dias da semana, não estamos lembrando do sabá, o dia reservado para o descanso das atividades habituais.

Os colunistas de fofocas, nos jornais de todo o país, ganham a vida dando falsos-testemunhos. Dinheiro, *status* e poder são cultuados e reverenciados no lugar da realidade espiritual, invisível. Valoriza-se exageradamente a competitividade. A cocaína e a heroína roubam-nos a alma e enfraquecem nosso caráter e constituição física. Misturar duas coisas, como bebida e volante, é um ato de adultério.

Todas as disciplinas espirituais ensinam que nossa vida seria substancialmente diferente se prestássemos atenção consciente e vigilante a nossas ações. É preciso um ato de vontade intencional para pôr um freio em nosso comportamento habitual e perceber de que maneira nossas ações refletem ou deturpam a imagem de Deus, nossa imagem moral.

Em geral, não nos ensinam as consequências de nossas ações. Se não entendemos que cada pensamento e ação tem um resultado, não só para nós como para a sociedade, não temos por que observar nosso comportamento. A maioria das consequências acarretadas por nossas ações é involuntária[8]. É improvável, por-

---

8. Encontrei a expressão "consequências involuntárias de nossas ações" graças a David Bohm, renomado físico do Birkbeck College, em Londres. O falecido professor Bohm foi aluno de Albert Einstein e de J. Krishnamurti, o conhecido professor indiano.

Curar para a imortalidade

tanto, que vejamos a doença como um efeito involuntário de uma conduta errônea.

OS MANDAMENTOS E A VIDA COTIDIANA

Segundo a tradição espiritual do Ocidente, a vida terrena é julgada em um tribunal celestial no qual se decide se receberemos a graça de continuar vivos. Na tradição judaica, esse tribunal celestial, que se reúne para avaliar cada um de nós, ocorre no Yom Kippur, o Dia do Perdão, quando o Livro da Vida é aberto e todos os penitentes esperam ser inscritos nele para mais um ano de existência.

A verdade é que não podemos prever as consequências de nossas ações. Não nos é dado conhecê-las. Elas residem no futuro, que não está ao alcance do nosso conhecimento. Só o que precisamos saber é que os pensamentos e as ações têm consequências. Os homens santos da Índia chamam-nas de carma. Ao longo da vida, somos livres para acreditar ou não na conexão entre os mandamentos e a nossa saúde.

Os mandamentos não são apenas prescrições para uma vida saudável; são também agentes desintoxicantes. Na próxima seção, apresentarei alguns exemplos relevantes de como os dez preceitos operam em nosso dia a dia. Considere essa seção como uma oportunidade para avaliar sua vida, conhecer os mandamentos mais relevantes para suas experiências e começar a corrigir seus erros. Lembre-se de que você não se deve julgar nem condenar pelo que descobriu. Não se critique nem se torture se esquecer de fazer esse exercício ou demorar a fazê-lo. Todos os julgamentos, críticas e censuras são mentiras; correspondem a dar falso-testemunho e esculpir imagens contra si mesmo. Fazer correções significa reconhecer a presença da realidade invisível, reconectar-se à fonte da qual todos viemos e retornar a ela. Em todas as tradições religiosas e espirituais do Ocidente, a salvação está nesse retorno e reconexão. Retornar a Deus é consumar que nascemos à imagem e semelhança de Dele. Ao mesmo tempo, é cumprir o primeiro mandamento: "não colocar nenhum outro deus diante de Deus". Não existe deus, apenas Deus. Nada deve obscurecer essa visão na realidade invisível.

O primeiro mandamento

O primeiro mandamento diz que não devemos cultuar nenhuma realidade visível em detrimento de nossa admiração e reverência pela realidade invisível. Nada no mundo visível pode igualar-se ao valor, ao mistério, ao poder e ao amor de Deus. Há forças imensas neste mundo que se armam ao nosso redor para persuadir-nos do contrário. A escolha de retornar a essa crença e a essa prática é essencial para a existência humana. A constante necessidade de escolher entre a vida e a morte, o bem e o mal, o amor e o poder é o propósito de estarmos vivos. Nossa vida procede da tensão entre os incessantes chamados para escolhermos a vida ou a morte. Nossa escolha desencadeia consequências construtivas ou destrutivas.

Ninguém está isento de fazer essa escolha — nem o mais facínora dos criminosos nem o mais exaltado entre os santos. Nossa escolha é determinada pelas crenças que trouxemos a esta vida e pelas crenças que a família, os amigos e os educadores nos inculcaram na infância. Aos 7 ou 8 anos de idade, nossa visão de mundo — isto é, nossas crenças fundamentais sobre a vida — está essencialmente formada. Mais tarde, adotamos novas crenças que correspondam às nossas e descartamos as demais. Ao contrário do que possamos pensar, não somos realmente abertos para o novo e, à medida que envelhecemos, vamos ficando cada vez mais inflexíveis e apegados às crenças já estabelecidas, rejeitando assim qualquer mudança que seja.

Paradoxalmente, por causa dessa rigidez, passamos a depender cada vez mais da nossa cultura para confirmar nossa conduta. Ficamos então suscetíveis às crenças culturais. A razão dessa suscetibilidade é que não queremos perder o apoio dos que nos rodeiam; acreditando que tornam nossa vida mais agradável e, portanto,

Curar para a imortalidade

menos dolorosa, atribuímos a eles autoridade e poder sobre nós e a capacidade de julgar-nos e decidir nosso destino.

Seguindo nossa maneira habitual de pensar e acreditar, substituímos nossa conexão com a realidade invisível por algo diretamente tangível: substituímos Deus pelo homem ao trocar a fé no invisível pela fé no visível.

Você, ou alguém conhecido, já passou uma noite inteira na fila para comprar um ingresso para assistir a Frank Sinatra, Elvis Presley, Michael Jackson, Madonna ou Bruce Springsteen? Talvez você conheça alguém que pagou uma soma extraordinária de dinheiro para ver Michael Jordan jogar basquete. Isso significa que essa pessoa (ou você) cometeu um erro com respeito ao primeiro mandamento.

Muitos homens e mulheres investem excessiva energia em outras pessoas ou objetos que prometem trazer-lhes prazer ou alívio da dor. Quando essas falsas ilusões sobre as coisas se desfazem, a dor retorna e é necessário então um novo dispêndio de energia na busca do alívio ou do prazer. A perpetuação desse comportamento cíclico chama-se vício. Ficamos viciados na vitrine de coisas que se exibem incessantemente aos nossos olhos.

Não coloque nenhum deus diante de Deus. Não obscureça sua visão de Deus ou o acesso a Ele. Invoque a realidade invisível a qualquer hora que quiser. Basta oferecer uma prece, na forma de um pensamento silencioso ou de um sentimento voltado para Deus. Você pode pedir perdão ou orientação. Pode ainda pedir coisas de maneira indireta ("Por favor, mostre-me um modo de eu me curar" em vez de "Por favor, me cure"). A prece também pode ser oferecida por meio de imagens mentais, como prece concretizada, que ganhou forma. (O Capítulo 7 traz inúmeras imagens e exercícios de cura semelhantes a preces.)

O segundo mandamento

O segundo mandamento diz que não devemos esculpir imagens nem construir ídolos e prostrar-nos diante deles. A dificuldade de

· 85 ·

cumprir esse mandamento é responsável pela maior parte das atribulações que nos atingem.

Esculpir imagens significa criar uma representação física, com a mão, ou mental, com a mente. Os exemplos de imagens esculpidas mentais são as conclusões, as explicações, os pensamentos do tipo "se-então", as expectativas, as previsões, as crenças estabelecidas e qualquer padrão de pensamento que nos projete no futuro ou no passado. Passamos a maior parte de nossa vida desperta envolvidos na criação de imagens esculpidas.

As imagens esculpidas mentais são sempre informação falsa. Uma vez que se referem ao futuro, não têm valor real. No entanto, agimos com base nesses *bits* de dados errados — e sofremos as consequências disso. Na Bíblia, essa atividade foi chamada de "bezerro de ouro", ou seja, quando a vida material é mais reverenciada que a vida espiritual.

Os atos de idolatria conferem a outras pessoas, como médicos, estrelas de cinema, astros do esporte, religiosos e políticos, papéis de especial importância ou autoridade. Há também atos de idolatria que atribuem poder às coisas e às realizações, como o dinheiro, o poder e a fama.

A coação, a intimidação e até as ameaças de violência e morte requerem que entreguemos o nosso poder. As pressões para que renunciemos à nossa autoridade são enormes e onipresentes. É preciso muita vontade para resistir a elas, especialmente se aceitamos a crença de que as autoridades externas sabem mais do que nós e de que a aquisição material é o propósito derradeiro da vida.

A educação sustenta crenças que se opõem totalmente ao segundo mandamento, impelindo-nos a curvar-nos diante dos especialistas e das autoridades, a confiar neles. É possível que tenhamos de consultar autoridades para avaliar a qualidade dos objetos ou serviços que utilizamos; porém, quando se trata da nossa vida e das nossas relações, ninguém tem mais autoridade do que nós. Se permitirmos que nossa má-educação continue a nos enganar, acabaremos prostrados diante de alguma estátua de Baal. A noção

Curar para a imortalidade

de que devemos nos sujeitar à suposta *expertise* de uma autoridade é um logro de proporções nada desprezíveis. Pode ser muito valioso contar com mentores que nos encorajem a buscar a liberdade, mas não torturadores que a roubem de nós.

Como já mencionei, as dificuldades em cumprir esse mandamento são enormes. Precisamos estar atentos sempre que entrarmos em contato com alguém que se apresente como autoridade. No âmbito da saúde, precisamos relaxar nossa excessiva confiança nos médicos. É uma crença cultural generalizada, hoje em dia, a ideia de que os médicos têm as respostas para as perguntas relativas à doença e à saúde, à vida e à morte. Ao persistir nessa crença, optamos por depender de outras pessoas no que diz respeito à nossa saúde e à nossa vida. Em vez disso, precisamos confiar em nosso próprio discernimento e autoridade, ouvindo a voz interior da verdade, que é imperativa e fala conosco no tempo presente.

Um caso clínico ilustra o segundo mandamento:

Sarah, uma mulher extremamente bem-sucedida, passara por maus bocados. Conquistara e perdera uma fortuna ao longo dos anos. Quando a conheci, ela acabara de se recuperar de dificuldades e estava prestes a conseguir um progresso financeiro, graças a uma série de projetos que vinha desenvolvendo simultaneamente. Quando esse progresso estava por acontecer, Sarah recebeu uma proposta de emprego em uma área de atividade totalmente diferente, que a colocaria em evidência. A oferta era muito atraente, e ela se sentiu tentada a aceitá-la. Pediu a opinião de várias pessoas próximas sobre a melhor decisão a tomar e, depois de tantas visões diferentes que ouvira, estava agora esgotada.

Fizemos o exercício de imaginação citado no Capítulo 2 ("Encontrando a sala do silêncio") e ela se viu em um aposento, diante da ansiedade. Deu as costas para a ansiedade e cruzou a porta que levava para outra sala, na qual atravessou a porta para a outra sala. À medida que ia fazendo isso, identificava ter conversado com uma pessoa após outra, em busca de conselhos, e ficar mais nervosa cada vez que as escutava. Finalmente, Sarah encontrou

Dr. Gerald Epstein

sua sala do silêncio, que ela poderia explorar com calma quando desejasse buscar suas próprias respostas.

Como Sarah era uma pessoa espiritualizada expus a ela suas dificuldades usando como referência os mandamentos. É claro que ela estava em busca de uma autoridade externa que lhe dissesse o que era certo ou errado. Ela se queixou de que era sozinha e precisava da ajuda das pessoas. Expliquei-lhe que toda vez que nos afastamos da realidade invisível nos sentimos sozinhos. Sarah havia substituído a realidade invisível pela visível, na forma de seus inúmeros conselheiros. Não havia muita serventia, eu disse, em colocar a realidade visível entre ela e o invisível.

Ela disse que tudo fazia sentido, pois estivera procurando as respostas fora, não dentro dela. Estava enganando e sabotando a si mesma ao transferir sua autoridade para os outros. Ao abrir mão de seu poder, ela se desviara de seus objetivos criativos. Essa nova compreensão de sua própria eficácia veio acompanhada da sensação de ter recuperado o poder e de alívio da ansiedade. Sarah recusou a proposta de emprego e concluiu o trabalho que agradava ao seu coração. Desde então, sempre que a ansiedade voltava, ela conseguia se acalmar facilmente, praticando o exercício da imaginação.

O dilema de Sarah não é diferente do que todos enfrentamos na vida. Quase todos nós abdicamos de nosso poder e procuramos as autoridades externas. Você pode objetar aqui que um médico é mais experiente que você no corpo ou em determinada doença, por isso é importante procurá-lo para obter uma opinião definitiva sobre o que fazer. É possível, decerto, que um médico conheça algo a respeito de determinada doença, mas de modo algum ele tem mais autoridade em você que você mesmo. Na melhor das hipóteses, o médico pode oferecer uma opinião (em geral apresentada como fato), mas só nós podemos realmente saber o que é melhor para nós.

O terceiro mandamento

O terceiro mandamento diz que não devemos tomar o nome de Deus em vão. Isso significa que não nos devemos apresentar como

Curar para a imortalidade

algo que não somos nem invocar a realidade invisível levianamente, de acordo com nossa conveniência, tampouco enganar as pessoas ou obter ganhos pessoais apelando para a realidade invisível se não acreditamos nela ou em sua verdade.

Usar o nome de Deus em vão tem sido, durante muito tempo ao longo da história, a causa de sofrimentos e preconceitos. Deus tem sido usado para explicar a superioridade de uma pessoa sobre outra e legitimar atos de guerra. Parte do mundo islâmico clama pelo jihad, a guerra santa, para eliminar ou converter aqueles que não aceitam a superioridade de Alá. O nazismo foi uma "guerra santa", deflagrada para varrer judeus, católicos e até mesmo Deus da face da Terra. Todas as grandes guerras, desde os tempos bíblicos, foram provavelmente "santas", desencadeadas em nome de alguma instituição religiosa que presumia ter o apoio de Deus para derramar sangue e sujeitar outros em nome Dele, como se aquele que é infinitamente criativo e vivificante fosse tolerar e apoiar tal carnificina. O que está implícito aí é que o propósito de Deus é colocar todos no cativeiro e na servidão ou matá-los. Se é assim, então por que Ele claramente afirma no Deuteronômio (30:19): "Escolhe, pois, a vida"?

Para evitar tomar o nome de Deus em vão, devemo-nos perguntar a serviço de quem estão as nossas ações. Você é motivado pelo amor ao poder ou pelo poder do amor? Está sendo inofensivo, respeitoso e contribuindo para sua família e o mundo[9]? Temos de ser francos e honestos conosco. Se você construir sua vida sobre um alicerce falso, cedo ou tarde ela vai desmoronar.

O quarto mandamento

O quarto mandamento ordena que respeitemos o sabá. O sabá é um dia que reservamos para o descanso, quando nos lembramos de que aquele que nos criou descansou depois de completar sua obra. Assim imitamos a Deus e nos lembramos de nossa conexão

9. Essas três características foram formuladas pelo dr. Bob Gibson.

com Ele. A grande chave da cura contida no sabá é o que minha professora, Madame Muscat, chama de "inversão". Inverter significa fazer o oposto. A observância do sabá estimula-nos a fazer coisas que normalmente não fazemos ou a nos desligar do que fazemos todo dia. Pela lembrança e pelo repouso, alteramos nossa rotina diária. A saúde e o bem-estar geral da sociedade padecem porque a maioria das pessoas no Ocidente não observa o sabá. Hoje em dia, não existe descanso do comércio, nenhuma pausa da vida cotidiana. Em toda parte somos incentivados à agitação. Mas o descanso é essencial para a cura, e o sabá é uma excelente maneira de "praticar" o repouso. Ao observar o sabá, devolvemos os pensamentos para o presente, afastando-os do passado ou do futuro.

Durante o sabá, podemos não apenas nos centrar e equilibrar, mas ser transformados. Nossa sociedade não está preparada para o sabá, mas, embora suas demandas nos afastem do descanso, você pode fazer desse dia uma grande diversão — especialmente se passou a semana inteira só trabalhando. O sabá existe para restaurar a vitalidade e o propósito da nossa vida.

O quinto mandamento

O quinto mandamento nos diz para honrar pai e mãe e, assim, ganhar uma vida longa. Honrar os pais é respeitá-los, não necessariamente amá-los. Eles decidiram ter você e dar-lhe a oportunidade de estar neste mundo e, portanto, de encontrar a liberdade e a iluminação.

Os filhos tendem a personificar os problemas dos pais e acreditam ter sido escolhidos para um castigo imerecido. A psicologia moderna criou a impressão de que os pais vitimam os filhos, causando assim algum tipo de distúrbio duradouro. Mas nenhum sofrimento supera o milagre do nascimento, que nos deu a oportunidade de alcançar a realização pessoal. Devemo-nos concentrar não no que nossos pais fizeram ou deixaram de fazer, mas em viver de acordo com os mandamentos, o nosso principal objetivo.

Curar para a imortalidade

Ao menosprezar e culpar nossos pais, contrariamos o intento da perpetuação e da continuidade da vida. Não podemos andar a julgá-los, do mesmo modo que não gostaríamos que nossos filhos nos julgassem. Quando culpamos os outros, geralmente nos desviamos das lições que nos cabem, de nos aprimorar pela dor e de seguir em frente com a nossa vida.

A desintegração da família é um dos problemas mais evidentes que enfrentamos hoje em dia. É especialmente problemática porque as pressões que dividiram as famílias e criaram desarmonia entre seus membros são insidiosas. Entre elas incluem-se a psicologia; as grandes corporações que afastaram os familiares uns dos outros; o preconceito contra as minorias e o seu empobrecimento, que resultaram em muitas famílias monoparentais; a cultura das drogas, em que a pesada ingestão de substâncias que causam dependência cria pessoas desalmadas, sem amor, compaixão ou humanidade.

Os impulsos religiosos, éticos e espirituais que nos educam para amar, honrar, obedecer, compartilhar e cuidar de nós mesmos e dos outros favorecem a união da família e o respeito aos pais. Mas esses impulsos praticamente naufragaram sob a grande vaga da cobiça comercial e corporativa e sob a idolatria do dinheiro. Os valores espirituais estão ausentes da nossa vida, precisamos redescobrir nosso equilíbrio individual, um propósito maior que nos permita salvar a nós e aos outros.

Quando se vir censurando ou falando mal de seus pais, lembre-se de que tudo que você realizou até agora não teria sido possível se eles não tivessem decidido colocá-lo aqui. Não existem acasos na vida espiritual. Nenhum nascimento é acidental ou imprevisto. Você não nasceu aqui por acaso, mas por escolha. Todos precisamos agradecer aos pais pela oportunidade de vida que nos deram.

As crianças que sofreram maus-tratos, como todas as outras, têm algo a aprender com esse trabalho de respeitar os pais. Elas podem nos ajudar a entender, como sociedade, o impulso assassi-

Dr. Gerald Epstein

no, penetrante e poderoso que domina o mundo de hoje. Os pais são totalmente responsáveis e responsabilizáveis por sua conduta, e não temos de amá-los, apenas de honrá-los. Sem honrá-los, porém, perpetuamos a conduta abusiva em nossa vida.

Nesta era, temos a primeira possibilidade real, já registrada em história, de transformar a violência em amor. O profeta Isaías disse que forjaremos arados com nossas espadas; o leão se deitará com o cordeiro; não conheceremos mais a guerra. Essa profecia ainda pode se realizar, e talvez estejamos perto disso.

Em resumo: honrar pai e mãe perpetua a tradição, a vida no âmbito da sociedade e do indivíduo. Ao mesmo tempo, previne o comportamento violento, homicida, já que reconhecemos que todos os seres humanos merecem respeito como membros de famílias honradas.

O sexto mandamento

O sexto mandamento diz que não devemos matar. Existem muitas formas de matar além da aniquilação física, formas que, na tradição antiga, eram consideradas equivalentes a essa. Eis três delas: não dar os créditos a suas fontes, às pessoas que o ajudaram ou cujas criações inspiraram você; humilhar alguém em público; e depressão. Não dar os créditos é matar a pessoa no nome. Humilhar alguém é matar a pessoa no caráter. Depressão significa matar a si mesmo.

Depressão é um estado emocional quase onipresente em nossos dias, por isso vale a pena dar uma boa olhada nela. Há vários graus de depressão e são inúmeros os elementos que a compõem. Essencialmente, uma pessoa deprimida voltou-se do presente para o passado, abandonando a vida. Depressão é a morte em vida. Aceitamos essa dimensão da nossa existência que morreu, acabou, passou, se foi, se apagou, expirou.

O episódio da mulher de Ló ilustra bem os perigos de "olhar para trás". Quando Ló e sua esposa escaparam de Sodoma e Gomorra, a terra da injustiça e do hedonismo, tinham sido avisa-

Curar para a imortalidade

dos para não olharem para trás onde estivessem. A mulher de Ló não seguiu essa instrução; voltou-se para trás e foi transformada numa coluna de sal. Quando ela se virou para ver o que estava perdendo e abandonando, sentiu grande remorso por seu passado e começou a chorar. Suas lágrimas de remorso cobriram-na de sal, e quando este finalmente endureceu ela virou uma coluna de sal.

De maneira semelhante, quando nos enchemos de sal, as artérias endurecem e ficamos esclerosados, ou endurecidos e rígidos. Na esclerose, perdemos a flexibilidade e a maleabilidade, como no processo de envelhecimento. Quando olhamos para trás, sentimos remorso, choramos e esclerosamos — ficamos endurecidos e rígidos —, abrindo as portas para a morte. Todo episódio de depressão não passa disso, sem valor de verdade, tão ilusório quanto a ficção sobre o futuro. Para explicar o sofrimento presente, criamos ainda outra ficção — uma situação em que a experiência gera a crença, uma oportunidade de culpar as circunstâncias.

Tendemos a achar que as circunstâncias determinam nosso estado interior. No entanto, somos os responsáveis por esse estado interior e temos a capacidade de criar nossas próprias circunstâncias. As crenças criam as experiências, não o contrário. Para se livrar da depressão, é preciso livrar-se do passado, soltar-se das garras dos sentimentos de culpa que ele desperta. Qualquer que tenha sido o fato que lhe ocasionou o transtorno, já acabou. Se você continua a cometer erros por isso, é preciso corrigi-los.

As ferramentas apresentadas neste livro servem para corrigir erros. Ao aceitá-las, você assume a responsabilidade pelos erros e procura remediá-los. Quando corrige um erro, você automaticamente se perdoa. Não é necessário nenhum intermediário para lhe conceder a absolvição ou o perdão. O único perdão de que você necessita é o das pessoas que se prejudicaram com seus erros. Primeiro, reconheça e admita seus erros — confesse-os a si mesmo, ao seu coração. Peça perdão a si mesmo ou a Deus e, depois, àqueles a quem você fez mal. É assim que você se purifica da escuridão que causou.

Dr. Gerald Epstein

David, um homem muito bem-sucedido na vida mundana, procurou-me por causa de um sério problema nos olhos. Seu nervo ótico esquerdo estava atrofiado; e a lente do olho direito, deformada. O médico lhe dissera que não havia cura. Porém, como reconhecia o aspecto espiritual da vida, David suspeitava de que sua cegueira estivesse relacionada com algum desvio em sua conduta espiritual. Ele veio a mim em busca do trabalho com imagens mentais.

Como é de costume na prática da medicina espiritual, perguntei a David sobre as circunstâncias de sua perda de visão. O que ele não estava enxergando? O que não queria olhar? Sentia alguma culpa? (Lembre-se de que Édipo, o lendário rei grego, cegou-se pela culpa de ter cometido um desvio moral.) David estava realmente decidido a se curar e disposto a revelar detalhes íntimos de sua vida, alguns moralmente desagradáveis. Esses detalhes se tornaram elementos importantes para o sucesso do tratamento.

Nosso trabalho educativo-terapêutico consistiu em corrigir as leviandades morais de David, junto com a prática de exercícios específicos para recuperar sua visão. Com os exercícios de imaginação, ele limpava os olhos, arejava as pupilas para que o humor aquoso se movimentasse adequadamente e clareava as lentes; um ser santificado (no caso dele, Jesus Cristo) cuspia em seus olhos para facilitar a cura. David lavava os olhos fisicamente com água curativa, que ele obteve em um centro de cura religiosa na América do Norte (semelhante ao de Lourdes, na França). E, sempre que podia, ressarcia as pessoas que havia prejudicado. Esse ressarcimento se dava geralmente de forma monetária: ele perdoou as dívidas de quem lhe devia e manteve-se generoso apesar desse prejuízo. David tinha condições financeiras para realizar essas ações e fez as correções necessárias com facilidade e sem ressentimentos, pois sabia que sua cura dependia disso. As pessoas que ele ressarciu responderam-lhe com uma inesperada efusão de amor, entre elas duas ex-esposas e um parente, a quem ele perdoou uma dívida de 75 mil dólares. Ao cabo de seis meses, a visão de David

Curar para a imortalidade

começou a melhorar. Ao final de um ano, ele pôde trabalhar normalmente e voltar a dirigir. Faz três anos agora, na data em que escrevo este livro, que a cura se mantém.

O sétimo mandamento

O sétimo mandamento apregoa: "Não cometerás adultério". A forma mais óbvia de adultério é aquela em que um cônjuge se envolve em um romance com outra pessoa. Isoladamente considerado, o adultério pode ser o fator mais destrutivo a contribuir para a dissolução da estrutura familiar. A presença de uma terceira pessoa paira como um espectro sombrio sobre o casamento e a família, tal como a serpente no Éden com Adão, Eva e Deus. Deus disse a Eva: "Seja fiel a uma só voz, à voz daquele que é Uno". A serpente — o terceiro — pediu ao casal para renunciar à sua fidelidade. Todo ato de adultério é uma reencenação do ato de infidelidade cometido no Éden. O casamento é, entre outras coisas, o palco onde podemos praticar a fidelidade a uma pessoa — e ao Uno.

É verdade que algumas culturas institucionalizaram o adultério como norma cultural. Podemos tentar justificar os atos adúlteros argumentando que precisamos de escapes e da ajuda de outra pessoa para compensar a dor das circunstâncias em que vivemos, mas essas racionalizações legitimam um impulso fundamentalmente hedonista. A palavra "adultério" significa "enfraquecimento", e qualquer ato adúltero enfraquece a situação na qual ocorre. É um desvio tanto em relação à nossa integridade quanto à realidade invisível.

O adultério produz enfraquecimento pela mistura de duas coisas que essencialmente não se combinam — como negócios e prazer. O livro do Deuteronômio faz quatro advertências claras e concisas contra esse tipo de mistura: "Não plante duas sementes diferentes no mesmo campo", "Não atrele um boi e uma mula ao mesmo arado", "Não misture o linho com a seda" e "Não misture o leite com a carne". Essas advertências indicam de que maneira devemos lidar com relações que são

Dr. Gerald Epstein

fundamentais na vida. Por exemplo, devemos prestar atenção aos alimentos que misturamos, pois os que não se combinam — como leite e carne — podem causar graves distúrbios digestivos. O leite e a carne, quando consumidos separadamente, já levam um bom tempo para ser digeridos, sobrecarregando o trato digestivo. Quando ingeridos juntos, essa sobrecarga se torna proporcionalmente maior.

O oitavo mandamento

O oitavo mandamento diz: "Não roubarás". Conhecemos bem o roubo físico, mas nem todos se dão conta de que existem outros tipos de roubo, como o emocional e o social. Digamos que você e eu combinamos de nos encontrar no cinema às 8 horas. Eu chego lá nesse horário, mas você só aparece às 9. Você explica que o telefone tocou justamente no momento em que estava para sair de casa e, por isso, perdeu a hora. Apesar da justificativa, você efetivamente roubou-me uma hora. Na minha prática clínica, ouço com frequência os pacientes se queixarem do tempo que desperdiçaram com falsas promessas de casamento logo, de divórcio em breve, ou quaisquer outras variantes. O tempo roubado é irrecuperável. Precisamos ter cuidado para não roubar o tempo alheio nem deixar que roubem nosso tempo.

Como mencionei ao falar do sexto mandamento, não dar os créditos a suas fontes é um modo de matar. É também uma forma de roubar — roubar a projeção, o reconhecimento e a notoriedade que uma pessoa poderia desfrutar por sua ideia ou invenção.

As doenças causadas por problemas familiares como partilha de herança, em que alguns membros da família são vítimas de trapaça, fraude ou não recebem o dinheiro que lhes é devido, estão entre as enfermidades mais frequentes com que deparo. Nessas situações, incentivo a pessoa que foi lesada a entrar com uma ação judicial contra a família, se possível. Em geral, de início, os pacientes resistem muito a recorrer a essa medida, mas quando fica claro que não existe lealdade ou amor na família acabam acei-

Curar para a imortalidade

tando a ideia. Os efeitos benéficos de tal ação para a saúde são extraordinários. Nos casos em que os pacientes são os próprios culpados, eles também se beneficiam desses efeitos salutares ao confessar seu desvio e restituir o que deviam.

O nono mandamento

O nono mandamento diz: "Não darás falso-testemunho". Falso-testemunho inclui fazer fofoca, espalhar boatos, mentir, caluniar, difamar, dizer algo que é verdadeiro mas não se deve dizer, e omitir o que precisa ser dito.

É evidente para todo mundo que a mentira está em toda parte. Todos já fomos expostos à mentira em nossa vida pessoal, em situações sociais e no âmbito político, e sofremos suas consequências.

Por exemplo, uma jovem chamada Lea me procurou com problemas físicos e emocionais que a impediam de desempenhar-se bem. Era uma mulher talentosa, que vencera a pobreza e o abandono da família na infância para se casar, formar sua própria família, dirigir um negócio muito bem-sucedido e então iniciar uma segunda carreira de sucesso como profissional da saúde. Cerca de seis meses antes de me procurar, enquanto estava de férias no exterior, ela começou a sofrer graves crises de pânico e teve de voltar para os Estados Unidos. Desde então, passou a ter medo de aventurar-se fora de casa sozinha; não podia se deslocar por distâncias maiores sem estar acompanhada. Além de amedrontada e confusa, começou a sentir também dores abdominais, mas os exames clínicos e laboratoriais não revelaram nenhuma patologia física.

Em nosso trabalho conjunto, que se concentrou em sua conduta moral, Lea descobriu que estivera mentindo, ou seja, dando falsos-testemunhos, de maneira persistente e contínua. Ela assumiu então a postura consciente de não mais fazer isso, corrigir essa tendência e ser franca consigo e com os outros. Sabia que, se conseguisse se resolver no âmbito moral, também se resolveria emocional e fisicamente. Ela não demorou a perceber que estava se sentindo bem melhor, e o pânico desapareceu.

Dr. Gerald Epstein

Lea descobriu que guardava muita raiva e ressentimento de seu marido (que a acompanhara na viagem de férias). Quando passou a agir com total honestidade, ela assumiu o comando da sua vida, ganhou mais autoconfiança, tornou-se mais perceptiva de seu verdadeiro eu, ficou totalmente relaxada e desfrutou a vida como nunca antes. Foi maravilhoso observar sua cura progredir, no período de três meses, do nível moral para o emocional e, então, para o físico.

A mudança de consciência de Lea se propagou para sua família e seus amigos, permitindo que eles se focassem e centrassem mais na própria vida. Esse desdobramento não é incomum. Quando Moisés, Jesus e Buda alinharam ou centraram sua consciência, criaram uma mudança semelhante na consciência das pessoas à sua volta. Observei muitas vezes esse mesmo fenômeno nos meus pacientes e em seu ambiente familiar.

A mentira frequentemente assume formas muito sutis. É natural dizer "Te ligo amanhã" e, então, esquecer-se de telefonar. Na verdade, falar no tempo futuro, como costumamos fazer de maneira casual e repentina, é sempre uma mentira. Parece tão trivial que não medimos as consequências, embora tenhamos de prestar contas ao cosmos por nossos erros. Devemos equilibrar o livro contábil corrigindo esses erros.

A Bíblia fornece um exemplo da destruição que um falso-testemunho pode acarretar: quando Sara ouve o boato de que seu único filho, Isaque, foi sacrificado, ela morre ali mesmo, derrubada pela comoção.

O logro existe em toda parte. Ser ludibriado pode causar grande prejuízo. No sistema interativo que é o relacionamento humano, podemos escolher ignorar os sinais de que um logro está sendo armado e, assim, abrir caminho para o nosso próprio sofrimento. O mentiroso e o incauto geralmente têm igual responsabilidade pelo resultado. Quem dá falso-testemunho deve pagar um preço por isso, e aquele que acredita na mentira sofre um dano.

Curar para a imortalidade

Quase tudo que ouvimos, quase toda conversa da qual participamos, é uma inverdade ou uma mentira. (Inverdade é uma declaração falsa que se faz sem a intenção de enganar, ao passo que a mentira é intencional.) Ouça com mais atenção o que você e os outros dizem e perceba como as falsidades pululam. Você vai notar que a maior parte das conversas diz respeito ao futuro, ao passado ou a uma pessoa ausente.

Mas o futuro não existe, exceto como potencial; portanto, é uma ilusão. O passado já foi, está morto e enterrado. Como não existe mais, assim como as notícias de ontem, também é uma ilusão. Falar de quem está ausente é, invariavelmente, espalhar um boato ou fazer uma fofoca e não serve a nenhum propósito de redenção.

O décimo mandamento

O décimo mandamento diz: "Não cobiçarás". A cobiça se caracteriza pela avareza, pela ganância, pela inveja, pelo ciúme, pela competitividade ou pela possessividade. Esse é um mandamento especialmente importante para a vida moderna, em particular no que diz respeito ao nosso modo de encarar as circunstâncias da vida.

Doutor Fausto é o personagem de uma lenda medieval que fez pacto com o Diabo para receber tudo que queria, em troca de vender sua alma. Hoje em dia, Fausto é a pessoa com excesso de gratificação, que satisfaz cada capricho ou desejo seu. Quase 200 anos depois de Goethe ter escrito sua famosa peça, a visão faustiana parece ter se confirmado na afluente sociedade ocidental.

Contudo, enquanto perseguimos uma satisfação cada vez maior e insaciável, vamos deixando para trás um rastro de elevadas taxas de fome, analfabetismo, doença e mortalidade[10], além de um sentimento geral de desespero. Na esfera social, esse deses-

---

10. Para uma excelente e profunda discussão dos padrões de saúde e doença que atingiram seu ponto máximo na década de 1980, recomendo Leonard Sagan, *The health of nations* (Nova York: Basic Books, 1987).

Dr. Gerald Epstein

pero resulta do desejo de possuir coisas, geralmente à custa de outras pessoas — guardar para si mesmo, sem compartilhar. Somos educados para ser homens e mulheres faustianos.

Cobiçar também tem a conotação de escravizar, tirar a liberdade do outro. A tendência à possessividade se expressa nas mais estranhas situações, como quando os pacientes, sentados diante de mim, falam em "meu câncer", "minha doença" e "minha ansiedade". Eles possuem a enfermidade, assim como possuem uma peça de roupa: "Vesti minha camisa e minha calça, estou carregando meu livro e meu resfriado está me matando; eles me pertencem. Eu os possuo". Ou, usando o verbo "ter": "Tenho dor, tenho uma conta bancária, tenho artrite". Possuímos qualquer coisa que seja indefinida.

Você deve parar de ter a todo custo. A cobiça implica o desejo de tomar, manter, impor e prender à custa de outros, em benefício do poder pessoal. Na base do impulso de cobiça está o erro fundamental de tentar ser Deus.

Para nos curar, precisamos possuir as coisas que criamos. Feito isso, podemos então deixar de possuí-las: descartá-las e pôr fim ao nosso apego a elas. Podemos também reverter a cobiça no plano pessoal e social. A cobiça é, provavelmente, a causa mais significativa dos transtornos sociais que atingem o mundo: a violência, o vício nas drogas, o alcoolismo, a desigualdade social e a pobreza. Podemos começar a remediar esses males sociais eliminando esse impulso de nossa vida individual.

Fomos doutrinados na crença de que é preciso ser importante, daí nosso desejo de sê-lo — desejo que encobre, na verdade, um forte sentimento de inferioridade. Acreditamos que o acúmulo de bens materiais nos torna especiais. Nós nos identificamos com os objetos que possuímos, de tal modo que todo o nosso senso de valor pessoal está atrelado a eles. Vinculamos nosso valor à quantidade de bens que amealhamos.

O contrário de cobiçar é compartilhar, dar sem desejar receber. É necessário confiar que não seremos privados do que preci-

Curar para a imortalidade

samos se abrirmos mão do que possuímos. De fato, quando nos livramos do desejo de receber, é o universo que nos presenteia. É infalível!

* * *

No exemplo que cito a seguir, vários mandamentos estão em cena.

Beverly era uma jovem que sofria de ileíte regional. Espiritualizada, ela sabia bem da importância dos mandamentos e, assim, relacionava sua doença com o fato de estar "represada" e "contida". Disse que não falava abertamente de si mesma a ninguém. Quando a ileíte se manifestou pela primeira vez, aos 15 anos de idade, ela silenciou o assunto; ninguém fora do seu círculo familiar mais próximo sabia de sua condição. Ela era sempre a mais quieta e falava com voz branda.

Ao examinar mais profundamente as razões pelas quais não se expressava, Beverly descobriu que ela e seus dois irmãos mais velhos sentiam que precisavam proteger os pais do sofrimento. Ou seja, sempre que algo doloroso acontecia a um deles, a reação imediata era escondê-lo dos pais, a fim de evitar-lhes aborrecimentos. Certa vez, por exemplo, quando caiu da bicicleta e sofreu uma forte pancada na testa, apesar de toda a dor e do inchaço, Beverly não contou aos pais para "protegê-los". Ela percebeu que, quando reprimia suas emoções mais intensas para proteger os outros, sentia um "aperto" na região do abdome.

Chamei a atenção de Beverly para o fato de que, ao ocultar dos pais seu sofrimento pessoal, ela estava deixando de cumprir o mandamento que adverte contra o falso-testemunho. Sua escolha de não dizer a verdade era o que provocava a sensação de aperto e de estar represada. Dizer a verdade significaria seguir o mandamento de honrar pai e mãe e demonstrar respeito por eles. Criar uma falsa imagem para eles era, com efeito, criar uma "imagem esculpida" — com palavras em vez de mãos. Além disso, ela vinha contrariando o oitavo mandamento, por roubar de seus pais informações valiosas que permitiriam a eles enfrentar o que era preciso e saber que a vida não é um mar de rosas.

Beverly entendeu que não precisava punir-se por seu comportamento habitual, mas que agora era necessário corrigi-lo, tornando-se mais atenta a ele e determinando-se a agir de acordo com os mandamentos. Para começar, ela precisaria examinar suas ações objetivamente, refrear seu impulso de proteção e reconhecer que estava agindo contra si mesma ao manter esse comportamento.

No seu exercício de imaginação, pedi a Beverly que se visse como uma mulher forte e então se imaginasse confinada numa caixa que alguém estava chacoalhando. Ela tinha de encontrar um jeito de sair dali. E ela o fez, empurrando as extremidades da caixa em direções opostas até conseguir sair. Quando lhe perguntei o que estava vendo, sentindo e experimentando, ela contou que se sentia livre e percebia seu corpo se expressando, inclusive na região abdominal. Disse que se via próxima de um símbolo vívido do infinito. Pedi-lhe que visualizasse no símbolo do infinito o seu intestino delgado e entrasse nele, percebendo sua suavidade e seu fluxo contínuo, sabendo que era assim agora que seu trato intestinal estava funcionando. Ela entrou e experimentou uma sensação imediata de integração com o Uno e uma grande e transcendente alegria. Pedi-lhe que conservasse essa sensação, deixasse o símbolo do infinito quando estivesse pronta e abrisse os olhos.

Quando retornou, ela se sentia imensamente livre e feliz. Para curar seu trato intestinal, Beverly continuou a fazer esse exercício por três minutos, três vezes ao dia, seis dias da semana, durante três semanas. No final desse período, seus sintomas haviam diminuído consideravelmente e sua digestão começava a se normalizar.

OS TRÊS VOTOS

Ao viver de acordo com os dez mandamentos, alimentamos o espírito e nos afastamos das limitações impostas pela doença, pela dor,

Curar para a imortalidade

pelo sofrimento e pela autopunição. Para seguir esses preceitos, devemos cumprir três exigências ou votos, sem os quais não podemos verdadeiramente trilhar o caminho do espírito. Esses três votos, que estão na base de todos os sistemas espirituais, tanto do Ocidente quanto do Oriente, são a obediência, a castidade e a pobreza.

Obediência é a disposição de acatar a realidade invisível. Quando somos obedientes, atribuímos mais importância à realidade invisível que aos príncipes deste mundo. Assim como Adão e Eva, também nós somos chamados a obedecer a uma só voz, a confiar no invisível e ser fiel ao Uno. A obediência é a prática de silenciar os desejos pessoais e as emoções diante da consciência.

O Uno se manifesta como essa voz interior que fala por meio de nós o tempo todo. Nos próximos capítulos, apresento várias técnicas para estabelecer contato direto com o Uno e ouvir suas mensagens.

Castidade é a fidelidade ao Uno. Significa que não devemos ser volúveis, saindo atrás das tentações a todo momento. O voto de castidade está implícito nos mandamentos contra o adultério, a cobiça e o culto a outros deuses. A castidade requer o controle dos impulsos sexuais; a sexualidade é um teste evidente de castidade. Ser casto é viver sem cobiça, fazendo do coração a sede do amor, o centro da nossa atividade. A castidade é a prática do amor.

Pobreza significa renúncia à necessidade de adquirir riqueza material em favor da riqueza espiritual, que provém da realidade invisível. Pobreza não significa viver nas ruas ou num barraco, nem qualquer tipo de carência material. Trata-se de reconhecer que nossas ocupações são apenas um meio para o desenvolvimento do espírito, não o propósito final da vida. O voto de pobreza está implícito nos mandamentos que advertem contra o roubo, a cobiça, a criação de imagens esculpidas e o uso em vão do nome de Deus. Devemos silenciar nossa tendência à acumulação material para receber as revelações da realidade invisível.

Sem fazer esses três votos, não é possível entrar em sintonia com o espírito. Esses votos são de grande ajuda na cura pessoal,

Dr. Gerald Epstein

bem como na cura de toda a espécie humana e do planeta. São tempos difíceis estes em que a existência planetária e a humana estão ameaçadas. Não há nenhuma garantia de que conseguiremos salvar nossa espécie e o planeta. Para começar a reverter a imensa destruição que já se instalou, é nossa responsabilidade fazer esses três votos. Além disso, devemos enunciá-los no tempo presente, não no futuro.

O evangelho de Mateus diz que se pedirmos seremos atendidos; se buscarmos, encontraremos; se batermos à porta, ela se abrirá. Quando aceitamos os três votos, estamos fazendo essas três ações. Só conheceremos a verdade disso se fizermos a experiência, tal como recomendo. Quando não vivemos de acordo com os mandamentos e esses votos — e aceitá-los é, de longe, a tarefa mais difícil que enfrentamos na vida —, resta-nos arcar com as consequências, examinadas no Capítulo 6. Antes, porém, vejamos quais são as chaves da cura e como se dá o relacionamento de cura, que facilita o reconhecimento dessas verdades.

4. AS SETE CHAVES DA CURA

Cure a enfermidade das pessoas e você as deixará saudáveis
por um dia. Ensine-as a manter-se bem, e você as deixará
saudáveis pelo resto da vida.

—Antigo provérbio chinês

Com frequência me perguntam como técnicas que envolvem a
vontade e a imaginação podem resultar na cura do corpo. Uma
explicação imediata está na interação recíproca constante entre
a mente e o corpo. Eles atuam um sobre o outro o tempo todo.
Curar o sistema corpomente é alcançar a totalidade e tornar-se
saudável, o que exige a participação da mente.

A cura é um fenômeno tanto objetivo quanto subjetivo. Objetivamente, podemos vê-la acontecer no nosso corpo ou em outra
pessoa. Subjetivamente, experimentamos a cura nos planos moral, social e emocional de um jeito peculiar a cada um de nós. Nas

Dr. Gerald Epstein

tradições espirituais, os professores podem verificar a autenticidade das experiências de cura.

Para propiciar a cura nos níveis físico e emocional, a medicina espiritual oferece sete chaves, que consistem em etapas preparatórias para receber as dádivas do reino invisível.

A cura é um processo do qual os doentes participam ativamente, em vez de acomodar-se e esperar passivamente que o médico ou a medicação trabalhe por eles. O processo de cura requer que o paciente contribua para o seu próprio bem-estar, saindo do desequilíbrio da doença para um estado de equilíbrio, em que possa agir de maneira criteriosa e comedida, mantendo um ritmo regular e constante. A cura é uma parceria entre os mundos visível e invisível, entre nós e Deus. Damos o primeiro passo e Deus responde. Precisamos lembrar-nos de Deus para que Ele se lembre de nós. Essa lembrança é obrigação nossa, um modo de escolher a vida. Deus prometeu que, se escolhermos a vida, ele nunca nos abandonará.

As sete chaves da cura são: 1) purificação; 2) fé; 3) perdão; 4) dor; 5) quietude; 6) reversão; e 7) sacrifício. Todas elas são aspectos do universo moral.

PURIFICAÇÃO

A purificação talvez seja o principal elemento da cura. Para curar-nos, precisamos abrir espaço para que a realidade invisível entre e permeie nosso ser. Para que a luz penetre em nós, temos de nos livrar da confusão, da culpa, da vergonha e dos requícios do passado.

Em todas as práticas médicas, a purificação é um fator primário na terapêutica. Ela ajuda a restaurar o equilíbrio nos ambientes interno e externo. Estar em desequilíbrio equivale a viver em um estado de impureza.

Curar para a imortalidade

A vida religiosa enfatiza a purificação dos "pecados". O pecado é um erro, um desvio. Nossos erros sempre podem ser lavados pela expiação. Estar limpo é estar saudável, ou asseado.

Na medicina da mente, o ato de limpar é mental. As imagens mentais, a vontade e a memória podem remediar os erros que cometemos. Todas as técnicas contidas neste livro são atos de purificação, próprios para ajudar você a reparar seus erros.

Ao longo da vida, atraímos algumas pessoas e repelimos outras. Somos capazes de atrair para nós tanto o bem quanto o mal, nos planos físico, emocional e social. Essas atrações nos influenciam de maneira ora benéfica, ora destrutiva. Temos de tomar medidas para eliminar de nosso ser as influências negativas. Quando estamos limpos, frescos e renovados, o crescimento pode começar.

Recomendo que você faça uma purificação com imagens mentais toda manhã, antes de iniciar sua atividade diária. No plano físico, temos o hábito de nos lavar quando nos levantamos, no chuveiro ou na pia. Antes disso, ao acordar, faça uma purificação mental. Eis a purificação geral que considero mais eficaz:

Nome: **O jardim do Éden**
Intenção: Preparar-se para a vida diária
Frequência: Diariamente, de manhã, por até 3 minutos

Feche os olhos e expire três vezes. Imagine-se saindo de casa para a rua (por exemplo, descendo a escada, se é o que você faz normalmente). Deixe a rua e visualize-se descendo para um vale, um prado ou um jardim. Dirija-se para o centro dele e procure um espanador de plumas douradas, uma escova ou um ancinho manual (de acordo com sua preferência ou com o grau de purificação de que necessita). Com essa ferramenta, limpe-se rapidamente de cima abaixo, incluindo as extremidades do corpo. Observe a sua aparência e como se sente, sabendo que acabou de eliminar todas as células mortas da superfície do seu corpo, bem como toda a penumbra e a confusão interna.

· **107** ·

Dr. Gerald Epstein

Solte a ferramenta e ouça, à sua direita, o som de um riacho correndo. Vá até lá e ajoelhe-se na margem. Pegue a água corrente, límpida e fresca com as mãos em concha e despeje-a por todo o resto, sabendo que está se livrando de todas as impurezas do lado externo do corpo. Depois pegue novamente a água corrente, límpida e fresca com as mãos em concha e beba-a bem devagar, sabendo que está se livrando de todas as impurezas do lado interno do corpo. Sinta-se e perceba-se refrescado, vibrante, energizado e mais desperto.

Deixe o riacho e encontre uma árvore na orla do vale. Sente-se sob os ramos carregados de folhas verdes. Com as costas apoiadas no tronco, inspire o oxigênio puro liberado pelas folhas, junto com o oxigênio que passa entre elas, na forma de uma luz azul--dourada, uma mistura do sol dourado com o céu azul. Expire o gás carbônico na forma de fumaça cinzenta, que as folhas absorvem e convertem em oxigênio. O oxigênio é liberado pelas folhas e passa pelo tronco, penetrando em seu corpo pelos poros. Faça um ciclo de respiração com a árvore, como se você e ela fossem um só ser. Deixe que os dedos dos pés se enrosquem na terra como raízes, retirando energia dela. Fique assim por um bom tempo, absorvendo o que você precisa. Depois, levante-se e observe sua aparência e como se sente.

Retenha a imagem e as sensações que experimentou, enquanto deixa o jardim e volta para a rua. Retorne à sua casa pelo mesmo caminho por onde veio e volte para sua cadeira. Então expire e abra os olhos.

FÉ

A segunda chave da cura é a fé. Ter fé significa viver o momento e exercitar-se em vivê-lo. Toda cura acontece no *não* tempo, como obra do instante, do presente, sem referência ao passado ou ao futuro. Não é fenômeno sujeito ao tempo porque se trata de ingressar na totalidade, na saúde, na sacralidade da presença do presente. Na

Curar para a imortalidade

língua inglesa, a raiz etimológica da palavra "cura" (*heal*) também dá origem aos vocábulos "saúde" (*health*), "todo" (*whole*) e "sagrado" (*holy*). Podemos praticar a vida no momento. Todos os exercícios e técnicas deste livro permitem essa prática da fé. Ao mesmo tempo, confiamos no momento e na *incerteza* que caracteriza o viver no presente. Minha professora, Madame Muscat, define a *vida do espírito* como "saltar para a incerteza".

Nossa cultura nos impele a acreditar na certeza, assim como em seus parentes próximos, ou seja, a proteção e a segurança. Na profissão médica, é difícil viver com a incerteza e a ambiguidade. Mas, para curar, precisamos trabalhar na incerteza o máximo que pudermos. Não nos preocupamos com os efeitos ou o resultado — este também um elemento da certeza. A certeza é outra ligação com o futuro; é ela, segundo dizem, que dá descanso às dúvidas. Mas a verdade é que viver no futuro faz aumentar as dúvidas, ao passo que viver no presente põe fim a elas.

Como explicarei melhor no Capítulo 6, quando praticamos os exercícios para reverter a dúvida, a expectativa e a negação, exercitamos a fé. Ouvir sua voz primordial e segui-la, sem ponderar as consequências, é um ato e um exercício de fé.

Muitas pessoas dizem que ou a fé nasce com a gente ou não nasce. Não é verdade; a fé *pode* ser aprendida. Geralmente, é alguma experiência, como uma enfermidade física ou um sofrimento emocional, que nos faz querer aprender esse "novo" caminho. Quando a dor nos leva a desenvolver um processo essencial para a cura, a totalidade e a autotransformação, ele constitui uma bênção.

PERDÃO

O perdão é a terceira chave da cura. Toda cura tem início com o perdoar-nos. Paramos de nos culpar pelos erros que cometemos. Paramos de nos julgar e censurar, de nos condenar, depreciar e punir. Cada uma dessas formas de culpa se baseia em padrões de

Dr. Gerald Epstein

certo e errado, bem e mal, importância e inferioridade que nós mesmos criamos e não têm nenhuma validade ou verdade inerente. Precisamo-nos desvencilhar deles.

O perdão é uma excelente maneira de fazer isso. Assim que nos conscientizamos do nosso hábito de criticar, lembramo-nos de admitir o erro e pedir perdão a nós mesmos. Rejeite a culpa e, usando seu próprio nome, diga a si mesmo que está inventando história. Assim: "Jerry está inventando história". Se o erro ofendeu alguém ou lhe criou transtornos, confesse-o e peça perdão à pessoa.

Reconhecer nossos erros e desvios, aceitando-os sinceramente, e então ser amorosos conosco em vez de rudes e severos, desenvolve uma atitude de cura extraordinária. A rudeza e a severidade são bons instrumentos para a serpente. Criamos o ídolo da autoperfeição e depois maltratamos a nós e aos outros quando não atingimos o ideal.

Quando nos perdoamos, sentimo-nos leves. Essa leveza confirma a natureza curativa do perdão. Na verdade, não podemos perdoar — podemos apenas *pedir* perdão. A resposta ao pedido vem da realidade invisível.

Nos tempos antigos, a confissão e o perdão estavam intimamente relacionados. No século 1, o filósofo helenístico Filo elucidou o método de confessar os erros para obter o perdão, e a Igreja Católica mais tarde adotou alguns elementos dessa técnica.

O perdão alivia nosso fardo e, assim, fica mais fácil suportar nosso jugo.

DOR

A dor é a quarta chave da cura. É comum padecermos algum tipo de dor física ou mental. De fato, estamos tão acostumados à dor cotidiana que, quando nos prometem alívio por meio de alguma mudança, geralmente rejeitamos essa opção. O desconhecido parece muito mais penoso que a dor presente; por isso, escolhemos permanecer com ela.

Curar para a imortalidade

Não nos apercebemos, em tais situações, de que a dor que tentamos evitar nos leva a crescer. Não há crescimento sem dor. Existem dois tipos de dor: a habitual e a do crescimento. Esta está diretamente relacionada com a mudança e o desconhecido. A cura em geral envolve a dor do crescimento. Tão temida de início, essa dor com frequência se revela muito menos intensa e aguda que a dor original.

Sabemos que a dor faz parte do processo de cura quando nossa vida mental mantém-se ativa, mesmo que os sintomas originais voltem a aparecer. Temos a impressão de piorar antes de melhorar. Quando os seus sintomas retornarem, preste atenção à sua vida emocional e mental. Sentir-se alerta, em vez de desanimado ou deprimido, é sinal de cura. O princípio básico consiste sempre em escolher a dor que você habitualmente evita e aceitar a dor do desconhecido. Por ora, considere toda dor como criação sua. Não a trate como algo "ruim", mas reconheça o valor que ela tem, do mesmo modo que valorizaria qualquer estado de prazer. Vá ao encontro daquilo que o perturba. Veja-o como uma imagem e encare-o diretamente. Fugir serve apenas para fortalecê-lo.

O prazer e a dor têm o mesmo valor, são igualmente genuínos e reais no momento em que os experimentamos. Não colhemos nenhum benefício em aplicar-lhes os critérios do que é bom e ruim. Primeiro, aceite a dor; não a trate, de início, como um inimigo. Pode ser que você venha a precisar, mais tarde, de analgésicos para anestesiá-la, mas terá sido transformado pela experiência se conseguir corrigir sua atitude perante a dor.

QUIETUDE

A quietude é a quinta chave da cura. Para trazer-nos a cura por meio de um processo interno, precisamos silenciar interiormente. A quietude interior é meio caminho andado contra as doenças, entre elas o câncer e a aids. Vários anos atrás, um amigo meu teve de implantar quatro pontes de safena. Enquanto aguardava a ci-

Dr. Gerald Epstein

rurgia "morrendo de medo", para aliviar a ansiedade ele praticou alguns exercícios. Após a bem-sucedida operação, ele comentou que o trabalho interno o havia ajudado a se acalmar e resistir à cirurgia.

Quando nos aquietamos interiormente, podemos convergir nossas forças para a cura. Sem quietude, é provável que percamos a batalha antes mesmo de começar. Sem quietude, não conseguimos ter suficiente concentração para realizar o trabalho interno. Em muitos casos de doenças crônicas e devastadoras, a inquietação interior produz uma desordem paralela no corpo físico, com efeitos adversos sobre os sistemas imunitário, hormonal e muscular. É difícil acalmar-se sob espasmos de dor ou um câncer que se espalha, e a medicação pode ajudar a proporcionar um estado de tranquilidade, que então permite a concentração no trabalho interno. A maneira mais simples de aquietar-se interiormente é pela respiração, alternando expirações longas pela boca com inspirações normais pelo nariz. Outro exercício é fechar os olhos e imaginar-se em um elevador, no décimo quinto andar. Pegue o elevador para chegar ao primeiro andar; à medida que vai descendo, observe o número de cada andar se acender. No primeiro andar, as portas se abrem e você sai do elevador. Abra os olhos.

REVERSÃO

Como chave de cura, a reversão tem aqui o sentido de fazer uma reviravolta na vida, abandonando as velhas atitudes e abrindo-se para novas possibilidades. Lembrar-nos de nossa relação com os mandamentos é uma forma de reversão.

O processo de reversão pode introduzir mudanças benéficas significativas na vida de uma pessoa. O modelo da medicina da mente e as técnicas que trabalham com a vontade, a imaginação e a memória destinam-se a reverter nossa visão habitual sobre o mundo. Quando experimentamos a reversão, naturalmente vivemos um momento de esperança interior, uma luz interior. Essa

Curar para a imortalidade

não é uma esperança falsa, como aquelas que geralmente alimentamos nos outros e os outros alimentam em nós. As falsas esperanças sempre dizem respeito ao futuro e sempre se enquadram nele.

Em vez de pensar no passado ou no futuro, a reversão nos permite retornar ao presente e aliviar a tensão do corpo. Quando pensamos no passado ou no futuro, estamos em dois lugares ao mesmo tempo, mas não em sincronia. Como os pensamentos e as emoções têm contrapartidas fisiológicas, experimentamos a sobrecarga organicamente e podemos desenvolver problemas físicos.

A reversão é recomendada a qualquer momento. É uma tentativa de mudar nossas ações cotidianas habituais fazendo ou pensando o contrário do que é nossa tendência. Um exemplo excelente e de largo alcance, no sentido de ser o exercício mais importante que eu conheço, isoladamente considerado, para a transformação e a transmutação espiritual, é a "Reversão noturna". Pode ser usado para a depressão, condição que afeta quase todo mundo, de uma forma ou de outra.

Nome: **Reversão noturna**

Deitado na cama, com os olhos fechados, imagine-se revisitando o seu dia de trás para a frente, passo a passo. Comece com o último fato do dia e reviva-o na imaginação. Siga então para o penúltimo e reviva-o. Continue na ordem inversa até chegar ao momento em que acordou. Repasse cada acontecimento lenta e cuidadosamente, tentando corrigir sua conduta e seu comportamento nas situações que foram difíceis. Tente também obter algo que desejava naquele dia mas não conseguiu. Se teve uma conversa complicada com alguém, recorde-a da maneira mais literal que puder, mas imagine as palavras da outra pessoa saindo com sua voz e suas palavras saindo com a voz dela. Ao fazer isso, você vai entender o que essa pessoa estava sentindo (se quiser, telefone para ela no dia seguinte para corrigir o que for necessário). Continue esse processo de reversão até voltar ao momento em que acordou naquela manhã.

Fazendo o caminho inverso, da noite para o início do dia, movemo-nos da escuridão para a luz e assim revertemos o avanço do dia da luz para a escuridão. Ao retornar da escuridão para a luz, também damos a nós mesmos a instrução para reverter a depressão, que é o movimento da mente da luz para a escuridão. Trazer luz à escuridão é a tradução clássica do efeito curativo das imagens mentais. É sabido que a luz interior — e a imaginação é luz interior — desperta o nosso ser. Então, quando somos tomados por um estado de ânimo sombrio, precisamos acender a luz. Quanto mais "sério" e crônico é o distúrbio, mais escuridão há em nosso ser.

SACRIFÍCIO

O sacrifício, a sétima chave da cura, é a capacidade de doar-se sem esperar resultados. É o oposto da cobiça. É o preço que pagamos para receber uma graça da abundante realidade invisível. Parece fazer parte da lei cósmica a necessidade de pagar, de alguma forma, para poder receber. Boa parte da cura depende de nos prepararmos para receber. Não podemos adotar uma postura do tipo "Primeiro me dê, depois eu pago". Pague primeiro e depois receba — é assim que funciona. Ninguém está livre desse esquema.

O episódio bíblico de Abraão e Isaque ilustra a exigência do sacrifício de maneira enfática, vívida e aparentemente extrema. Abraão, em uma prova de fé, estava disposto a sacrificar seu filho Isaque para obedecer à vontade de Deus. Sua história é um exemplo da disposição de sacrificar o que é precioso e amado no mundo material para obter algo valioso do mundo espiritual.

Repetidas vezes, tanto na minha prática clínica como no meu cotidiano, vi o sacrifício ser recompensado com a cura ou algum outro benefício. O sacrifício pode ser entendido como "desistir" ou "abrir mão" de algo. Não tenha medo de fazer isso — é um

Curar para a imortalidade

fato, em nossa vida aqui na Terra, que hoje damos uma coisa e amanhã recebemos outra. Mas não dê algo pensando em obter outra coisa em troca.

Abrir mão de uma coisa de que gostamos é um tipo de sacrifício. Como exercício, recomendo que, por 40 dias, você dê algo que aprecia muito. Faça uma doação a algum pobre ou à caixa de donativos do lugar de culto que você frequenta. Não espere nada em troca e tente fazê-lo em segredo.

Um alerta: não se sacrifique no altar dos interesses ou das necessidades de outra pessoa — isso também é idolatria. Não se escravize nem entregue a sua vida. Sacrificar a si mesmo não é propício ao bem-estar.

Essas sete chaves da cura são os principais elementos na medicina da mente. Se as assimilarmos, aonde nos levará esse novo modelo de medicina? A resposta está no próximo capítulo.

5. O RELACIONAMENTO DE CURA

[...] porque eu *sou* o Senhor que te sara.

—Êxodo, 15:26

A contribuição mais significativa que a medicina espiritual ou da mente tem a dar talvez esteja no relacionamento de cura — a relação especial que se estabelece entre o sofredor e o pastor que o conduz à saúde. A medicina espiritual proporciona uma nova concepção do relacionamento de cura, que é a interação mais íntima, amorosa, compreensiva e educativa que ocorre nas artes curativas. Ela age como um catalisador da cura. O médico espiritual doa-se temporariamente ao sofredor, retornando depois inalterado. Ele é um instrumento de cura, que compartilha seu conhecimento e sua sabedoria para que o padecente possa se curar.

Encontramos um modelo de médico espiritual em um antigo conto árabe sobre um xeique que, ao morrer, deixa 17 camelos para seus três filhos. Ele havia determinado que o filho mais

Dr. Gerald Epstein

velho ficasse com metade dos camelos; o segundo, com um terço dos animais; e o mais novo, com a nona parte. Os três filhos se veem em um dilema, pois não conseguem realizar o desejo do pai tendo 17 camelos. Por fim, vão até o sábio da comunidade à procura de ajuda. Depois de escutar a história, o sábio pondera por um momento e diz que cederá a eles seu camelo para ajudá-los a resolver o impasse. Pede-lhes que devolvam o camelo se e quando não precisarem mais dele. Os filhos do xeique voltam para casa agora com 18 camelos. O mais velho pega a sua metade, ou seja, nove camelos; o segundo, um terço deles, seis camelos; e o mais novo, a nona parte, isto é, dois. Nove mais seis mais dois é igual a 17. Eles devolvem então o décimo oitavo camelo ao sábio.

Esse conto é uma bela ilustração do papel do agente da cura. Os filhos estavam angustiados, passando por um problema para o qual não viam solução. O sábio não investigou o passado deles nem fez nenhuma interpretação. Não se arrogou a autoridade de dar-lhes a resposta que considerava absolutamente certa. Não fez qualquer julgamento sobre eles nem ofereceu prognósticos desnecessários. Ele simplesmente *lhes deu uma mão*. E, ao fazer isso, tornou-se um catalisador.

Catalisador é o elemento que, adicionado a um processo, ajuda a acelerá-lo, permanecendo, no entanto, inalterado. As vitaminas são exemplos de catalisadores nos processos bioquímicos: ajudam a acelerá-los, embora se mantenham inalteradas. No conto acima, o sábio deu uma mão aos filhos e ajudou-os a resolver seu dilema. Ainda que zelasse pela situação deles, ele se manteve fora do problema. *Não tinha nenhum interesse velado no resultado* e estava preparado, de fato, para perder um bem material — seu camelo — caso isso fosse necessário para resolver o dilema. Ele os ajudou sem nenhum interesse pessoal, aceitando-os totalmente, sem julgá-los. Ele próprio continuou inalterado, assim como sua situação, já que seu camelo lhe foi restituído. O sábio não perdeu nada, e os três filhos ganharam tudo. Essa é a essência e a característica que distingue o verdadeiro agente da cura.

Curar para a imortalidade

Essa nova maneira de compreender o relacionamento de cura introduz mudanças também no papel do padecente. Não considero as pessoas que me procuram pacientes. Elas não são diferentes de mim em espécie. Assim como eu, estão em uma jornada pela vida, por um território desconhecido. O padecente é um explorador. Eu sou um guia para ele, mas também um explorador, um buscador que prossegue em sua jornada, mesmo enquanto escreve estas palavras. Tal como foi Madame Muscat para mim, uma guia que me conduziu por nove anos de exploração ativa e continua sendo um farol no meu caminho.

Como agente da cura, valorizo o sofrimento dos que têm uma busca espiritual. Sei o que a medicina moderna não sabe: esse sofrimento é um passo na direção na cura. Os médicos constantemente confundem o sofrimento com um inimigo a ser erradicado, em vez de considerá-lo um elemento necessário no processo de cura. Os sintomas, entre eles a dor, podem indicar um processo de cura, não uma reação patológica a ser combatida e detida. O que os médicos chamam de "sintomas" são, na verdade, reações adaptativas naturais[11] que ocorrem quando tentamos limpar nosso sistema do desequilíbrio, de corpos estranhos e do lixo acumulado. As respostas a essa purificação fazem parte da reação do corpo à cura e não devem ser eliminadas. No entanto, os médicos atacam os "sintomas" com uma infinidade de drogas que geralmente acrescentam novas toxinas ao sistema, desencadeando respostas muitas vezes piores do que o problema que estava sendo tratado. Ao mesmo tempo, os remédios podem bloquear significativamente a cura ao tolher a atividade de purificação.

Eu, ao contrário, estimulo a reação de cura e o *necessário* sofrimento que resulta do processo de purgar e eliminar os venenos. Essa é a *dor* do crescimento, que devemos não só enfrentar, mas superar, a fim de expandir nossa evolução pessoal. A evolução es-

---

11. Devo ao dr. Bob Gibson a percepção de que os sintomas representam reações adaptativas naturais.

Dr. Gerald Epstein

piritual requer que, como comunidade, experimentemos as dores do crescimento quando chega a puberdade e abandonemos nossos desejos e necessidades de gratificação imediata.

A falta de compreensão sobre o processo de cura abriu um grande abismo entre os médicos modernos, os psiquiatras convencionais e os psicoterapeutas e seus pacientes. Estes se sentem ofendidos e tratados com grosseria, sem compaixão nem amor, daí a proliferação de ações judiciais por imperícia e negligência médica, especialmente nos últimos 25 anos. A grande incidência de ações judiciais não se deve meramente à incompetência técnica dos clínicos; está relacionada também com a distância que se criou entre médicos e pacientes.

A medicina moderna não comporta a participação ativa do paciente no processo terapêutico. De fato, alguns médicos prefeririam que os pacientes não fossem ativos, não fizessem muitas perguntas nem contestassem sua autoridade. A medicina moderna se baseia na autoridade do médico e na submissão do paciente. É uma relação de poder e paternalismo. Os médicos simplesmente não sabem conversar com os pacientes, pois não conseguem conseguem entender nem aceitar seu sofrimento. A expectativa de vida nunca foi tão grande quanto é hoje, e o sofrimento prolongado é um fenômeno novo na medicina. A medicina convencional assentava-se no modelo da terapia intensiva, ou seja, ajudar os pacientes a superar os sintomas agudos provocados por infecções bacterianas. Os pacientes morriam ou se recuperavam rápido. Na prática da medicina intensiva, o pronto restabelecimento deu aos médicos a falsa impressão de que eram seres especiais, dotados de poderes divinos e grande onisciência, que tinham as respostas para os mistérios da vida e da morte, da saúde e da doença. Essa máscara divina esfacelou-se diante das enfermidades crônicas, do sofrimento prolongado e do aparecimento de novas doenças que o conhecimento médico não tem como enfrentar. Mas uma perspectiva espiritual da saúde e da doença pode ajudar a restabelecer a comunicação entre o agente da cura e o paciente.

Curar para a imortalidade

Na medicina espiritual, o agente da cura entende que o sofrimento é resultado de ações, crenças e conhecimentos equivocados. Cada um de nós cria as próprias aflições e pode, portanto, mudá-las. O que nos impede é a falta de conhecimentos e meios necessários e da perspectiva de fazer a mudança. Além disso, não reconhecemos as mensagens que o sofrimento tenta nos transmitir. E ninguém permite, tampouco, que aceitemos o sofrimento e exploremos novos caminhos e direções na vida, sem por isso ser julgados, criticados e condenados.

Com uma atitude sincera, o agente da cura propicia ao padecente a mais especial relação que ele já teve. O relacionamento espiritual proporciona um sólido alicerce para a cura. Essa atmosfera criada na medicina espiritual leva os exploradores a resultados de cura singulares. Esse relacionamento é, de longe, o elemento mais importante do processo de cura.

Podemos também aplicar o relacionamento de cura entre médico e paciente ao modo como cuidamos de nós mesmos. O "amigo espiritual" é considerado o sexto relacionamento, aquele que espelha a amorosa relação entre Deus e nós. Os outros cinco — pai e filho, professor e aluno, amante e amante, amigo e amigo, pastor e rebanho — são os habituais, baseados na vontade de poder ou resultantes de uma necessidade que depende de outra pessoa para ser satisfeita. Existem condições atreladas a esses relacionamentos: "Darei isso a você *se você...*" Quando há uma necessidade mútua, as pessoas se procuram para satisfazer um interesse ou objetivo egoísta.

O amigo espiritual não procura ninguém nem estabelece obrigações para sua amizade. Não usa o outro como objeto para satisfazer uma necessidade nem lhe impõe condições. Trata-se de uma amizade incondicional, motivada pelo amor, não pelo poder, que não espera nenhum ganho ou resultado. Não pode ser considerada uma relação de "transferência", no sentido usual empregado pela psicologia, pois nada é transferido de relacionamentos passados para o presente. É, na verdade, uma relação *sui generis*, sem

Dr. Gerald Epstein

precedentes, sem paralelo neste mundo. O padecente nunca teve um relacionamento desse tipo, que lhe permite ficar no presente em benefício próprio, que honra sua liberdade e o autoriza a fazer escolhas por livre vontade. Foi esse relacionamento que vivi com Madame Muscat e que muitos buscadores viveram comigo.

Na medicina convencional, a cura que ocorre sem a intervenção direta de medicamentos é chamada de "efeito placebo". "Placebo" vem de "agradar", sendo de fato o relacionamento agradável — que acolhe as duas partes — que abre o canal para a força vital fluir. Placebo também se refere aos elementos invisíveis da mente, da fé e do amor introduzidos na situação terapêutica que cria as possibilidades de cura. Como a medicina moderna não pode explicar nem aceitar o invisível, "placebo" se torna uma idiossincrasia da natureza. Para nós, o invisível é o ingrediente fundamental da cura; uma cura sem ele é milagre. Numa atmosfera de real aceitação e acolhimento, o padecente começa a dizer "sim" à vida, o primeiro e inestimável passo no caminho da cura. A maioria dos modelos médicos em voga não concebe o relacionamento pessoal entre médico e paciente com um papel significativo na cura. Mas essa verdade não deixará de existir por isso. Seria tolice dar ouvidos a pretensas autoridades e desprezar os benefícios do amor, da compaixão e do cuidado na cura.

Exerço três funções no relacionamento de cura como amigo espiritual. Primeiro, compartilho meu conhecimento. Não sou um ajudante; ajudar pressupõe que uma pessoa em posição superior, de autoridade, olha por alguém menos afortunado, abaixo. É uma sutil arrogância. Estou compartilhando, não ajudando. O que compartilho, além de conhecimentos importantes, são as técnicas de cura. Esclareço as técnicas e dou as devidas instruções sobre como usá-las.

Minha segunda função é participar com o explorador da busca da verdade. Tenho certeza de que ninguém se cansa de ouvir a verdade e de que a doença representa um desvio da verdade, que

Curar para a imortalidade

se manifesta de forma biológica ou emocional. Trata-se de uma evidência das falsidades que acumulamos.

Minha terceira função como amigo espiritual é proporcionar amor, em um relacionamento afetuoso, livre de julgamentos. O amor a que me refiro aqui é incondicional. Nos tempos antigos, os gregos o chamavam de *ágape*. É o único amor verdadeiro que conhecemos. Muitas experiências que chamamos de amor, na verdade, não o são. Confundimos o relacionamento erótico com amor (ao dizer, por exemplo, "Vamos fazer amor"), e mesmo o amor parental ou fraternal tem suas exigências — você geralmente precisa fazer alguma coisa para merecê-lo. No entanto, quando nos colocamos na situação do outro para saber como se sente e lhe damos o que precisa, sem desejar algo em troca, sem julgamentos nem exigências, essa relação é incondicional. Isso é ágape.

Em um relacionamento desse tipo, o agente da cura preserva a liberdade do explorador. Ele não se preocupa com os resultados. O médico interessado em obter resultados quer, inevitavelmente, que o paciente apresente-os. O paciente se torna então um objeto da necessidade do médico, e isso muitas vezes tem consequências terríveis, como exames e procedimentos desnecessários e dolorosos, e a prescrição de mais e mais medicamentos com efeitos perigosos.

O amigo espiritual não tenta obter satisfação pessoal, reputação ou ganho econômico à custa do padecente. Médicos e agentes da cura devem evitar infligir mais sofrimento. Exploradores e pacientes devem evitar aumentar seu fardo e rejeitar sofrimento extra. Segundo o juramento de Hipócrates, o médico deve, antes de tudo, não causar mal a ninguém. Os agentes da cura podem seguir essa recomendação e parar de buscar resultados. Nem o médico nem o paciente precisam realmente de resultados. Nenhum deles precisa se concentrar no futuro. Fiquemos no presente.

Além de ser desnecessário preocupar-se com os resultados, os agentes da cura, de qualquer linha que sejam, precisam reconhecer que os padecentes têm liberdade para escolher entre o mal-

Dr. Gerald Epstein

-estar e o bem-estar. Todos somos livres para fazer essa escolha. É algo semelhante a escolher entre a vida e a morte. Amar o paciente significa apoiá-lo na escolha que fizer, sem preconceitos. Tendo optado pela conduta curativa do amor, da compaixão e do cuidado, não interfiro na liberdade do padecente de ficar doente. Não tenho nenhum interesse pessoal no resultado. Não me atribuo créditos pelos benefícios que ele venha a obter com a cura, tampouco tenho ideias preconcebidas sobre o que é normal ou anormal. Não estabeleço um padrão que o explorador deva alcançar. Escolher a doença tem implicações éticas que afetam toda a comunidade. Em curto prazo, o sofrimento experimentado por ela persistirá, qualquer que seja o caminho escolhido pelo padecente. Em longo prazo, respeitar a liberdade do indivíduo é vantajoso para todos[12]. Acatar essa liberdade, inclusive a de estar doente, proporciona um ambiente de cura que afeta não só o padecente, mas também as pessoas à sua volta.

Madame Muscat disse, certa vez, que *toda* terapia tem "um toque de maldade". Ela estava querendo dizer que, quando os médicos se impõem à liberdade de escolha do padecente, ao seu discernimento ou à sua vontade, estão roubando dele a autonomia e tentando impingir-lhe sua autoridade. Perder o domínio sobre si mesmo é entregar a própria vida. Não me refiro aqui a essas almas cujo discernimento sensorial ou intelectivo está comprometido, como é o caso de pessoas que estão inconscientes ou sofrem de grave retardo mental. Nós as servimos.

Cabe a nós buscar a verdade. Cabe a nós amar. Cabe a nós aceitar os dez preceitos, ou mandamentos.

A verdade, a moral e o amor são os elementos que o amigo espiritual, o agente da cura, o praticante da medicina da mente traz para o relacionamento. O agente da cura está a serviço de Deus, mas a cura se dá entre o explorador e Deus.

---

12. Considero necessário, porém, manter em quarentena pessoas com doenças infecciosas, para não colocar em risco toda a comunidade.

Curar para a imortalidade

Muitas pessoas atribuem poderes extraordinários aos agentes da cura, idolatrando-os como antes faziam com os médicos, devido a essa tendência universal de ceder o poder a autoridades externas, que hoje vestem um manto "espiritual".

Jamais conheci um agente da cura — ou médico — que não tivesse os mesmos problemas humanos que você e eu. Eles são apenas catalisadores, cuja influência acelera o processo da cura. Uma vez iniciado esse processo, é responsabilidade do explorador dar continuidade a ele, se assim desejar. Para muitas pessoas, os agentes da cura usam de magia com os padecentes, e estes simplesmente a recebem, ponto final. Mas isso não passa de crendice. O encontro de ambos é só o primeiro passo. Em seguida, começa o trabalho consigo mesmo. Furtar-se a isso é o mesmo que assumir o papel do paciente que não participa da própria cura.

Minha querida amiga Mary Elizabeth Avicenna é uma excelente agente da cura. Em uma de nossas muitas conversas, ela mencionou que a cura geralmente parece temporária, não se mantém ao longo do tempo, e os sintomas retornam ou dão lugar a outros. Expliquei que o aspecto fundamental na cura é que o sistema de valores do indivíduo é que está sendo curado. Outra pessoa pode dar o pontapé inicial, mas cabe a você — aquele que tem o potencial de ser curado — manter a prática na qual o agente da cura o iniciou. Este cria a vibração harmônica no seu campo de força, e isso ajuda a promover certa ordem. Se você não preservar essa ordem, cairá novamente nos velhos hábitos. Para prevenir isso, você precisa estabelecer e manter uma amizade espiritual consigo mesmo, especialmente ao se relacionar com suas doenças. Se mantiver esse relacionamento e essa ordem espiritual, a cura *pode* ser permanente.

Na medicina da mente, podemo-nos tornar nossos próprios amigos espirituais adotando uma nova conduta perante o que nos aflige. Trata-se de uma transformação íntima. Em vez de encarar a doença como um adversário, buscamos estabelecer uma cooperação com ela, tratando-a como uma parte autêntica e genuína

Dr. Gerald Epstein

do nosso ser, e não como um estranho a ser evitado e menosprezado. Ela é, na verdade, um mensageiro que reflete nosso desequilíbrio interno e precisa ser reintegrado à nossa vida. A integração se dá pelo amor. Tratamos a doença com amor, com uma atitude amorosa. Lembremo-nos do antigo imperativo bíblico: "Ama a teu próximo como a ti mesmo". Nada está tão próximo de nós quanto a doença, nem mesmo a família ou os amigos. Quando sentimos dor, ela está mais próxima de nós do que qualquer outra coisa ou pessoa. Por isso, ame-a! A Bíblia também prega que não façamos aos outros o que não gostaríamos que fizessem a nós. Não odeie a sua enfermidade, pois ela o odiará de volta. Substitua o ódio pelo amor.

Ken, um executivo de meia-idade, foi diagnosticado com um melanoma maligno em estágio avançado. Ele tinha um imenso nódulo no abdome, com grande retenção de líquido. Pelos padrões da medicina convencional, Ken era um paciente "terminal".

Nosso trabalho inicial — feito por telefone, já que ele morava numa cidade distante — consistiu em imagens mentais. Ele visualizaria o tumor e então faria o que fosse necessário para corrigir a imagem. Ele visualizou um barco negro abandonado no oceano, flutuando à deriva. Corrigiu a imagem retalhando o barco em pequenos pedaços com um raio *laser*, "cortados em cubo", conforme ele descreveu, e então viu o barco se transformar em um reluzente e luxuoso navio. Depois disso, Ken se sentiu consideravelmente melhor e mais relaxado. Quando lhe perguntei como encarava sua doença, respondeu que a via como um adversário, um inimigo a ser derrotado. Pedi-lhe que considerasse uma mudança de atitude e, em vez de rechaçar, *amar* seu câncer. Algumas pessoas têm dificuldade de fazer isso e preferem combater o câncer como um boxeador profissional, e para elas essa pode ser a atitude recomendável.

A princípio, Ken ficou surpreso com a ideia, mas, como confiava em mim e estava disposto a tentar, abriu-se sinceramente para a possibilidade de amar seu câncer. Expliquei que aquilo

Curar para a imortalidade

equivalia a amar o próximo, pois o câncer era, na verdade, o que estava mais próximo dele — fato que qualquer pessoa doente atestará. Ele entendeu que não queria fazer ao seu próximo o que não gostaria que lhe fizessem. Eis o que se passou nos dias seguintes:

Primeiro dia: ele se viu do lado de fora do Éden, no mundo de euforia que fica do outro lado da Graça. Sabia que precisava entrar no Éden para se integrar. Comeu a maçã, visualizando nela o seu câncer.

Segundo dia: viu a imagem do câncer como um jantar nutritivo. Comeu-o com prazer e sentiu-se bem, inteiro.

Terceiro dia: segurou o câncer nas mãos como se fosse uma bola de plástico. Quando pediu ajuda para amá-lo, uma mulher magnífica, com aspecto de deusa, apareceu. A bola se transformou na casa onde ele passara a infância. Não havia ali nenhum alimento para ele, nem físico nem emocional. (Ele começou a chorar.) Nessa casa, ele virou um bebê. A mulher o embalou nos braços (mais choro), dizendo-lhe para dormir que, ao acordar, ele estaria curado. (Agora ele chorava descontroladamente.)

A essa altura, Ken já não conseguia falar nem continuar com o exercício. Em meio a longas pausas e intensos jorros emocionais, explicou que estava curado, que ela havia colocado a mão em seu coração. Por fim, não pôde mais prosseguir. Então ele me disse: "Deus o abençoe. Não teria conseguido fazer isso sem a sua direção e orientação". "Deus o abençoe", respondi. "Você está curado?" "Sim", ele disse enfaticamente. Decidimos encerrar por ora e voltar a nos falar em breve.

Pouco tempo depois, telefonei a Ken para saber como estava passando. Ele disse haver experimentado grandes mudanças em si mesmo e afirmou estar agora mais calmo, aceitando melhor sua

Dr. Gerald Epstein

situação. Vários meses mais tarde, voltei a ligar. Seu telefone havia mudado. Liguei então para o novo número e atendeu a secretária eletrônica, com uma voz feminina pedindo para deixar recado. Assim o fiz, embora a mensagem gravada não mencionasse o nome de Ken. Ela logo retornou a ligação e contou-me que era a ex-esposa de Ken e que ele falecera algumas semanas atrás. Disse que ele lhe telefonara para pedir que cuidasse dele em seus últimos dias, e que ela o atendera. Ele havia morrido serenamente, e o trabalho com imagens (que ela fizera com ele naqueles últimos dias) o ajudara a encontrar a cura emocional e espiritual que o preparou para aceitar a morte. No exercício com imagens mentais, uma mulher de aparência fulgurante e angelical esperava por ele. Essa mulher celestial lhe disse para não temer que ele enfrentaria em breve. Ele então se acalmou e soube que o fim estava próximo. Enfrentou-o com grande tranquilidade, encontrando repouso e consolo no anjo que viera escoltá-lo. Viu que seu agonizar era um tempo de cura para ele e reconheceu que, embora a morte estivesse se aproximando, partes de sua vida estavam se integrando. Ken contou esse *insight* à ex-mulher pouco antes de falecer, sereno e sem dor.

A história de Ken, a meu ver, fala da importância de saber encarar a morte. Ele aprendera algo novo sobre o morrer e aproximou-se do fim sem medo. Os exercícios de imaginação que ele usou fizeram toda diferença, conforme atestou sua ex. Não há dúvida de que ele passou por uma mudança íntima e aprendeu algo significativo sobre a doença que lhe arrebatou a vida. Por meio dessa mudança, ele conseguiu receber amor da presença angelical que preparou o caminho para sua partida deste mundo.

Encontrar amor nesta vida é um acontecimento grandioso, que frequentemente se dá em circunstâncias extraordinárias. Segundo o próprio relato de Ken, ele viu a cura acontecer em seu coração. Já não podia reverter o relógio — era tarde demais para isso —, mas descobriu uma nova dimensão de alegria que o conduziu por seus últimos momentos, até a morte.

Curar para a imortalidade

Uma aluna minha que trabalha com pacientes com câncer, Frances Greenfield, sintetizou muito bem essa atitude de cura:

Quando se descobre o câncer, ele ocupa um lugar devastadoramente central na vida da pessoa, reduzindo todo o resto à insignificância. À medida que o paciente conhece a si mesmo, o câncer perde muito da sua importância, ao passo que o aprendizado do que é essencial na vida assume o lugar e o significado que lhe é devido. Não negamos a presença física do câncer e, em nosso trabalho, damos a ele a atenção que merece. Ele então passa a incorporar o quadro mais amplo do nosso processo de vida e daquilo que viemos aprender neste mundo.

Essa é a atitude essencial que nos pode iniciar no caminho da cura, nesse processo de integração dos nossos aspectos físico, emocional, mental, social, moral e espiritual. Não se trata de negar a doença, mas de olhá-la de uma perspectiva diferente. Essa mudança reduz substancialmente a ansiedade que sentimos por estar doentes.

Além disso, a cura pode acontecer — e acontece, de fato — mesmo que os sintomas físicos persistam. Veja, por exemplo, estes dois casos clínicos. Conheci uma mulher com câncer de ovário em um programa de tevê do qual ambos participamos. Ela estava doente havia 11 anos. Seu tratamento consistia em uma série de recursos, como imagens mentais, dieta, exercícios físicos e meditação. Quando o apresentador lhe perguntou sobre o estado de seu câncer, ela respondeu que todo ano ia ao médico fazer uma avaliação física, e a cada vez ele encontrava tumores no seu abdome. Mas estes, aparentemente, haviam se tornado uma ocorrência comum com o passar do tempo e não afetavam sua vida mais do que o normal; também não havia indícios de que estivessem se espalhando. Na verdade, ela tinha uma vida plena e ativa, cheia de significado e objetivo, da qual fazia parte cuidar da família.

Dr. Gerald Epstein

Em seguida, ela discorreu sobre um aspecto extremamente importante. Disse que, embora os sintomas físicos continuassem, ela estava curada no espírito e nas emoções, por isso afirmava estar curada. Os tumores talvez nunca desaparecessem, mas isso de modo algum negava que a cura havia acontecido. Era claro para ela que a presença ou ausência de sintomas físicos não era um indicador de cura definitivo.

Na minha avaliação, ela estava absolutamente certa. Essa mesma ideia foi expressa em várias ocasiões do meu ofício clínico. Uma mulher de nome Julia sofre de câncer de mama há 13 anos, mas não utiliza o tratamento convencional. Ela tem recorrido à sua própria vontade e à prática das imagens mentais para se curar. Leva uma vida ativa, cheia, criativa, animada. Quando passa por alguma situação emocionalmente crítica, o tumor na parede do seu tórax cresce. Quando a situação melhora, o tumor se recolhe. Ela diz que tem sido curada nos planos espiritual e moral, razão das notáveis mudanças em seu sistema de valores. Ela sabia que não morreria dessa doença, que esta não se espalharia. O foco excessivo no plano físico nos deixa presos ao resultado, preocupados em saber como tudo vai terminar, como se a cura dependesse do resultado da experiência física. Com respeito ao câncer prolongado, tenho a impressão de que, para algumas pessoas, a doença perde a virulência depois de certo tempo e não representa o mesmo perigo que na fase inicial.

Na Bíblia, Jó foi alvo de uma aposta entre Deus e Satanás. Este insistia em que Jó, o homem mais íntegro do reino, o mais devotado, poderia se voltar contra Deus. Para provar isso, tudo foi tirado de Jó: a mulher, a filha, as terras, os bens, o gado, o dinheiro e, por fim, a saúde. Mas ele jamais fraquejou em sua fé. Depois de transpor todas as provações, recebeu tudo de volta e passou por uma nova transformação interior. Ele se curou espiritualmente, mas nunca mais recobrou a saúde; permaneceu com feridas até o fim dos seus dias. As feridas revelam que a cura nunca se completa, que sempre temos de polir o diamante do nosso verdadeiro

Curar para a imortalidade

ser. Para Jó, assim como para as pessoas que se curam de doenças prolongadas, a persistência dos sintomas físicos é um lembrete constante para se manterem no presente, serem gratas a Deus e valorizarem sua ligação com Ele, alegrarem-se por estar vivas e ocuparem-se de sua própria cura e existência como de uma tarefa contínua[13].

A cura consiste na integração do ser em sua totalidade. A integração pode deixar uma cicatriz física ou emocional que serve para nos lembrar de onde viemos. Essa lembrança impede que nos tornemos presunçosos, complacentes ou orgulhosos. Ainda que recuperemos a integridade, a tarefa não termina. Devemos continuar a polir o diamante do nosso ser. Sempre podemos escorregar; e, para alguns, a persistência da cicatriz pode ser um útil alerta da necessidade de continuar o trabalho de cura.

Tendo situado o contexto do bem-estar e do mal-estar nestes cinco capítulos iniciais, podemos agora examinar os processos específicos que causam a desintegração e a subsequente integração.

---

13. Agradeço a Leslie Meredith por essa elegante interpretação da lição de Jó.

6. POR QUE ADOECEMOS

> Porque, como [o homem] imaginou
> no seu coração, assim é ele.
> —Provérbios, 23:7

O que causa a doença? Por que temos de adoecer e morrer? Afinal, muitas criaturas não humanas atingem uma idade muito avançada. O papagaio e a tartaruga vivem centenas de anos sem doenças; árvores podem viver mil anos. Nós, porém, fenecemos e morremos em menos de 80 anos, uma simples partícula de tempo no contexto do universo.

Neste capítulo, abordarei a desintegração física e emocional do ser humano a partir do seu lugar de origem: a mente. Três tendências da mente levam diretamente à doença. Elas podem atuar juntas ou apresentar-se separadas, destacando-se das demais. São elas a dúvida, a expectativa e a negação — às quais me refiro pela sigla DEN —, os três componentes básicos da desintegração física e emocional que contribuem diretamente para a nossa morte. Essas tendências são estimuladas pela educação.

Para a medicina da mente, a verdade é muito simples. Se complicamos as coisas para nós, é graças a essas três tendências mentais. Elas nos impelem a imaginar histórias sobre nossa situação de vida. Aceitar essas histórias como verdadeiras leva-nos invariavelmente ao impasse.

DÚVIDA

A dúvida nasceu no Éden, onde Adão e Eva viviam uma existência idílica, sem doença nem morte — apenas a felicidade duradoura e a vida eterna. Deus concedeu-lhes tudo, advertindo-os, no entanto, que não tentassem conhecer o mundo físico. Disse-lhes para obedecerem apenas à sua voz. Subitamente, uma segunda voz falou a Eva, disfarçada de serpente, e seduziu-a com a promessa de que ela teria o conhecimento e o poder de Deus se comesse a maçã da árvore da ciência do bem e do mal. Eva viu-se então diante de um dilema, por escutar as duas vozes — a essência da dúvida. Duvidar significa atormentar-se por duas coisas, tal como se deu com Eva. Ela solucionou seu dilema por meio da ação, em vez de refletir e deixar que a fé na primeira voz resolvesse a situação. Em vez de se voltar para a primeira voz (a crença), Eva sucumbiu à voz da serpente (a experiência). Ela cedeu à dúvida e foi expulsa do Éden com Adão. De acordo com a tradição espiritual do Ocidente, a dúvida é a causa germinal de todas as enfermidades físicas e emocionais do mundo.

Qual é a origem da dúvida? A incrível promessa feita a Eva foi a de que ela usurparia o papel de Deus. É no impulso de usurpar que se assenta a experiência da dúvida. Ela faz parte da vontade de poder. Com frequência, quando estamos na dúvida, temos medo de perder algo valioso ou de ter de renunciar a ele, ou tentamos adivinhar o que outra pessoa deseja, para podermos agradá-la e, assim, obter uma recompensa. Permitimos então que essa

Curar para a imortalidade

pessoa exerça poder sobre nós — pelo simples fato de estarmos ansiosos. A dúvida nos faz perder o poder.

De fato, a dúvida nos obriga a fazer inúmeras concessões. Ela obscurece nosso discernimento de tal modo que, quando a pressão se torna demasiado intensa, recorremos à experiência, tal como fez Eva. Para satisfazer a ansiedade gerada pela dúvida, podemos até mesmo recorrer ao vício. Inevitavelmente, essa conduta traz pouca gratificação, pois raras vezes — ou nunca — traz a felicidade que buscamos. Ao contrário, o desapontamento constante causa sofrimento, aflição e dor, que se manifestam não apenas na perda de confiança e de autoestima, mas em sintomas físicos. Todo desapontamento produz uma reação nos sistemas imunológico e hormonal — na verdade, em toda a fisiologia do corpo —, e, quando ele se torna crônico, acaba levando à disfunção das células e dos órgãos. O desapontamento crônico semeado pela dúvida tira-nos do fluxo da vida e nos coloca no caminho da morte. Procuramos desesperadamente a felicidade neste mundo. Temos de buscá-la e decidir onde fazê-lo. Continuamos a cometer o mesmo erro, procurando por ela no futuro, sem nunca acreditar que o que temos agora seja o bastante. Avaliamos o "agora" com base na quantidade de bens que possuímos, e esta nunca é suficiente.

A dúvida, a segunda voz, *sempre* mente. A desinformação com que ela nos alimenta acaba nos conduzindo a um beco sem saída. E então, para corrigir o passo em falso, precisamos despender uma enorme quantidade de energia. Esse esforço drena a nossa vontade e esgota nossos recursos vitais. Desse esgotamento vêm a doença e, depois, a queda.

Eis um exemplo de como a dúvida funciona. Vicki era uma jovem solteira e cheia de vida que sofria de um grave distúrbio alimentar. Antes de ir para a cama, ela comia vorazmente uma grande quantidade de doces e de outros alimentos. Pela manhã, logo cedo, geralmente antes de o dia clarear, ela ingeria outra porção enorme de comida. Mas Vicki não era obesa, tinha um corpo bonito, que mantinha graças a exercícios físicos.

Dr. Gerald Epstein

Certa vez, ela foi convidada para uma festa de Natal, mas não estava animada para ir porque não tinha muita ligação com os anfitriões. Porém, uma segunda voz entrou em cena, dizendo que ela *deveria* ir (no futuro do subjuntivo, portanto automaticamente inverídico), pois *poderia* (também no futuro do subjuntivo) conhecer uma pessoa nova. Ela sabia que a maior parte dos convidados que estariam presentes na festa não era de seu meio social. Passou duas semanas tentando se decidir, enquanto ficava cada vez mais preocupada em saber se caberia no vestido que acabara de comprar, já que vivia lutando com sua constante voracidade alimentar. Tomada por um tremendo turbilhão interno, ela se sentia em um estado de emergência interior.

Os correlatos fisiológicos desse turbilhão interno se fizeram sentir em Vicki. A preocupação é uma reação emocional que está sempre associada com o futuro; embora a experiência que ela gera seja real, o contexto não é verdadeiro. Enquanto seu corpo se mobilizava na reação "Fuja ou lute" diante de tal "emergência", Vicki tinha sintomas de hipoglicemia (baixa de açúcar no sangue). Quando experimentava esses sintomas — que são mais dolorosos à noite, com intensos acessos de fome —, ela saía pela madrugada atrás de algum lugar aberto onde pudesse comprar porcarias açucaradas para mitigar a dor abdominal, o suor, os tremores e a falta de sono. Além disso, ela sofria com as espinhas.

Tudo que Vicki estava experimentando era uma consequência natural da dúvida original. A entrada da segunda voz paralisou suas emoções e sua ação. Ao se debater com ela, a jovem foi forçada a consumir uma enorme quantidade de energia. Nessa ocasião, Vicki perdeu. Estivera diante de uma decisão que deveria ter tomado de imediato, sem olhar para trás nem se arrepender. No entanto, ela viveu na indecisão — e isso é o mesmo que mentir à vida —, esgotando assim seus recursos vitais numa batalha desnecessária.

Muitos aspectos desse caso são conhecidos para a maioria de nós, ainda que as dúvidas de cada um não se manifestem exata-

Curar para a imortalidade

mente como as de Vicki. A experiência dela é universal, embora cada pessoa a vivencie à sua própria maneira.

Ser influenciado pela segunda voz — a dúvida — é uma variante do nono mandamento, que nos diz para não dar falso-testemunho. Isso significa dizer uma inverdade, omitir algo que precisa ser dito, falar a verdade em um momento inoportuno, ou ainda dizer uma inverdade sem necessidade. Precisamos ficar atentos às diferentes formas de prestar falso-testemunho. A segunda voz certamente diz inverdades, mas assim tem sido desde que a serpente cochichou ao ouvido de Eva, milênios de anos atrás. Dar falso-testemunho, assim como desviar-se de qualquer um dos demais mandamentos, é escolher o caminho da morte. Tal escolha inevitavelmente diminui nossa força vital.

Por que é tão difícil resistir à dúvida? A segunda voz mobiliza em nós a tendência de querer possuir, adquirir e reter tudo que podemos. A tendência oposta, que inclui o voto de pobreza — largar, abrir mão ou despojar-nos das coisas, sejam objetos materiais, sejam desejos criados pela mente —, não é tão forte. Vicki estava preocupada em encontrar um marido. Afligia-se com a ideia (novamente, o conhecido sentimento com respeito ao ilusório futuro) de não encontrar ninguém. De qualquer maneira, pensava ela, que homem iria querê-la com esse problema alimentar. Ela se projetou no futuro, duas semanas à frente, pensando na festa onde *poderia* conhecer o homem dos seus sonhos. Estava aprisionada entre o pensamento imediato da primeira voz ("Isso não é para mim") e a segunda voz ("Pode haver algo para mim ali"). No decorrer do nosso trabalho, ela se deu conta do que estava acontecendo e, obedecendo à primeira voz, decidiu não ir à festa. Ao mesmo tempo, sua ansiedade desapareceu.

O dilema de Vicki era, basicamente, o mesmo de Eva. Ao contemplar o futuro para ver o que ele poderia lhe trazer, Vicki cometeu o desvio moral de usurpar o conhecimento e o poder de Deus. Essa é uma tendência tão espontânea e habitual em todos nós que nos parece natural. Como está institucionalizada

Dr. Gerald Epstein

em nossa criação familiar, supomos que seja normal. Mas é uma inverdade. Enquanto persistirmos nesse erro, sofreremos as mesmas consequências que levaram à queda de Adão e Eva.

Cada decisão que enfrentamos na vida é, fundamentalmente, uma prova moral. A vida nos desafia a decidir se vamos ou não tentar usurpar o conhecimento e o poder de Deus. Os riscos são altos nesse, por assim dizer, torneio cósmico — uma questão de vida ou morte. Tragicamente, não nos ensinam essa verdade quando somos crianças. E não podemos culpar ninguém por isso, menos ainda os nossos pais, que sucumbiram à serpente e se esconderam da verdade.

Escolha Deus e viva. Escolha a serpente e morra. Viver é renunciar a ser Deus. Morrer é deixar-se seduzir pela fascinante possibilidade de tornar-se Deus. Precisamos retirar forças de algum lugar para resistir à voz da serpente.

Os clínicos perpetuam a dúvida de maneiras muito sutis, especialmente no tratamento do câncer. O médico diz ao paciente que, embora o câncer tenha sido removido na cirurgia, ainda pode restar no corpo uma célula capaz de implantar-se e fazê-lo voltar novamente. Ao semear no paciente uma dúvida que o deixa ansioso e pode germinar como um câncer recorrente, o médico impossibilita que ele se cure.

A dúvida do médico é genuína, mesmo que pessoalmente eu não concorde com ela. O apelo à dúvida e ao acaso é uma forma de convencer os pacientes a submeter-se a quimioterápicos altamente tóxicos e destrutivos, que podem arruinar seu sistema imunológico ou ainda seu corpo e sua vontade de viver. Quando os pacientes sugerem que gostariam de tentar outro tipo de terapia não tão invasivo nem destrutivo, a conduta duvidosa dos médicos repentinamente dá lugar à enfática certeza de que tais possibilidades de tratamento são charlatanismo. O modelo de medicina corrente não pode aceitar tratamentos que não se comprovem pelos padrões médicos convencionais; por isso, eles são peremptoriamente descartados. A associação médica canadense, por exemplo, acionou judicialmente o pesquisador Gaston Naessens, que

Curar para a imortalidade

reivindicava ter descoberto um remédio natural para a cura do câncer e da aids. Milhares de pessoas que foram curadas testemunharam a favor de Naessens, e o caso foi rejeitado no tribunal. A associação médica foi obrigada a pagar uma multa vultosa, e o remédio de Naessens foi legalizado no Canadá[14].

Quando os médicos são confrontados por pacientes que procuram métodos alternativos, a incerteza do prognóstico é substituída pela certeza do que funciona ou não (como se a quimioterapia funcionasse). É conveniente para os médicos poder exercer as opções da dúvida e da certeza de acordo com seus objetivos. Eles duvidam de que os pacientes serão curados, mas estão convencidas de que seu tratamento é o único que dá certo. Como não suspeitar de tal abordagem?

Sua tarefa como padecente ou explorador é pôr em prática o segundo mandamento e tornar-se sua própria autoridade, *a despeito das circunstâncias*. Os profissionais da saúde podem apenas oferecer informações. Eles estão a serviço dos que procuram sua assistência e não podem ditar as decisões a ser tomadas por aqueles a quem servem.

Felizmente, as vozes da verdade não podem ser silenciadas. Cada um de nós nasceu com a voz da verdade dentro de si. No entanto, precisamos aprender a ouvir essa voz e permitir-nos escutá-la. De maneira geral, isso só acontece quando temos o benefício de encontrar alguém que enxerga a verdade e nos dá a permissão de conhecê-la. Quando Madame Muscat me transmitiu essa verdade, eu a experimentei e descobri sua autenticidade.

O sofrimento físico e emocional é apenas um sinal, um ponto de partida para investigarmos a verdade que pode levar-nos a uma jornada muito mais importante que uma viagem a Marte ou a outra galáxia. A jornada começa quando reconhecemos que criamos o nosso próprio sofrimento e, então, indagamos qual terá

14. Christopher Bird, *The trial and persecution of Gaston Naessens* (Berkeley: H&J Kramer, 1991).

Dr. Gerald Epstein

sido o desvio moral cometido. Imediatamente percebemos que a dúvida, a expectativa e a negação — atuando cada uma por si ou combinadas — se infiltraram em nossa vida.

Minha intenção aqui não é banalizar a doença, mas encontrar uma perspectiva equilibrada. Quando escolhemos o caminho da dúvida, só podemos esperar um resultado: a morte. Se escolhemos esse caminho, devemos procurar os indícios do processo de morrer, ou seja, a doença. Gastamos muita energia combatendo a doença, em vez de compreender sua mensagem. Lidamos com ela como se fosse um fim em si mesma, não como um meio de superação. Sua ocorrência oferece-nos a oportunidade de buscar sentido para nossa vida. Pode ser um sinal de que nossa vida presente está chegando ao fim.

Precisamos reunir forças e aprender sobre o propósito e o significado da doença. Não se trata de negligenciar a doença, mas de encarar o tratamento de uma nova perspectiva. Não rejeitamos o uso de compostos biológicos quando indicados; eles também têm seu lugar na medicina da mente.

As pessoas devem parar de se submeter a experimentos médicos que, com frequência, fazem de sua vida um verdadeiro inferno, criando sérios desconfortos, exaurindo-as, tirando-lhes a vontade de viver e causando efeitos mais adversos que a própria doença.

Olga Worrall, pastora metodista, foi uma conhecida agente da cura que trabalhava com a imposição das mãos. Certa vez, suas mãos foram fotografadas pelo processo Kirlian, revelando uma aura de luz ao redor dos dedos. Os céticos disseram que a aura era simplesmente o efeito da transpiração nas mãos e nos dedos da sra. Worral, liberado quando os íons de sódio e cloro se ligavam ao suor. Ela foi então à tevê para refutar a afirmação dos céticos. Levaram ao palco um recipiente com ácido nítrico, no qual ela mergulhou as mãos, retirando-as, após alguns segundos, totalmente ilesas, sem queimaduras nem descamações. Isso, por si só, já foi surpreendente, mas então fotografaram novamente suas

Curar para a imortalidade

mãos e ali estava, mais uma vez, a mesma aura ao redor dos dedos. Se o suor tivesse causado a aura, o ácido nítrico o teria absorvido. Esse poder de cura pode existir em cada um de nós. Quando a conhecemos, minha ex-mulher perguntou-lhe se ela poderia curar sua dor de cabeça. A sra. Worrall encarou-a diretamente e disse: "Tome duas aspirinas, meu bem". Há registros de que Jesus sugeria aos seus seguidores, e às pessoas que vinham a ele em busca de cura, que ingerissem ervas e outros medicamentos para problemas menores. Ele reservava o trabalho de cura àqueles que sofriam de enfermidades graves.

EXPECTATIVA

A expectativa é o segundo elemento da doença. Ela atrai nossa atenção para os domínios do futuro, estando nesse foco a raiz de todas as enfermidades. Deixe-me descrever, em resumo, como funciona a doença. Depois, poderemos transferir essa compreensão para as questões sociais.

No jardim do Éden, a serpente prometeu a Eva e Adão muitas recompensas futuras se aceitassem seu convite. Essa promessa é a cena protótipica do engodo, que se repete incessantemente aqui na Terra. *Somos todos equivocadamente educados para acreditar que as recompensas futuras nos trarão a felicidade que procuramos.* Desde crianças somos programados para cair no mesmo engodo apresentado ao casal edênico. Passamos o resto da vida presos nesse engodo, ou tentando livrar-nos dele, mas até que nossos olhos se abram não há estímulo em querer libertar-se dos anéis da serpente.

Vejamos o ilustrativo caso de Nancy, uma jovem que dedicava boa parte da vida a tentar satisfazer a mãe. Apesar de casada e bem-sucedida na carreira, Nancy mantinha um vínculo emocional com a mãe, sempre na expectativa de que, se atendesse às suas exigências, ela ficaria satisfeita e a recompensaria, reconhecendo seus esforços e a filha amorosa que era. No entanto, enquanto buscava satisfazer a mãe, Nancy sofria muitas consequências, entre elas hipertensão. Estava sempre trapaceando a si mesma, chegando a negligenciar sua própria segurança e seu bem-estar a fim de agradar a mãe. A recompensa esperada nunca vinha. Cada expectativa frustrada dava origem ao desapontamento, a sentimentos de mágoa e rejeição. Nancy alternava então entre culpar-se por esperar reconhecimento e culpar a mãe por não lhe dar o que ela queria. A raiva explosiva que ela sentia da mãe teve de ser contida e armazenada no corpo, daí a pressão alta. Ao fazer isso — "Preciso esconder minha raiva; se ela souber o que sinto, jamais gostará de mim" —, ela perpetuava o ciclo que se manifestava fisicamente como hipertensão. Quando tomou conhecimento dos efeitos insidiosos das expectativas, Nancy conseguiu controlar suas emoções e sua fisiologia, e a pressão arterial se normalizou.

Como vimos, nosso maior equívoco está em acreditar que o propósito da vida é alcançar um estado de paz, buscando o prazer e evitando a dor. A serpente usou um truque muito inteligente aqui. Deus prometera a Adão e Eva que, se obedecessem à sua voz, prevaleceria o estado de paz, livre de dor. A diferença entre a promessa de Deus e a da serpente era que esta situava a plenitude no futuro, ao passo que Deus a oferecia no presente. É no presente que o futuro se desenrola diretamente. Deus estava nos dizendo que tudo que acontece no presente, seja o prazer, seja a dor, é verdadeiro e valioso; que encontramos o Éden ao trilhar a estrada do prazer *e* da dor. A serpente nos falava para não aceitar a dor como algo verdadeiro e valioso e concentrar-nos na obtenção do prazer. Deus disse ainda que criamos nossa própria dor quando nos afastamos de sua voz e não seguimos sua recomendação para alcançar o estado edênico. É nossa responsabilidade, portanto, enfrentar a dor e usá-la como auxiliar na cura.

Como Adão e Eva, também estamos sujeitos às expectativas criadas pelas promessas que nos foram feitas pelos outros ou por nós mesmos. Criar expectativa significa aguardar com antecipação resultados futuros, idealizá-los ou estabelecer-lhes um padrão. A expectativa é a tendência mental de projetar uma imagem acerca

Curar para a imortalidade

de como será, seria ou deveria ser determinada coisa. Trata-se, em suma, da tendência da nossa mente de pintar quadros sobre o futuro. O erro de sempre é considerar o futuro uma verdade e realidade que pode ser planejada e controlada. O fato é que somente o momento presente, da nossa experiência e percepção imediata, é real e verdadeiro. O futuro é apenas uma possibilidade à espera de se concretizar. Não sendo uma realidade factual, qualquer atenção que lhe dediquemos de nada vale, e todos os comentários sobre ele são inverídicos. As falsidades que cometemos ao falar do futuro não são intencionais, mas, sempre que fazemos isso, a decorrência natural é que elas se perpetuem e, invariavelmente, acabem nos onerando emocional e fisicamente.

Uma vez que as expectativas apontam para o futuro, elas encerram uma ilusão. Estamos fadados ao desapontamento quando elas não se cumprem. Em reação ao desapontamento e à mágoa, descontamos a culpa em alguém ou em alguma coisa. Em geral, culpamos a nós mesmos e, em consequência, experimentamos ansiedade, culpa, medo, raiva ou algum de seus muitos derivados, como aflição, hostilidade, fúria, desânimo, inveja e ciúme. De uma a 72 horas depois de uma experiência emocional, sentimos algum sintoma físico e/ou o desejo de substâncias viciantes[15].

Embora eu tenha apresentado essas etapas em sequência, elas na verdade ocorrem simultânea e rapidamente, exceto pelo período de latência dos sintomas físicos ou da dependência.

É claro que os clínicos atuam num momento posterior à origem da doença. Sim, as indisposições físicas são genuínas e reais, e por isso se considerou legítimo catalogar os nomes de milhares de doenças. Contudo, o nome de uma enfermidade serve principalmente para aterrorizar os padecentes e quebrar sua vontade. Ele não traz nenhuma informação essencial sobre o que origina

---

15. Essas etapas da gênese da doença foram formuladas pelo dr. Bob Gibson.

Dr. Gerald Epstein

a doença e parece tão somente limitar nossa avaliação dos fatores que contribuem para ela.

Além disso, ao dar nome a uma doença, o médico está dizendo: "Ufa, ainda bem que não é comigo. Meu paciente, que acabo de classificar, é agora de uma espécie diferente da minha. Agora posso colocá-lo sob a objetiva do meu microscópio e observá-lo a distância. Colocá-lo numa categoria na qual não estou acalma a minha própria e terrível ansiedade sobre a doença e a morte. Embora eu tenha me endurecido diante da morte, ao vê-la acontecer quase todos os dias, por baixo dessa capa, morro de medo de morrer. Uma das maneiras de lidar com a ansiedade é ganhar influência e poder sobre meus pacientes. Rotulá-los me dá autoridade sobre as questões da vida e da morte e me faz acreditar que estou no controle". A verdade é que os médicos estão na periferia do mistério da vida e da morte, muito longe da origem do mal-estar e da doença. Sem conhecer os efeitos da DEN – dúvida, expectativa e negação –, jamais penetraremos o coração desse mistério.

Outro aspecto da expectativa e da antecipação são os *padrões*. Padrões são ideais, ou objetivos e resultados estabelecidos, criados por Deus ou pelos seres humanos. Todos os padrões humanos situam-se no futuro. Estando sempre associados às expectativas, é claro que são inatingíveis. São maneiras de uma pessoa ou grupo manter o poder e a autoridade sobre outros e institucionalizar esse poder. Seis importantes instituições criaram esses padrões ilusórios: as igrejas, as forças armadas, os governos, as artes médicas, o mundo corporativo e a ciência. As igrejas usam os padrões de bem e mal, certo e errado; as forças armadas e os governos usam os padrões do que é estar dentro ou fora da norma, dentro ou fora do grupo, do que é ser conformista ou antagonista; os profissionais da saúde, do que é normal ou anormal; o mundo corporativo, do que é feio ou bonito; a ciência, do que é real ou irreal.

Sempre que somos chamados a considerar e satisfazer dois valores opostos, trata-se de um padrão humano. Para servir a esses falsos padrões, alinhamos nossos sistemas de crença a quatro ne-

Curar para a imortalidade

cessidades básicas duais: 1) alcançar um estado de paz, buscando o prazer e evitando a dor; 2) obter aprovação e evitar a desaprovação; 3) obter aceitação e evitar a rejeição; 4) ser importante e evitar o sentimento de inferioridade. A satisfação dessas necessidades duais sempre implica sacrificar nossa própria integridade ou moral. Por exemplo, para ser importante, um homem pode forçar os outros a se curvar perante ele — seja pela violência, seja pelo assassínio, ou ambos — reconhecendo assim o seu valor. Além disso, a obediência aos padrões humanos geralmente — se não sempre — se dá à custa do bem-estar ou da integridade alheia.

Sucesso e fracasso é outro padrão humano. Nossas realizações são avaliadas por outra pessoa ou grupo que, dessa maneira, mede o nosso valor. Quando tentamos "colocar-nos à altura" desses padrões, a ansiedade, a inquietação, o medo e outros sentimentos dessa natureza se fazem sentir. Quando "chegamos lá" (se é que alguma vez o conseguimos de fato), passamos a fazer parte do grupo e sentimos que nossa permanência nos círculos do poder está assegurada.

Onde habitam os falsos padrões e a vontade de poder, o amor não existe. O amor reflete nossa disposição e capacidade de nos colocar no lugar de outra pessoa, de dar sem esperar nem exigir algo em troca. O amor não visa engrandecer-se nem envaidecer-se. Tampouco busca dominar os outros ou impor condições para um relacionamento.

NEGAÇÃO

Terceiro elemento da tríade destrutiva DEN, a negação é a tendência da mente de evitar reconhecer uma realidade ou verdade. Negamos as nossas características que consideramos detestáveis ou indesejáveis, ou que não combinam com nossa autoimagem. A negação é a recusa em aceitar nossa totalidade ou unidade inerente, que inclui todos os nossos potenciais, até aqueles que equivocadamente rotulamos de "ruins".

Dr. Gerald Epstein

Pode ser uma percepção interna, um pensamento, um sentimento, uma sensação, ou algo externo a nós — se o julgarmos desagradável, vamos ignorá-lo ou varrê-lo para debaixo do tapete. O aspecto fundamental aqui é que, seja o que for que ignoremos, sua presença continuará a se fazer sentir, causando distúrbios incessantes e doenças. E não ficaremos livres dessa presença incômoda até enfrentar e reconhecer os problemas que negamos. Aquilo que negamos ressurge constantemente, aquilo a que resistimos persiste. Quando tentamos afastar as questões que nos perturbam, mergulhamos num turbilhão físico e emocional. Com o tempo, aquilo que negamos obscurece a nossa vida, e, no esforço de mantê-lo afastado, ficamos esgotados e acabamos por sucumbir à doença, ao envelhecimento e à morte.

A negação, no sentido de tendência da mente, está ligada ao espelhamento. Se ficamos incomodados ao interagir com alguém, é porque *sempre* vemos nessa pessoa alguma característica que negamos em nós e se reflete no seu comportamento. Vejamos o exemplo de Janice, que vivia se queixando do egoísmo do marido. Explorando mais a fundo, descobri que estava angustiada porque outras pessoas também se comportavam de maneira egoísta com ela havia anos. Ela logo percebeu que o egoísmo era uma qualidade sua que ela negava. Depois de sugerir a Janice que o egoísmo estivera presente durante toda sua vida, expliquei-lhe que, enquanto não o aceitasse ou admitisse como uma tendência genuína e autêntica da sua natureza, ele não lhe daria trégua. Ela refletiu sobre as incontáveis vezes e situações em que o egoísmo determinara seus relacionamentos e ditara sua conduta. Propus que ela fosse "egoísta" — qualquer que fosse sua definição de *egoísta* — por 21 dias, sem pensar nas consequências (no futuro). Que fizesse isso, e Janice concordou, sem preconceitos nem vieses — uma autêntica e genuína qualidade voltando à existência. Quando permitimos que as características negadas apareçam — quando estamos dispostos a empreender esse trabalho —, nossas circunstâncias de vida mudam de maneira profunda e bem-vinda.

Curar para a imortalidade

No final desse ciclo, Janice se surpreendeu com a atenção que o marido passou a lhe dedicar.

A qualidade perturbadora que negamos tem uma natureza holográfica. A característica negada, na verdade, tem raízes em um ponto muito remoto do nosso passado pessoal. É uma crença central ao redor da qual organizamos a vida para refletir a plenitude da nossa experiência. Um singular instante reflete a totalidade da sua vida. Negar o egoísmo era a maneira de Janice se relacionar com o mundo — desde *garota até o presente*. Ela consumia considerável energia e recursos para esconder do mundo essa sua qualidade, para evitar ser egoísta com alguém. Consequentemente, pessoas egoístas entravam em sua vida e se aproveitavam de sua natureza "não egoísta", deixando-a com a crônica sensação de irritação, raiva e esgotamento físico e mental. Sua força vital estava sendo lentamente drenada.

Outro exemplo clínico de como funciona a negação é o caso de Wilma, que havia 12 anos sofria de enxaqueca. Ela experimentou todos os tratamentos que se possa imaginar, da medicina convencional à natural. A primeira vez em que se deu conta das dores de cabeça foi durante um programa de recuperação que a ajudou a superar o alcoolismo. Ela se empenhara bastante em tentar descobrir a "fonte" das dores de cabeça, que muitas vezes duravam até 12 horas. Wilma desenvolveu a "teoria" de que a enxaqueca estava relacionada a sentimentos de raiva. Trabalhando como aconselhadora em uma clínica de reabilitação, ela se impunha padrões extremamente altos e cobrava perfeição de si mesma e dos outros — problema comum a muitos de nós. Invejava seus colegas de equipe quando faziam um bom trabalho ou eram elogiados pelo chefe da clínica.

Ao mesmo tempo, estava tendo dificuldades em se relacionar com seu marido, Mike. Ela passara a vida contendo sua inteligência e assertividade para apoiá-lo. Mike era um provedor capaz, mas um homem de natureza passiva que, quando sua empresa faliu, não conseguiu se reerguer. De fato, Wilma o enchera de

Dr. Gerald Epstein

ímpeto quando ele iniciou o negócio. Ela não queria reconhecer a passividade do marido ou aquilo que lhe parecia um ponto fraco dele. Embora o amasse realmente, sabia que as dores de cabeça e a raiva estavam diretamente ligadas aos seus aflitivos sentimentos quanto à fraqueza de Mike, bem como à inveja e a competitividade na clínica. Wilma percebeu a relação entre a raiva e as analogias física e mental de uma com a outra.

A raiva parecia estar associada à sua incessante expectativa de que Mike voltasse a lhe proporcionar a mesma vida confortável de antes. Mas essa expectativa não estava se cumprindo. Apesar de ser uma mulher de notável força e inteligência, Wilma não utilizava essas qualidades para conduzir sua família. Ela presenciara esse padrão no casamento de seus pais: sua mãe simplesmente dera força ao pai quando este passara por dificuldades. Ela estava perpetuando o erro da família, transmitido psicogeneticamente por sua mãe.

Ao aplicar a medicina espiritual em Wilma, comecei a abordar sua dificuldade dando-lhe ferramentas para neutralizar não apenas a dor proveniente da enxaqueca, mas a raiva e a inveja, a tendência a criar expectativas, a negação do seu desejo de ser cuidada e ser passiva, além da negação de sua raiva e da passividade de Mike. O *input* educativo visava recompor sua relação com o marido, a fim de equilibrá-la e prepará-la para crescer.

Esclareci a Wilma que lhe faria bem usar sua força e inteligência para libertar sua família do apuro financeiro. Muitas mulheres que crescem em famílias patriarcais subjugam a própria capacidade e dão força ao marido, talvez porque, na sua percepção, ele seja fraco. Algumas continuam a seguir o discernimento do marido, embora padeçam por seus erros.

Garanti a Wilma que Mike ficaria aliviado se ela assumisse a dianteira e emprestasse sua força para resolver a situação da família; ao mesmo tempo, ela corrigiria o erro que herdara da linhagem de sua mãe. Afirmar-se certamente teria um efeito benéfico sobre o seu casamento, sua raiva e suas dores de cabeça. Ela ti-

Curar para a imortalidade

nha de parar de negar suas habilidades e começar a ser honesta e verdadeira. A verdade é que cura — ela é, sem dúvida, o melhor remédio.

Wilma confiou na verdade do que eu estava dizendo, encarou a realidade do seu casamento e assumiu o papel que por longo tempo ela negara. Os efeitos de sua ação foram notáveis. O casal se revigorou. Ele passou a demonstrar abertamente que confiava no discernimento de Wilma e, com a intervenção dela, sua empresa falida começou a dar a volta por cima. A raiva que ela sentia se desmanchou, e sua confiança cresceu a olhos vistos. A cada nova descoberta que fazia a seu respeito, ela desabrochava.

Juntamente com esse passo arrojado, Wilma praticou exercícios com a imaginação e a vontade para aliviar a enxaqueca e sua tendência a criar expectativas.

Sabemos hoje que a tríade DEN é o mecanismo do envelhecimento, do declínio, da doença e da morte. Wilma agora precisava estar atenta a si mesma. Tinha de gerenciar sua mente, observando o que pensava e dizia e prestando atenção aos pensamentos e às verbalizações que envolviam expectativas. Tinha de se ancorar no momento, em vez de andar à deriva, afastando-se de si mesma.

Como vimos, a experiência da raiva é real, mas seu contexto não é verdadeiro. Wilma constatou esse fato ao ver sua vida mudar radicalmente, tanto em casa quanto no trabalho. Pela primeira vez em 12 anos, ela estava livre das dores de cabeça. Faz agora três anos, no momento em que escrevo este livro, que ela teve sua última enxaqueca.

Enquanto o modelo convencional de medicina não admitir a unidade entre corpo e mente, jamais *poderá* ver a mente — e muito menos os contextos social, familiar e moral — como matriz da doença. A ampla adoção da medicina espiritual teria repercussões econômicas e sociais de longo alcance. Os custos do meu trabalho com cada pessoa são muito inferiores ao que se gasta com os tratamentos médicos modernos. O tratamento médico espiritual melhora significativamente a assiduidade e a produtividade no trabalho; a necessidade de drogas diminui, assim como o número de visitas ao consultório. As empresas de seguro, de maneira geral, ainda não reconhecem os benefícios dessa abordagem, mas um paciente conseguiu evitar uma cirurgia que teria custado milhares de dólares. Ele solicitou à seguradora o reembolso das poucas sessões que curaram o tumor, mas a companhia o contestou, apesar de ter economizado uma extraordinária soma de dinheiro. Para eles, o tratamento com imagens mentais não era confiável e ponto.

Vejamos outro exemplo de negação. Alice passara toda a vida adulta sofrendo de insônia. Por várias vezes, havia sido enganada ou explorada pelos outros, embora se considerasse uma pessoa justa e impecavelmente íntegra. Mas descobriu que, na juventude, ela própria costumava tirar proveito das pessoas e, ao ignorar essa sua característica, passou a negar sua existência. Jamais questionava sua presença ou assumia a responsabilidade por ela. Consequentemente, mais tarde, continuou a ser assediada por experiências incômodas, até se dar conta de que as experiências são reflexos, no espelho do mundo "externo", de nossas crenças. As experiências que nos perturbam têm um jeito especial de chamar nossa atenção. Elas demonstram que nos afastamos da totalidade de nossa natureza humana por não admitir um traço autêntico em nós. Por preconceito, recusamo-nos a aceitar um aspecto que faz parte de nós porque passamos a julgá-lo mal. Walt Kelly, criador do cartum *Pogo*, disse certa vez na voz do seu personagem: "Encontramos o inimigo; somos nós". Enquanto não aceitarmos que todas as nossas qualidades são autênticas e todas as nossas crenças, genuínas, elas voltarão a nos assombrar.

Alice começou a perceber que, quando menina, fizera a promessa de *jamais* enganar e, sendo assim, se empenhara de todas as maneiras para rejeitar essa qualidade — que então passou a "persegui-la", por assim dizer. Quando ela se conscientizou dessa situação, por meio do nosso trabalho, e admitiu abertamente essa tendência — que ela agora podia observar —, as experiências

Curar para a imortalidade

perturbadoras cessaram. Agora que a crença secreta viera à tona, fora aceita e *reconhecida*, podia ser renegada. A negação deu lugar ao único controle que temos na vida, o controle sobre nossas crenças. Qualquer outra necessidade de controlar — os outros, o mundo, as circunstâncias — é um fator de desintegração que nos faz envelhecer, decair e morrer.

A técnica para reverter a negação divide-se em duas etapas. Primeiro, reconhecemos prontamente que o objeto de nosso incômodo reflete a tendência à negação. A natureza da perturbação define a tendência, como mostra o caso de Alice. Depois de compreender e aceitar sua tendência para negar para negar sua tendência a enganar, Alice deu o segundo passo: usou as imagens mentais para desfazer a crença de que ela era uma enganadora. Imaginou-se envolta pela crença, como se esta fosse uma bolha ou uma grande cápsula, e viu-a romper-se e libertá-la, desaparecendo em seguida. Nesse processo, Alice reverteu a negação, em vez de sucumbir a ela, assumiu o controle da ideia, dissociou-se dela por um ato de vontade e então, passivamente, deixou-a desaparecer. Para complementar o processo, sugeri que Alice "enganasse" as pessoas (segundo o que ela entendia por isso) durante 21 dias, especialmente aquelas que a vinham enganando, sem pensar nas consequências. Enganar os enganadores era, para ela, uma forma de fazê-los sentir como é estar do outro lado da situação. Essa é, de fato, uma das ações mais compassivas diante daqueles que agem de maneira destrutiva.

A negação, por qualquer que seja o motivo, é um preconceito contra nós mesmos. Quando rejeitamos partes autênticas do nosso ser, elas sempre voltam para nos assombrar. *Devemos* continuar a nos expor a essas experiências — sociais, interpessoais, emocionais e físicas — até reconhecer e aceitar todas as realidades, por mais desagradáveis que pareçam, como criações nossas. Lembre-se também de que as pessoas que se comportam de maneira destrutiva têm de arcar com a responsabilidade de suas ações e prestar contas delas.

Dr. Gerald Epstein

Como disse antes, somos feitos à imagem e semelhança de Deus. Assim, de acordo com a tradição ocidental, incorporamos a capacidade divina de *criar*. Somos criadores, cada um de nós.

Uma criação pode ser um temperamento inato ou um traço de caráter que imprimimos em nosso ser. Pode ser ainda algum pensamento que vivenciamos como crença ou opinião. As crenças são como filhos mentais que se tornam seres autônomos e, como as crianças de verdade, têm energia própria e exigem atenção, cuidado e nutrição. Elas querem que façamos a sua vontade e podem exercer controle sobre nós. Se essas criações vão nos beneficiar ou prejudicar vai depender da nossa escolha. Enquanto não aceitarmos a responsabilidade por todas as nossas criações, estaremos fadados ao sofrimento.

Quando colocamos um fim à negação, abre-se diante de nós uma grande porta para a liberdade. É doloroso, com certeza, aceitar que criamos coisas horríveis, como o câncer, em nossa vida. Uma vez superado o pesar pelo que fizemos — *e o superaremos* com a aceitação —, compreendemos que somos muito poderosos. Se temos poder suficiente para criar um processo medonho como o câncer, então temos também força suficiente para desmanchá--lo, ou criar algo benéfico, se nos abrirmos para o poder de amar a nós mesmos.

O caso de Shirley ilustra como funcionam a dúvida, a expectativa e a negação. Shirley era uma mulher de meia-idade que, havia duas décadas, sofria de uma incômoda tosse crônica e irritação das vias aéreas superiores. Tinha uma filha, Gina, com a qual mantinha um relacionamento difícil — o mais difícil que já tivera. O comportamento de Gina, de maneira geral, e particularmente com Shirley, era sempre motivo de irritação. Shirley engravidara com 20 e poucos anos e tivera sentimentos muito ambivalentes com respeito à gestação, chegando até mesmo a pensar em interrompê-la. Foi para alavancar seu casamento infeliz que ela decidiu engravidar, mas acabou se separando do marido pouco depois de dar à luz.

Curar para a imortalidade

Shirley logo percebeu que a pequena Gina era inteligente, temperamental, inconstante e egocêntrica. O que mais a incomodava era a inconstância da filha, traço que ela também compartilhava, embora o negasse. No final da adolescência, Gina tornou-se alcoólatra. Shirley fazia um grande esforço para negar que não gostava da filha. "Afinal, é minha filha e tenho de cuidar dela", disse, após uma briga recente da qual se queixava amargamente.

Então, Gina teve um filho. Shirley desejava ver o bebê, porém, ainda com raiva da filha, não quis visitá-la.

O que realmente estava acontecendo ali? Em primeiro lugar, Shirley tivera sérias dúvidas em ter a filha. A dúvida levou direto à negação e à expectativa, que atuaram em estreita parceria. Shirley sempre negava sua própria inconstância e seu desgosto com a filha, bem como o comportamento manipulador de Gina, e, em vez de enfrentá-lo, substituiu-o por expectativas quanto à filha que esta não conseguia cumprir. Cada desapontamento de Shirley trazia em si a dúvida, a expectativa e a negação e as renovava, o que se refletia diretamente em tosse e alergia respiratória.

A dúvida, a expectativa e a negação têm seu preço na nossa existência. Não há dor sem negação, pois cada expectativa é uma forma de negação. Toda vez que criamos uma expectativa, negamos nossa percepção imediata do presente em favor de algo por vir. Negamos as circunstâncias presentes em prol das futuras. Quando o presente é penoso ou não nos oferece o prazer imediato que buscamos, criamos uma expectativa. Como é de esperar em tais circunstâncias ilusórias, a expectativa não é preenchida. A partir dessa situação de expectativa e desapontamento, iniciamos o processo da doença, do envelhecimento, da decadência e da desintegração. A doença começa com as provações e tribulações da vida. A cura começa quando se corrigem as situações aflitivas. Essas correções certamente abrangem o componente físico da doença, mas também abarcam os fatores que desencadearam o desequilíbrio físico ou emocional. Quando nos voltamos para

Dr. Gerald Epstein

a *origem* da doença, esta se esclarece. A doença é o efeito dessas tendências da mente. Trabalhar apenas nela, sem levar em conta os fatores de origem, é como tentar fechar um furo no barco com o dedo. Trabalhar na origem traz a mente para a equação corpo-mente. A medicina espiritual não nega a existência da mente nem do corpo, e tampouco a importância de satisfazer as necessidades de ambos. Os tratamentos da medicina da mente abrangem, sem dúvida, a cura do corpo, unificando os dois para uma cura integral, e não apenas dos sintomas físicos.

A dúvida, a expectativa e a negação sustentam o desvio moral. Se acreditamos que não temos tudo de que precisamos, se não temos perfeição neste mundo, então nos esforçamos para consegui-la. Quando duvidamos, achamos que nosso curso de ação pode não resultar na perfeição que julgamos poder obter no futuro, e vamos atrás de uma opção melhor. Quando criamos expectativas, seguimos direto em busca da perfeição, um padrão humano equivocado que acreditamos ser possível alcançar no futuro. Negamos os elementos incômodos porque eles não se encaixam em nossa imagem de perfeição. Não somos perfeitos se somos mesquinhos, coniventes ou trapaceiros. Perfeição significa, na verdade, a *totalidade* do que somos, as qualidades "boas" e "más". Cada traço ou atributo nosso faz parte dessa totalidade. Portanto, não há nada "mau" ou que deva ser excluído.

A dúvida, a expectativa e a negação atuam sobre o momento presente da experiência para *negá-la*, para fazer parecer que ela não é boa, não existe ou tem pouco valor a oferecer. Se cobiçamos algo que está além da experiência presente, a dúvida contribui para que cultuemos, idolatremos a nós mesmos ou aos outros.

A maior experiência que podemos ter é aquela que nos mostra que não somos Deus. Para chegar a essa compreensão, temos de renunciar ao anseio de poder e aceitar a humildade, pois não precisamos de poder para alcançar a felicidade. O paradoxo é que, ao substituir a vontade de poder pela vontade de amor — que encerra a compaixão, a humildade e a generosidade —, experi-

Curar para a imortalidade

mentamos a felicidade e a liberdade que estamos procurando. As técnicas para desalojar e reverter a dúvida, a expectativa e a negação apresentadas no próximo capítulo ajudarão você em seu caminho. O primeiro passo importante nesse processo é tornar-se um observador.

TORNANDO-SE UM OBSERVADOR

Só há uma maneira, e essencial, de *começar* a lidar com a dúvida, a expectativa e a negação. É tornar-se um *observador* ou testemunha dessas tendências.

Não é difícil tornar-se um observador, e esse é o primeiro passo indispensável que todos *devemos* dar para assumir o controle da nossa mente e nos tornar gerentes do pensamento (expressão que me foi dada por Adrienne Samuels, terapeuta ocupacional na cidade de Nova York). Para nos tornar gerentes do pensamento, precisamos aprender a fazer experimentos conosco e ficar atentos à presença e à atividade das três tendências.

Fazemos o exercício de observá-las por certo período, que pode variar de dias a semanas ou meses. Como assinalei em meu livro *Imagens que curam*, leva-se três semanas para mudar um hábito. Isso vale também para os problemas físicos. Às vezes, são necessários vários ciclos de três semanas para efetuar a mudança. Podemos experimentar essa mudança diretamente; ela não ocorre por *insight* ou por compreensão intelectiva. Há uma clara diferença entre *insight* e mudança. As coisas não mudam necessariamente porque nos conscientizamos delas. Na verdade, não mudam, na maior parte das vezes. *A mudança começa com o fazer*, com a ação. É daí que vem o conhecimento. Observar é a primeira etapa do fazer. Quando nos habituamos a observar, a técnica se torna um aspecto automático e constante do nosso ser, para sempre.

Ser o gerente do pensamento é tornar-se o seu sentinela: observar o que pensa, o que diz e como se comporta. Afaste-se por um momento de sua imersão direta na experiência e observe como

Dr. Gerald Epstein

você está funcionando. Teça comentários sobre sua relação com a realidade presente. Procure perceber de que modo você se distancia do presente e se projeta no futuro ou no passado. Preste atenção aos seus pensamentos mais íntimos e à sua linguagem verbal. Atente para os verbos no futuro ou no passado. Ao se dar conta do uso habitual que faz deles, diga internamente a si mesmo que esteve inventando coisas ou contando-se inverdades. Quando feita com regularidade, essa prática proporciona uma extraordinária sensação de leveza, como se um fardo fosse retirado dos seus ombros. O processo de dizer a verdade a si mesmo e parar de aceitar reflexivamente o bombardeio de falsidades que vem de todos os lados — tanto de fora quanto de dentro — não tem fim.

Tornar-se um observador e desenvolver a percepção da verdade são duas técnicas intimamente relacionadas. A "voz baixa e serena" da verdade fala conosco o tempo todo, embora seja constantemente abafada pelo ruído e pela interferência das inverdades vociferantes. O axioma da medicina espiritual é que *qualquer voto ou promessa enunciada no tempo verbal futuro é mentira*. O mesmo se aplica ao tempo verbal passado. Quase tudo que conversamos com os outros diz respeito ao passado ou ao futuro. Esse incessante pensar e acreditar no passado e no futuro nos oprime e consome uma incrível quantidade de energia física e mental sempre que tentamos opor-lhe resistência para nos manter vivos. Quando estamos sobrecarregados, nosso ser inteiro se abate, inclusive os sistemas imunológico e hormonal. Sob tais condições, nossa força declina e pode finalmente se exaurir.

No momento presente não existem emoções inquietantes. No presente há calma, paz e uma sensação de felicidade. Quando nos tornamos leves, nosso ser inteiro se anima, e os sistemas imunológico e hormonal também se ativam. Tudo acontece ao mesmo tempo se acreditamos, como eu acredito, na unidade do corpo e da mente. Se não estamos no presente, vivemos uma miragem, uma ilusão que perpetua nosso sofrimento e, por fim, nos liquida.

Curar para a imortalidade

A observação é um exercício importante para voltar ao presente. O que buscamos é inverter o desejo de Michael J. Fox, que queria voltar para o futuro (nada menos que três vezes). Quero que você escreva um novo livro intitulado *O futuro é uma ilusão*, parafraseando *O futuro de uma ilusão*, de Freud. Pegue um pequeno caderno de anotações e dê a ele esse título. Comece registrando para si mesmo as descobertas que fez a seu respeito. Comece a entender que a doença é uma bênção que lhe deu a oportunidade de iniciar esse trabalho.

Como reconhecemos a dúvida, a expectativa e a negação? Experimentamos a dúvida quando estamos diante de uma decisão a ser tomada no presente. As expectativas estão associadas aos pensamentos que projetamos no futuro. A negação lida com as tendências que desenvolvemos no passado e repudiamos.

É fácil detectar a dúvida. Ela começa em nosso diálogo interno e sempre se manifesta como a segunda voz da consciência. Temos o impulso de fazer algo ou tomar certa decisão, *mas*, repentinamente, outra voz se intromete e cria o impulso contrário. Ficamos presos, então, entre duas vozes, no que eu chamo de síndrome de Adão e Eva.

Tendo compreendido isso, podemos observar a dúvida com uma nova percepção. Quando surgir, reconheça-a, saiba que é a segunda voz, perceba que um impulso usurpador assoma e lembre-se que não há necessidade de tomar o poder, exceto sobre si mesmo. Tão logo você deixa de alimentar sua necessidade de exercer o poder, a dúvida começa a se desmanchar. Abdique da segunda voz; afinal, ela não tem mesmo tanta importância. Assim que confrontar a dúvida, você pode tomar a ação ligada ao primeiro pensamento. *Sempre* tome essa ação. Ao fazer isso, a dúvida se dissipará. A observação realmente prepara você para tomar a ação prescrita. A prática contínua desse método destrói o poder da dúvida.

Dr. Gerald Epstein

Assim como se apercebe da dúvida, você pode se conscientizar também das expectativas, começando novamente por prestar atenção à sua maneira de conversar com os outros. Observe-se saltar para o futuro, sempre tirando conclusões acerca de como as coisas vão se resolver. Quando perceber esses pensamentos, simplesmente registre-os e diga a si mesmo que está criando outra expectativa falsa. Observe então com que frequência suas expectativas se frustram. Achamos que nutrir expectativas faz parte da vida, mas acompanhe como elas se movimentam, tome nota e diga: "Lá vai [seu nome], criando outra expectativa falsa". Ou: "Estou observando [seu nome] inventar outra expectativa falsa". Essa técnica, desenvolvida por Bob Gibson, é uma excelente maneira de neutralizar o poder da expectativa. Quando você se refere a si mesmo usando seu nome, fala de você na terceira pessoa; fala de você com você mesmo e torna-se ainda mais vigilante. Você enfraquece a expectativa.

A negação é fácil de reconhecer quando ficamos atentos às dificuldades enfrentadas no dia a dia. Habitue-se a ler os glifos das suas experiências diárias. Sempre que alguma circunstância lhe causar dor, é a negação que está em cena. Quando se vir em uma situação penosa, eis uma boa pergunta a se fazer: "O que estou negando aqui?" A pergunta geralmente leva a uma resposta. Seja sincero e franco com você mesmo. O simples fato de se conscientizar do aspecto negado é um passo significativo para a mudança. Enfrentar a negação é saudável, pois ela lhe dá a oportunidade de aceitar o que você está tentando rejeitar. Todos nós tentamos rejeitar algo; agora, temos a chance de fazer correções que nos trarão harmonia e equilíbrio.

O remédio para a DEN é tornar-se um observador. Esse é um lindo presente para dar a si mesmo. Ele livra-o da dependência de autoridades externas que supostamente sabem mais do que você. Poupa-o de desperdiçar tempo e dinheiro falando de sua vida no consultório de um terapeuta, de participar de discussões em grupo sobre a "codependência" ou outras palavras da moda, ou de

Curar para a imortalidade

correr atrás de um profissional da saúde sempre que sentir sintomas físicos, o que geralmente significa gastar dinheiro sem necessidade. Quanto mais falamos, mais nos perdemos em nossas ruminações e nos afastamos de nós mesmos. Não podemos falar e observar ao mesmo tempo. Não podemos seguir as explicações e sugestões de um médico e simultaneamente observar-nos. Observar-se é ganhar autoridade sobre si mesmo.

Além dos exercícios de observação, os seguintes exercícios com imagens mentais podem ser usados para reverter a DEN.

Para a dúvida: feche os olhos e expire lentamente três vezes. Veja uma serpente deslizando na sua direção. Expire uma vez e lance uma maldição contra essa serpente que veio amaldiçoá-lo. Expire uma vez e acompanhe o movimento da serpente enquanto ela se afasta de você, sabendo que assim você se livrou da dúvida. Abra os olhos.

Para a expectativa: feche os olhos e expire uma vez, bem devagar. Visualize sua expectativa em forma física e livre-se dela queimando-a, enterrando-a, afundando-a na água ou lançando-a ao vento. Saiba que, ao fazer isso, sua expectativa desaparece. Abra os olhos.

Para a negação: feche os olhos e expire lentamente três vezes. Veja-se nu em um espelho ou uma tela vazia (como a de cinema ou da tevê). Corrija qualquer defeito ou distúrbio que vê ali. Então vire o espelho ou a tela e, do outro lado, veja o novo você. Abra os olhos.

Faça esses exercícios sempre que lidar com a dúvida, a expectativa e a negação.

Usei a palavra "explicação" em um sentido meio negativo, pois temos a tendência a aceitar explicações como fatos e, consequentemente, deixamos que elas orientem nossas decisões. Mas essa aceitação é um dos fatores mais inibidores que existe.

Só a experimentação nos permite saber se uma explicação é realmente um fato. Se não a colocarmos à prova, sempre estaremos à mercê de alguma autoridade externa, subjugados e escravi-

Dr. Gerald Epstein

zados. As explicações, como a lógica, não são a verdade. As coisas podem parecer verdadeiras e trazer o selo da autoridade, mas, se não forem autenticadas pela nossa experiência, não passam de tolices.

"Tudo é tolice", disse o rei Salomão cerca de 3 mil anos atrás. Aplicado aos nossos objetivos, isso significa que tudo que experimentamos no contexto da DEN é absolutamente inverídico.

Ao iniciar o exercício de gerenciar o pensamento, por favor, comprometa-se a não se culpar, vitimar, condenar, julgar ou punir caso se esqueça de praticá-lo. Todo julgamento é, em essência, uma mentira. É uma ficção ou opinião (outra forma de ficção) que inventamos. A culpa o mantém subordinado a um padrão irreal que você mesmo se impõe.

Observe! Ouça! Corrija! Esse é o caminho para reverter a dúvida, a expectativa e a negação. Vamos ver agora como recuperar a saúde e conhecer os remédios essenciais para o bem-estar, escolhendo a vida e assim, talvez, vencendo a morte.

7. COMO RECUPERAMOS A SAÚDE

> Aquilo que é lembrado sobrevive.
>
> —Livro dos Mortos egípcio

Para recobrar e manter a saúde precisamos prestar atenção (observação) constante ao nosso bem-estar e corrigir nossos erros. A correção *reverte* o que criamos, seja um pensamento ou sentimento incômodo, seja uma ação que causa mal-estar. Corrigir é *reverter* o erro.

Três funções da mente podem ser usadas para facilitar essa atenção e correção diárias: a vontade voluntária, a imaginação e a memória, representadas pela sigla VIM, que também significa vida. Elas permitem que nos tornemos inteiros e estejamos sintonizados com a vida. Quando as exercitamos de maneira contínua, alcançamos e mantemos a cura.

Ao utilizar as funções VIM, empregamos técnicas para inverter nosso modo habitual de pensar e agir. Por exemplo, contar com a intuição, por meio do processo de visualização mental, em vez de recorrer à lógica para resolver um problema que o aflige, pode ser uma abordagem totalmente diferente daquela com a qual você está acostumado. Se, no lugar de tomar uma pílula, usamos a mente para nos curar — se usamos VIM para reverter DEN —, podemo-nos recriar.

VONTADE VOLUNTÁRIA

A vontade voluntária é uma centelha mental que acende nossa imaginação para agir, o que então podemos fazer acionando os músculos. Essa centelha ou vontade desejosa dá início ao processo de tornar visível o invisível.

A vontade pode ser dividida em dois tipos: a vontade desejosa, a centelha que desencadeia o processo; e a vontade intencional, que nos dá direção e constância. A vontade não é o objetivo; é o caminho e a direção que levam ao objetivo. Ela requer constância na atividade, ou seja, manter o curso por meio da concentração dirigida, tal como faz o timoneiro ao conduzir o barco, sem tirar o olho do timão. O objetivo é o efeito ou resultado dessa intenção, é a possibilidade futura, ao passo que a intenção é o processo presente. Dois exemplos serão suficientes para elucidar esse aspecto de extrema importância.

Em primeiro lugar, o horticultor que tem a inclinação, ou a centelha, de cultivar alimentos (vontade desejosa). Ele prepara o terreno de maneira constante e concentrada para receber as sementes. Sua intenção (vontade intencional) culmina no plantio das sementes. Estas podem ou não germinar, podem ou não frutificar. A frutificação é o objetivo do plantio, mas ele não está de fato nas mãos do agricultor. O futuro das sementes depende de sua relação com as forças externas, como o clima, as condições do solo, os insetos, os animais e, claro, Deus.

O segundo exemplo é o do arqueiro. Ele tem a inclinação de atirar uma flecha no centro do alvo (vontade desejosa) e segue a

Curar para a imortalidade

centelha preparando-se para mirar o alvo (vontade intencional). Ele se posiciona voltando o corpo, o arco e a flecha, o braço e a mão na direção do centro do alvo. No momento em que solta a flecha, o arqueiro fecha os olhos (tal como descrito no livro *A arte cavalheiresca do arqueiro zen*) para não se envolver com o objetivo ou o resultado de sua ação. A flecha alça voo sozinha, por assim dizer, rumo ao alvo. Se ela vai atingi-lo ou perdê-lo dependerá das forças da realidade invisível com as quais está conectada.

Em suma, a centelha ou vontade desejosa se caracteriza pela momentaneidade e desencadeia um processo. Ela pode ser drenada pela doença, assim como pelas drogas, pelo álcool e por certos estilos de música, como o *heavy metal*. Já a vontade intencional se caracteriza pela constância e pela concentração dirigida.

A vontade intencional focaliza a nossa atenção em um comportamento, pensamento ou sentimento, a fim de despertar para a vida o nosso *livre-arbítrio adormecido*. O que buscamos é ampliar e direcionar essa atenção de modo a mudar um comportamento, sentimento ou pensamento habitual. Aumentando nossa percepção, podemos avançar e transformar nossos hábitos. Com o tempo, pela persistência da vontade voluntária, os velhos hábitos se rompem e novos podem ser introduzidos. Embora eu já tenha comentado que são necessárias três semanas, em geral, para interromper um hábito, por mais antigo que seja, consideremos também como hábitos os sintomas físicos. A atividade da vontade por meio da percepção atenta é *meditação em ação*, ou meditação ativa. Para acionar essa vontade, usamos como guia alguma situação incômoda, que nos lembre de ativar a vontade voluntária para corrigir o que nos perturba. Aí então somos capazes de extrair valor das mesmas situações dolorosas que fomos ensinados a evitar e a tratar como inimigas.

A função da vontade se afirma logo cedo em nossa vida, por meio da criação de hábitos. Todos nós nascemos dotados de livre-arbítrio, embora os padrões de pensamento, sentimento e ação sejam tão automáticos que ele passe quase despercebido. No

· 163 ·

Dr. Gerald Epstein

entanto, a vontade está sempre presente e pode ser treinada. Submetê-la ao nosso controle significa direcionar esforços para despertar-nos, vencer a dúvida e parar com as expectativas.

Várias técnicas para superar a DEN são apresentadas no Capítulo 8, mas esta aqui se destina a mudar uma característica ou traço para que você perceba que é possível fazê-lo. Primeiro, identifique o aspecto incômodo. Então, por um esforço consciente da vontade, coloque em prática a característica oposta, sem se preocupar com o resultado. Bob, por exemplo, um rapaz com quem trabalhei, queixava-se de estar sempre envolvido em relacionamentos nos quais era maltratado. Seu chefe pegara a pesquisa que ele fizera e a publicara com o nome de Bob. Sua mulher se recusava a limpar a casa e a cozinhar, de modo que ele tinha de fazer as tarefas domésticas depois de uma semana de trabalho longa e difícil. Bob afirmava que sempre respeitara essas pessoas e as muitas outras que o espezinhavam. Quando criança, ele aprendera que deveria tratar bem a todos, não importa como o tratassem. Graças a essas "boas" ações, ele alcançaria o reino dos céus.

Examinando mais de perto, descobrimos que seu comportamento estava baseado no medo que tinha de manifestar seu poder e, assim, ser corrompido por ele. Alguns anos antes, Bob fora campeão mundial em um esporte que exigia habilidade individual. Depois de vencer o campeonato, ele percebeu que em todo lugar por onde andasse as pessoas o paparicavam. Quando entrava numa sala, elas imediatamente se levantavam, em reconhecimento à sua "grandeza". Ele contou que, nessas ocasiões, podia "saborear" o poder que então desfrutava, e isso estimulava nele o desejo de mais poder e também o medo de corromper-se. Sua reação, então, foi negar seus desejos e medos e proteger-se atrás da máscara da pseudo-humildade. Consequentemente, os sentimentos aos quais Bob resistia estavam agora se refletindo de volta, disfarçados, digamos assim, nas pessoas que exerciam poder sobre ele.

Recomendei a Bob agir "desrespeitosamente" com todos por 21 dias, sem se preocupar com o resultado. Ou seja, sua atitude respeitosa seria substituída pela conduta oposta. Ele teria de exercitar essa reversão da mesma maneira que praticava seu esporte, no qual a perfeição da forma, da mecânica e da técnica — em resumo, o processo — substituía o resultado, que, por sua vez, se resolveria sozinho. Para se equilibrar, ele precisava acolher o desrespeito como uma característica autêntica, isto é, aplicar conscientemente sua vontade para experimentar *o oposto e, dessa forma, atingir o equilíbrio*. Aí então ele poderia tomar a decisão de descartar ou não a característica incômoda.

Lembre-se: você não pode rejeitar o que não admite. A negação persistente não deixa você admitir uma qualidade que é genuinamente sua. Mas o reconhecimento lhe dá uma visão do que você realmente controla na sua vida. O que podemos controlar é o que se passa dentro de nós, não o que acontece no mundo externo. Quando você se conscientiza da negação, o princípio geral a ser aplicado é a prática da tendência oposta. Ao terminar o ciclo de 21 dias, Bob me procurou para relatar a incrível mudança em seu casamento. De repente, ele passou a encontrar comida sobre a mesa e o apartamento limpo. Além disso, libertara-se de seu chefe, estava procurando novas oportunidades de trabalho e iniciara uma pesquisa por conta própria.

IMAGINAÇÃO

O segundo antídoto para a DEN é a imaginação ou, em sua forma de aplicação prática, a visualização de imagens mentais. As imagens internas são a verdadeira linguagem da mente, da vida interior. As imagens são glifos internos, a linguagem social comum a todos os membros da espécie humana. Enquanto a linguagem verbal cria barreiras e promove a discórdia e a separação, as imagens nos vinculam e unificam. Elas refletem as experiências pelas quais todos passamos, em vez dos aspectos distintivos enfatizados

Dr. Gerald Epstein

pela linguagem verbal. As imagens dos sonhos, dos devaneios e das fantasias são um recurso direto de que dispomos para nos ajudar a moldar e criar nossa realidade cotidiana.

O que é a imaginação? Trata-se, na verdade, de três coisas numa só:

1. *Um nível da realidade.* O mundo físico não é a única realidade que existe. Incontáveis realidades invisíveis, tão válidas quanto a realidade física, podem ser subjetivamente percebidas, sentidas e vivenciadas. A realidade das imagens mentais não é limitada nem pelo tempo linear nem pelo espaço físico: seu mundo de imagens reside entre o mundo da percepção sensorial, aqui na realidade objetiva da vida cotidiana, e o mundo da consciência mais elevada, onde não há imagens. É o reino do *não* tempo e do espaço *infinito*, onde está armazenado o conhecimento de tudo que foi, é e será. Os sonhos são um exemplo dessa realidade conhecida de quase todos.
2. *Um órgão da percepção.* Situado "atrás" da realidade sensorial comum — ou seja, atrás do que os cinco sentidos percebem no mundo físico do espaço físico e do tempo linear, esse órgão pode ser treinado para acessar a realidade vertical.
3. *Um processo mental.* Esse processo põe em foco a linguagem interna quando guiamos nossa vontade para a vida interior. A imaginação é o processo de recuperação interna da linguagem imagética que nos dá direção. É a luz interior lançada sobre as trevas do espaço interno, mostrando o que há ali. Essa luz reveladora é experimentada como *esperança genuína*. A imaginação é a enzima da mente, análoga a uma enzima física que catalisa um processo fisiológico. A enzima mental interna acelera a transformação interior ao nos mostrar o caminho e apontar a direção.

A imaginação funciona como um processo de autotransformação ou autotransmutação. *Transformação* refere-se à mudança de forma pela qual passa um ser vivo (vegetal, animal

Curar para a imortalidade

ou humano) durante sua existência. Nós, por exemplo, nos transformamos desde o momento em que nascemos, ao longo de sucessivos estágios de amadurecimento físico e emocional. *Transmutação* é a mudança de uma forma em outra completamente diferente — é o caso, por exemplo, da lagarta que se transmuta em borboleta. Esse processo é chamado também de alquimia, termo que geralmente se refere ao trabalho de converter chumbo em ouro no plano material da vida física. Entendemos a aplicação prática da medicina espiritual como um processo alquímico em que o chumbo da doença se converte no ouro da cura. Esse processo de crescimento e cura interior é duplo:

a) *um processo de imaginação criativa.* Ao usá-lo para lidar com problemas do dia a dia, conseguimos enxergá-los e rapidamente corrigi-los na imaginação. Ele nos oferece um novo enfoque sobre velhas questões. Mediante esse novo enfoque, podemos então tomar um curso de ação diferente e mudar nossa maneira de encarar o problema. Essa mudança altera a situação de modo definitivo e benéfico. Trata-se de uma atividade criativa, uma obra de arte na qual cada um de nós imprime sua marca singular e indelével.

b) *um processo de descoberta, transformação e renascimento.* A imaginação permite explorar nosso espaço interior e encontrar os vários níveis de realidade, nos quais podemos penetrar e deles extrair informações. Esse conhecimento pode ser aplicado ao dia a dia para transformar nossa vida. Fazer a jornada interior é morrer momentaneamente para a existência cotidiana; retornar dela, transformados, é como renascer. Esse trabalho interno com a imaginação — que saiu dos templos do antigo Egito e percorreu as escolas judaicas conhecidas como Filhos dos Profetas, as escolas herméticas da Grécia e de Roma e, finalmente, a Europa ocidental — fazia parte das práticas de iniciação espiritual do

Dr. Gerald Epstein

Mediterrâneo. Por meio dele, podemos realizar uma mudança espiritual e caminhar rumo à união com a realidade invisível. Essa jornada interior chama-se *sonho desperto*. Sua primeira e mais clara explicação encontra-se na Bíblia, em Ezequiel 1:1, onde se descreve uma experiência completa de sonho desperto. É um trabalho que requer o acompanhamento de um guia e pode durar de 30 minutos a duas horas[16].

A vontade se manifesta como imagens mentais. Embora as técnicas da vontade sejam atividades sem forma, as técnicas complementares de visualização de imagens produzem moldes ou imagens tridimensionais. (Lembre-se de que estamos falando de realidades internas que não podem ser medidas nem quantificadas.) A vontade, assim como a memória e a imaginação, é uma força invisível. Ela se torna visível ou ganha corpo no mundo interior por meio da função da memória (imagens pessoais e coletivas do passado) e da imaginação (imagens do presente e o potencial das possibilidades que podemos realizar individual ou coletivamente). As imagens da imaginação mostram a direção que a vontade pode tomar, aquilo que pode se tornar presente em nossa experiência de vida. A visualização de imagens reflete as possibilidades do nosso espelho interno, onde podemos vê-las, ouvi-las, cheirá-las ou senti-las de alguma forma. Subitamente, o invisível se torna visível, e podemos ver que direção tomar. Como a mente e o corpo trabalham integrados, as imagens mentais funcionam como um meio de comunicação da mente com o corpo. Por intermédio delas, a mente instrui e lembra o corpo sobre como voltar

---

16. Os leitores interessados no sonho desperto, seja como trabalho pessoal, treinamento ou formação, podem entrar em contato comigo pelo e-mail jerry@drjerryepstein.org. Minha escola, The American Institute for Mental Imagery (Aimi), reconhecida pelo estado de Nova York, oferece treinamento a profissionais de saúde nessa área.

Curar para a imortalidade

à ordem. O trabalho com a imaginação revela informações e novas opções ou direções.

Vejamos o caso de Fred, um jovem que sofria de uma grave depressão; sentia que estava sem rumo, que sua vida lhe escapava. A dúvida e a indecisão haviam se tornado tão extremas que o paralisaram. Ele me disse que estava em um grande buraco negro. Pedi-lhe que fechasse os olhos e se imaginasse nesse grande buraco.

Fred viu-se enclausurado e comprimido no fundo do buraco, e teve medo. Pedi-lhe que encontrasse uma luz para olhar ao redor, à procura de algo que o ajudasse a sair dali. Ele viu uma luz que entrava pelo alto, mas não era suficiente para iluminar o fundo. Fred trouxe então sua própria luz e descobriu que as paredes eram lisas e escorregadias como gelo. Pedi-lhe que tivesse calçados com travas e equipamento para montanhismo, com grampos, pitões e cordas, para içar-se para fora do buraco. Assim fez o jovem, mas as paredes lisas começaram a tremer quando ele iniciou a escalada. Ele persistiu mesmo assim e conseguiu sair do buraco.

Era noite lá fora e ele se pegou olhando para uma linda lua cheia. Sentia-se muito melhor agora e bem mais feliz, embora a escuridão ainda o amedrontasse. Pedi-lhe que se orientasse pela luz da lua e, se necessário, trouxesse outra luz sua.

Fred viu-se então no meio de uma campina, sozinho. Pedi-lhe que evocasse os habitantes dessa campina. Ao fazer isso, uma tribo de homens apareceu. Eram muito amistosos e o levaram até seu líder, que seria o guia de Fred. Seu nome era Xamã. Xamã ordenou que banhassem Fred e o vestissem com uma túnica branca. Em seguida, ele foi levado até o centro de um círculo, onde foi iniciado; Xamã lhe disse que ele aprenderia todos os segredos da vida conhecidos pela tribo. Fred ficou surpreso e feliz por ter encontrado pessoas tão benevolentes e espiritualizadas.

Expliquei a ele que aquele era o seu lugar e aquela, a sua gente. Ele poderia voltar sempre que quisesse, e o aprendizado que iniciara ali continuaria, ininterrupto. Xamã deu-lhe um disco de ouro para guardar no coração. Fred assim o fez. Depois, agrade-

Dr. Gerald Epstein

ceu ao Xamã, despediu-se da tribo, retornou ao meu consultório e abriu os olhos. Disse-lhe que imaginasse o disco dourado no coração sempre que se sentisse deprimido, para despertar sensações vivificantes. Pela imaginação, o jovem descobrira seu próprio antídoto para seu sentimento habitual. Observei esse processo inúmeras vezes em minha prática: *encontrar a imagem oposta leva à resolução do problema.*

No jardim da realidade em que nascemos e do qual devemos cuidar por toda a vida, passamos muito tempo tirando ervas daninhas e semeando. As ervas daninhas são as imagens baseadas em nossa educação equivocada e em nossos desejos egoístas. Elas nos desencaminharam e temos de nos livrar delas. Usamos a visualização de imagens para extirpá-las. Dois pensamentos não podem ocupar o único espaço mental ao mesmo tempo. As imagens corretivas retiram as ervas daninhas — e, quando elas se vão, o terreno está pronto para receber as sementes. Estas são as sementes das novas possibilidades, ou imagens mentais, e agora podem crescer livremente, pois as ervas daninhas não vão impedi-las. Se as plantarmos e cuidarmos delas, nutrindo-as e protegendo-as, elas criarão raízes e poderemos colher seus frutos e benefícios. O trabalho com a imaginação consiste em semear a mente e retirar--lhe as ervas daninhas.

Em outro exemplo, Stan, um rapaz de 25 anos, padecia de colite ulcerativa havia oito anos. Durante esse tempo, ele tomara vários medicamentos, inclusive os mais modernos. Seu estado, porém, havia piorado; quando ele me procurou, estava sofrendo com uma fístula anal e alterações artríticas nos joelhos que o levaram a andar de bengala.

Stan se expressava bem e estava tentando carreira na mídia. Tinha muitos talentos e sabia que os colegas invejavam suas conquistas. Era uma pessoa de luz e, como muitas delas, atraía para perto de si gente com um lado sombrio, invejosa, ciumenta e cheia de cobiça. Ele sabia que tendia a permitir que as pessoas se aproveitassem dele e que o fato de se deixar vitimar refletia seu

Curar para a imortalidade

próprio impulso de tirar vantagem dos outros. Tinha grande apreço pela vida social e buscava o reconhecimento público de suas realizações. Seu interesse pela mídia era motivado, em parte, por esse desejo de aprovação social. No trabalho, Stan se esforçava para abafar seu impulso de vitimar-se.

Começamos imediatamente o trabalho com imagens mentais, e ele concordou em suspender a medicação nesse período, embora continuasse a receber acompanhamento de seu médico. Duas semanas depois, o inchaço dos joelhos retrocedeu e a inflamação do cólon desapareceu. Agora sem sintomas, ele deixou a bengala e retomou os exercícios de musculação que tivera de abandonar. Uma das imagens mentais que Stan utilizou foi encontrar a inflamação no trato anal e aplicar nela uma luz *laser* azul e branca. Ele viu a inflamação se curar e células normais crescerem nessa região e pela fístula, que também se curou. Em seguida, ele dirigiu a luz *laser* para os joelhos.

No edema artrítico, Stan usou o exercício chamado "Maré". Imaginou-se deitado numa praia, com a sola dos pés apontada para o mar. Com exceção da cabeça, o corpo estava totalmente coberto de areia, e a água avançava pela praia. Ele observou a maré se aproximar rapidamente, vendo, percebendo e sentindo as correntes espiraladas entrarem pela sola dos pés e subirem até os tornozelos, as pernas e os joelhos, limpando todos os detritos e toxinas, lavando os resíduos, massageando os músculos, ligamentos e tendões, alongando-os e deixando-os brancos e reluzentes. As correntes espiraladas massagearam a cartilagem e a patela do joelho, que também ficaram brancas e reluzentes. Com essa mistura de água e areia agindo como uma pedra-pomes, ele limpou a superfície externa dos joelhos e seus músculos debilitados, livrando-os de todas as células mortas. Em seguida, Stan se levantou da areia, mergulhou no oceano e nadou rumo ao horizonte, respirando o ar puro que soprava daquela direção. Viu suas pernas se esticarem atrás dele, flexíveis e fortes, e os braços se estenderem à sua frente. Ao chegar ao horizonte, deu meia-volta e retornou

Dr. Gerald Epstein

à praia, nadando de costas, com as pernas esticadas batendo adiante, os braços estendidos bem atrás da cabeça e o corpo todo alongado, enquanto ele inspirava o ar puro que vinha do horizonte. Quando alcançou a praia, saiu da água, secou-se ao sol e vestiu um roupão que encontrou na areia, sabendo que sua artrite estava curada. Stan repetiu esse exercício por 21 dias, duas vezes ao dia, de manhã bem cedo e ao cair da tarde.

Uma analogia científica pode ajudar a entender como funcionam as imagens mentais. As células do corpo têm um potencial elétrico e oscilam em várias frequências. Essas frequências elétricas são invisíveis, mas podem ser vistas a olho nu como cores. Cores diferentes representam, portanto, a presença da luz, que permite ver o invisível. Todas as células emitem luz, um reflexo de suas vibrações oscilantes. Qualquer alteração na frequência oscilante das células produz uma mudança na luz — esta fica aprisionada na célula e não pode sair. Se for possível regular novamente a frequência oscilante alterada e equilibrar a taxa vibracional, a célula recupera sua função normal. Essa é a hipótese de trabalho da medicina elétrica ou vibracional, que hoje desponta nos Estados Unidos. O dr. Robert Becker, cirurgião ortopédico, tem demonstrado que é possível unir extremidades ósseas fraturadas mediante estímulos elétricos. Há séculos os agentes de cura psíquicos vêm empregando a luz ou aura que envolve o corpo para observar os potenciais elétricos deste. O corpo físico e emocional emite luzes de diversas cores que refletem o estado físico, emocional e intelectual do indivíduo.

O que observo é que o trabalho com imagens mentais tem um efeito regulador sobre o nosso funcionamento físico, emocional e intelectual. A imaginação é a luz interior da mente e canaliza a luz da energia universal para o corpo. Quando enviamos pelo nosso corpo a luz e a verdade da imaginação, regulamos as frequências oscilantes e recobramos o estado de harmonia e equilíbrio. A vida é movimento e ritmo. O aparecimento da doença indica que o movimento tornou-se estático e que o ritmo foi

· 172 ·

Curar para a imortalidade

alterado. A imaginação restabelece o movimento e o ritmo internos ao enviar luz para a escuridão. Toda luz é movimento e ritmo. A luz interior restaura o movimento e o ritmo do corpo, e ele ganha vida.

Quando avistamos uma possibilidade, uma força de vontade interior nos leva a transformá-la em vivência; pegamos o que está dentro de nós e o convertemos em evento externo. Fazemos isso o tempo todo com imagens nocivas — a ansiedade, o medo, a falta de autoestima e autoconfiança, a preocupação. Podemos então inverter esse processo e usar as imagens que nos são benéficas. Em vez de permitir que as imagens perturbadoras proliferem, podemos trazer para a linha de frente as imagens corretivas e produtivas, criando dessa forma um novo ambiente para nós.

MEMÓRIA

O terceiro antídoto para a DEN é a memória, o processo de se tornar atento. Lembrar-se é tornar-se ciente e desperto. A importância da memória na cura tem raízes na antiga civilização egípcia. A sabedoria espiritual hermética na qual se assentava essa cultura, que mais tarde viria a inspirar toda a cultura ocidental, conhecia muito bem o valor da memória. Um tema predominante nessa sabedoria é representado no relato mitológico de Ísis e Osíris.

Osíris era o deus supremo do Egito, que governava o mundo entre os vivos e os mortos. Ele pesava as almas dos que acabavam de morrer para saber a qual dos reinos mundanos elas deveriam ser enviadas. Sua esposa, Ísis, era a deusa da sabedoria. Set, irmão de Osíris, era invejoso e queria roubar-lhe o poder. Por isso, assassinou Osíris e retalhou seu corpo em 14 pedaços, enterrando cada um deles em um lugar diferente do Egito. Ao saber do acontecido, Ísis tratou de recolher todos os pedaços do esposo e pôs-se a *remembrá-lo*, devolvendo todos os membros ao corpo. Segundo o mito, Ísis não encontra o décimo quarto membro, o pênis. Por causa dessa incompletude, o homem deve procurar seu membro

Dr. Gerald Epstein

perdido. Para os antigos, esse membro simbolizava o conhecimento. O homem deve buscar o conhecimento para tornar-se inteiro, e Ísis, a deusa da sabedoria que representa *todas* as mulheres, é a professora. Como Eva, seu papel na vida é ensinar o homem e conduzi-lo à vida. Ísis *re-membrou* Osíris e, ao fazê-lo, devolveu-lhe a vida. Ela o ressuscitou.

A possibilidade da ressurreição, tal como a experimento, reside na função da lembrança. Analisemos a palavra "remembrar". Um *membro* é uma parte do todo, assim como os braços e as pernas, o peito e o pênis são partes do corpo humano. *Re* significa "novamente". *Remembrar* quer dizer parte do todo "voltar a fazer" e implica também que esquecemos algo. De fato, todos os dias, quase todo o tempo em que passamos despertos, esquecemos que somos parte do todo, que estamos em Deus.

Ao remembrar Osíris, Ísis corrigiu a memória do acontecimento angustiante. Ela o remembrou e, assim, devolveu-lhe a vida; restituiu-lhe os membros, física e mentalmente. Ela afirmou a unidade entre corpo e mente. Remembrar não é apenas recuperar fisicamente os membros de alguém, mas também *recordar, por um ato da memória*, a totalidade dessa pessoa. Remembrar é integrar física e mentalmente por meio da memória. Ísis recompôs Osíris, ou seja, compôs fisicamente seus pedaços e o compôs mentalmente, trazendo-o de volta à vida na unidade corpomente.

Uma medicina abrangente deve incluir essa atenção plena. Devemos estar plenamente atentos a nossas necessidades para nos recompor física e mentalmente — para nos *remembrar*. A medicina da mente nos ensina a remembrar-nos física e mentalmente, para que deixemos de duvidar de ou negar a nós mesmos.

Para assumir o controle da nossa cura, precisamos sair do futuro e do passado e voltar ao presente. Em certo sentido, nós nos *remembramos* por inteiro e nos restauramos, deixando para trás as experiências passadas e as expectativas futuras. Boa parte do que nos faz sofrer são lembranças de algo doloroso do passado. Elas estão na raiz do que outrora se chamava "neurose de guerra" e hoje

Curar para a imortalidade

é conhecido como "transtorno de estresse pós-traumático". Esse rótulo foi aplicado pela primeira vez aos veteranos do Vietnã que, sensibilizados por alguma experiência no presente, eram remetidos de volta ao seu passado na guerra, por meio de *flashbacks*.

Observei esse fenômeno pela primeira vez quando dirigia a ala psiquiátrica do hospital militar de Valley Forge, na Pensilvânia, durante a guerra do Vietnã. Éramos, na época, o hospital que mais recebia pacientes no leste do Mississippi, e vi mais de milhares de homens retornarem da guerra e passarem por essa ala antes de se desligarem do exército. Muitos desses jovens sofriam terrivelmente com os *flashbacks*, sobretudo quando ouviam notícias do que estava acontecendo no Vietnã ou tomavam conhecimento da morte de seus companheiros ou de alguma atrocidade indizível. Os *flashbacks* eram intensificados pelos efeitos residuais do uso frequente de drogas alucinógenas no Vietnã, principalmente LSD.

Esse transtorno de memória extremo decorre do arco-reflexo clássico de estímulo-reação. Quando somos expostos a um estímulo repetido (uma experiência ou acontecimento), aprendemos a reagir a ele de maneira automática, habitual. O padrão se arraiga com o passar do tempo, e a reação se torna quase biológica e reflexiva. De fato, os embriologistas descobriram que cada órgão do corpo tem um cérebro, que recorda as experiências por que ele passou. Os acontecimentos, com efeito, ficam armazenados no órgão e podem ser evocados quando um estímulo suscita nele a lembrança. O estímulo, por sua vez, desencadeia a reação habitual desse órgão. Esse estímulo-reação é conhecido como reação condicional (e não "condicionada", como se costuma dizer erroneamente, já que a reação depende da presença do estímulo). Uma única molécula de estímulo é suficiente para reacender a lembrança. Como temos propensão ao comportamento repetitivo, somos extremamente vulneráveis aos estímulos que disparam reações habituais.

No trabalho com imagens mentais, tentamos interferir nesse padrão e alterá-lo, introduzindo uma *nova memória* que funcione

· 175 ·

Dr. Gerald Epstein

como um tampão entre o estímulo e a reação habitual. *Não mudamos o fato que nos aconteceu*, o que seria impossível, em todo caso. Mas podemos mudar a memória desse fato, modificando o modo que escolhemos de nos lembrar desse fato e nossa atitude diante dele.

Você pode praticar uma técnica simples para realizar essa mudança. Lembre-se por um instante do fato original que lhe causa transtorno, reconhecendo assim sua verdade. Então, expire lentamente com os olhos fechados e *corrija* sua memória desse fato — ou seja, mude a lembrança que tem dele ou sua atitude perante ele. Em seguida, expire novamente e abra os olhos. Repita essa experiência imaginal toda vez que surgir a lembrança angustiante. Essa técnica ajuda a colocar um tampão sobre sua antiga memória. Agora, sempre que o estímulo se repetir, ele vai se chocar contra o tampão e não poderá atingir a memória original. Com o tempo, esse arco de estímulo-reação enfraquecerá.

Embora simples, esse exercício é extraordinariamente poderoso e eficaz, produzindo resultados instantâneos. Vejamos alguns exemplos.

Lydia vivia preocupada por achar que não fazia as coisas "direito", não ser "suficientemente bonita" ou "suficientemente inteligente" etc. e tal. Pedi-lhe que descrevesse a imagem que ela associava a esses pensamentos opressivos. "Estou sob uma rocha", ela disse. Pedi-lhe que experimentasse isso por um momento e então corrigisse a imagem, sabendo que, ao fazê-lo, os pensamentos opressivos desapareceriam.

Durante a correção, segundo ela descreveu, Lydia se viu lutando para libertar-se da rocha e erguendo-se em seguida, ereta. Então, galgou para cima da rocha e levantou a cabeça na direção do céu. Ela comentou que se sentiu livre e percebeu que essa sensação de liberdade estava ligada à sua postura ereta. Eu lhe disse para fazer esse exercício toda vez que experimentasse os pensamentos opressivos. Ela deveria praticá-lo apenas alguns segundos em cada ocasião, pelo período de 21 dias.

Curar para a imortalidade

Roberta se queixava da compulsão que sentia de se limpar sempre que tocava alguma coisa que acreditava conter germes. Pedi-lhe para identificar a imagem associada a essa compulsão, experimentá-la por um momento e então corrigi-la, sabendo que, ao fazê-lo, os pensamentos compulsivos desapareceriam. Ela descreveu "um ser atrás de mim me forçando a fazer algo que não quero fazer" — isto é, forçando-a a se limpar. Então ela se virou e viu-se sob um manto de proteção azul, encarando esse ser e ordenando que ele se afastasse dela. Ao ver o ser se encolher diante dela, Roberta subitamente se sentiu forte. O medo deixou de intimidá-la quando ela o enfrentou. Recomendei que fizesse esse exercício por 21 dias, toda vez que tivesse a necessidade compulsiva.

Philip chegou ao meu consultório reclamando da alergia respiratória que desde sempre o incomodou e da horrenda relação que tinha com sua mãe. Nosso trabalho se concentrou em exercícios para alergia e em corrigir seu relacionamento com a mãe. Pedi-lhe que resumisse essa relação numa única imagem que a representasse por inteiro. Ele se recordou de uma situação, aos 8 ou 9 anos, em que estava sentado na cama, com a mãe de pé, diante dele, repreendendo-o duramente por ter se recusado a fazer algo que ela queria. Essa imagem representava sua percepção geral do relacionamento entre eles. Philip então fechou os olhos, retornou à cena e corrigiu a imagem, vendo-se de pé e impondo-se à mãe, que ficou dócil e quieta. Depois de três semanas praticando esse exercício imaginal, sua alergia se tornou menos debilitante. Ao mesmo tempo, ele conseguiu ter raiva da mãe e enfrentá-la, tomando assim contato com a raiva negada. Os sintomas alérgicos diminuíram consideravelmente e Philip passou a sentir menos rancor da mãe.

Myra sofria de esclerose múltipla e guardava uma grande mágoa pelo que lhe acontecera. Sentimentos de mágoa não eram novidade para ela, pois sempre estiveram presentes em sua vida. Pedi-lhe para descrever a imagem da mágoa. Espontaneamente,

Dr. Gerald Epstein

ela viu uma árvore com todos os ramos caídos e retorcidos, toda recoberta por véus negros. Pedi-lhe para corrigir essa imagem, sabendo que, ao fazê-lo, os sentimentos pesarosos desapareceriam. Ela viu a árvore endireitar-se e ficar mais alta, com os ramos apontando para o céu. Pedi-lhe que se tornasse como a árvore. Ela se fez mais alta, forte e bonita. Orientei-a a corrigir a imagem da árvore retorcida toda vez que sentisse mágoa.

Quando me procurou, Sylvia havia passado por experiências profundamente traumáticas. Até então, tudo ia muito bem com ela. Depois dessas experiências, porém, começou a duvidar de si mesma, incluindo sua capacidade de superar os efeitos danosos desses traumas. Pedi-lhe para descrever a imagem da dúvida. Ela viu um buraco negro. Pedi-lhe para corrigir essa imagem, sabendo que, ao fazê-lo, a dúvida desapareceria. Ela se imaginou costurando o buraco negro com uma linha dourada e sentiu um grande alívio. Como de costume, orientei-a a corrigir o buraco negro por três semanas, sempre que sentisse a dúvida.

Em vários casos com que deparei em minha prática, os abusos sofridos no passado foram curados pela correção da memória. Às vezes, o abuso é lembrado como estupro, traumatizando a mulher e inibindo sua vida sexual adulta: toda vez que o ato sexual está prestes a acontecer, a visão do pênis suscita a reação original ao abuso. Mesmo nesses casos graves, o efeito traumático pode ser revertido. A introdução do novo padrão requer prática constante, mas os resultados costumam ser gratificantes.

* * *

Todo sistema espiritual inclui em sua disciplina um elemento comum: a desabituação ou o descondicionamento. Este pode ser apresentado de maneira elaborada, como no budismo tibetano, ou de maneira livre, como no budismo zen. Seja como for que se apresente, no entanto, o descondicionamento ocupa lugar central na prática. Nas formas ocidentais, nós nos conectamos com nos-

Curar para a imortalidade

sa presença no mundo e usamos os acontecimentos para acender nossa vontade de estabelecer um novo padrão. Grande quantidade de energia é liberada quando nos libertamos de hábitos antigos, pois já não precisamos atender nem funcionar ao velho modo.

Um exemplo é o caso de Daniel, que aos 45 anos nutria pela mãe uma raiva permanente. A imagem que ele tinha do relacionamento com ela era a lembrança de um episódio que ocorrera aos seus 6 anos de idade. Ele estava com a mãe em uma loja de departamentos e causou algum tumulto que a deixou irritada. Ela agarrou Daniel pela orelha e o arrastou para fora da loja, sob os risos dos clientes. Isso o deixou humilhado, envergonhado e furioso com a mãe, e ele jamais conseguiu esquecer o ocorrido. Pedi-lhe para lembrar o fato e corrigir a imagem, recordando-a de outra maneira. Ele reviveu a cena e, no momento em que a mãe o arrastava para fora da loja, retirou a mão dela de sua orelha e apertou-a na sua, enquanto olhava para ela. A mãe retribuiu o olhar e os dois saíram da loja de mãos dadas, sorrindo um para o outro. Depois dessa correção, sua raiva pela mãe diminuiu. Daniel entrou em contato com ela e, após décadas de rancor, conseguiu estabelecer uma relação amistosa. Episódios desse tipo são muito frequentes no meu trabalho e no de meus alunos. Eles demonstram o poder das lembranças e das imagens em mudar a vida das pessoas, corrigir seus erros e promover a cura.

A memória se divide em quatro tipos distintos: factual, lógica, moral e vertical.

Memória factual é aquela que exercitamos desde crianças, quando aprendemos uma imensa quantidade de fatos objetivos sobre o mundo. À medida que ficamos mais velhos, somos treinados a empregar a *memória lógica*, por meio da qual compreendemos os fatos para poder usá-los. Mais tarde, a *memória moral* nos permite atribuir valor ou significado ao nosso comportamento. Enquanto a memória factual nos conta o que aconteceu em nossa vida, a memória moral nos diz como vivemos. A *memória vertical* é a que usamos para tentar entender nosso comportamen-

· 179 ·

Dr. Gerald Epstein

to e colocá-lo em uma relação de aliança com Deus. Sempre que tomamos uma ação moral, temos a oportunidade de nos lembrar de nós mesmos e de nossa ligação com Deus. Quando não vivenciamos os mandamentos, esquecemos de nós mesmos e de nossa ligação com Deus.

As memórias factual e lógica abarcam nossa relação externa com o mundo físico. As memórias moral e vertical estão vinculadas com nossa relação interna com o mundo invisível. As memórias factual e lógica não podem substituir as memórias moral e vertical, cujo lugar em nossa vida tampouco podemos negar.

A psicologia convencional não tem ainda uma compreensão exata do significado e do efeito da memória. A psicanálise e os tratamentos psicológicos a ela associados se interessam apenas pelas memórias factual e lógica. A lembrança do passado está relacionada com nossa história pessoal com nossos pais e com outras pessoas que exerceram papel significativo em nossa vida. A psicologia também se ocupa da aberração da memória lógica conhecida como esquizofrenia. Essa aberração se caracteriza por uma falha fundamental na lógica silogística: John tem um suéter vermelho; Jim tem um suéter vermelho; portanto, John é Jim. Essa falácia se chama *identificação pelo predicado*. O trabalho de Carl Jung ampliou imensamente a concepção de memória da psicologia. Jung colocou a memória nos domínios do "inconsciente coletivo", o repositório de memórias mitológicas e arquetípicas (ou seja, memórias acumuladas pela humanidade ao longo da história) que tiveram influência em nossa vida. Nós as evocamos quando vivenciamos os temas arquetípicos em nossa vida individual.

Aqui expandimos a concepção de memória, tomando um caminho ligeiramente diferente ao colocá-la na relação com Deus. Cada um de nossos atos e pensamentos morais desperta novamente a lembrança de Deus e restabelece nosso vínculo com a autoridade absoluta. Conscientizar-se da nossa relação com os mandamentos, observando se nossas ações obedecem ou não a eles e,

· 180 ·

Curar para a imortalidade

nesse caso, fazendo as correções necessárias — nisso consiste, em essência, a prática da lembrança.

A lembrança começa basicamente com estimular e treinar a memória moral. Esta nos recorda de dois preceitos fundamentais: amar ao próximo como a nós mesmos e amar a Deus com todo o nosso coração, força e alma. Esses dois preceitos refletem a real essência do nosso Ser. À medida que nos descondicionamos, naturalmente nos descobrimos amando o mundo visível (o próximo) e o mundo invisível (Deus). Como estamos na interface entre Deus e o mundo, passamos a amar a nós mesmos.

Que técnicas de descondicionamento expandem aquelas descritas no Capítulo 6? Vamos conhecê-las a seguir.

8. EXERCÍCIOS PARA A AUTOCURA

O mundo da imaginação é o mundo da Eternidade.

—William Blake
A vision of the last judgment

No momento em que aceitamos o desafio de confrontar as tendências DEN com as funções VIM, abrimos a porta para novas possibilidades de cura e nos tornamos agentes de nossa cura. A medicina da mente nos traz uma visão de cura que é muito antiga e tem uma longa história na tradição ocidental. Ela oferece um vasto conjunto de técnicas para a desabituação e para reverter a DEN.

Como já assinalei, a cura depende inicialmente da quebra dos hábitos. Este capítulo fornece técnicas adicionais de desabitua-

Dr. Gerald Epstein

ção a fim de abrir mais possibilidades de cura. Elas se dividem em duas categorias: as da vontade e as da imaginação. Como todas as técnicas associadas com a medicina da mente, elas requerem que informemos o objetivo com que serão usadas.

As técnicas descritas no decorrer deste livro podem ajudar você a desenvolver extraordinariamente a sua intuição. Escutar a primeira voz significa, na verdade, escutar nossa natural função intuitiva e é um caminho excelente para desenvolvê-la. Você pode estar desligado dessa função e ter a sensação de que perdeu o poder sobre si mesmo e a crença em si. Praticar os exercícios deste livro vai curar tudo isso. Para facilitar o processo, não se julgue: não deve haver autocrítica, autocondenação nem autoflagelação. Não seja duro com você — apenas faça o trabalho! Se cometer um deslize ou um erro, não há necessidade de comentá-lo. Apenas conserte-o!

Estes são os tipos de exercícios apresentados neste capítulo:

- exercícios com imagens;
- exercícios com espelho;
- exercícios com espirais;
- exercício do plano de vida;
- exercícios de parar;
- exercícios de descriação;
- cantar;
- orar;
- exercícios de ressurreição.

EXERCÍCIOS COM IMAGENS

Instruções gerais
A eficácia dos exercícios com imagens é diretamente proporcional à nossa capacidade de direcionar os sentidos do mundo externo para o interno. Quando você se volta para dentro, pode criar uma

Curar para a imortalidade

imagem mental que estimule o corpo físico. A imagem surgirá espontaneamente, à medida que você dirige sua vontade e atenção para o mundo interior.

Você talvez descubra que os exercícios que recomendo para determinada condição se aplicam a outras dificuldades que você está enfrentando. Isso é perfeitamente admissível, já que os exercícios com imagens mentais têm um efeito "transversal" e podem ser usados para diferentes propósitos.

Posição do corpo

A melhor postura para os exercícios com imagens é a que denomino *posição do faraó*. Sente-se em uma cadeira com braços e espaldar reto, mantendo as costas eretas e os braços confortavelmente apoiados nos da cadeira, com as mãos abertas e as palmas voltadas para baixo. Os pés devem ficar bem apoiados no chão. Durante o exercício, não cruze as mãos nem os pés, nem deixe que toquem nenhuma outra parte do corpo. O objetivo dessa posição é afastar sua percepção sensorial dos estímulos externos.

Ao longo das eras, a posição do faraó foi adotada pela realeza ao consultar seus guias interiores antes de tomar uma decisão. Essa postura expressa a busca de orientação interna.

Uma cadeira de espaldar reto é melhor porque mantém a coluna ereta, permitindo que a percepção impregne sua atenção. A posição horizontal ou reclinada está associada com o dormir e reduz a percepção necessária à imaginação.

Além disso, sentar com as costas retas facilita a respiração; os pulmões precisam dessa posição vertical para se expandir totalmente. A consciência da respiração, como bem o sabiam os antigos médicos e agentes de cura, aumenta o estado de alerta e atenção aos processos mentais. Ficamos mais sintonizados com a vida interior quando nos tornamos mais conscientes da respiração.

Dr. Gerald Epstein

Embora a posição do faraó seja a mais adequada para o trabalho com imagens, em algumas situações — por exemplo, quando está ansioso — você pode fazer o exercício de pé, onde quer que esteja.

Respiração
A respiração tem um papel essencial em qualquer experiência de voltar-se para dentro. As pessoas que meditam prestam atenção à respiração para relaxar e aquietar-se. Para os chineses, a respiração equivale à própria mente. Os exercícios de ioga, o parto natural, as artes marciais, a corrida ou qualquer outro esporte que exija uma concentração, todos focalizam a respiração.

A maioria de nós não se apercebe da respiração nem está acostumada a dirigir a atenção para a vida interior. Somos pessoas ativas e ávidas de conquistar o mundo externo e dominar a natureza. Mas é na vida interior que se encontram a cura para os desequilíbrios físicos e emocionais e a possibilidade de harmonizar o corpo, a mente e o espírito. A respiração é o que permite esse

Curar para a imortalidade

voltar-se para dentro; é o elo que nos possibilita descobrir nossas imagens pessoais.

Para acentuar sua imaginação, afirme para si mesmo a intenção de aquietar-se e relaxar. Respire de maneira ritmada, inspirando pelo nariz e expirando pela boca. As expirações devem ser mais longas e mais lentas que as inspirações, que se mantêm naturais e fáceis — sem esforço nem exagero. Esse tempo maior ao expirar que ao inspirar estimula o principal nervo envolvido na tranquilização do corpo, o vago. Originando-se na base do cérebro, na medula, ele desce pelo pescoço e se ramifica para os pulmões, o coração e o trato intestinal. Influenciado pela expiração prolongada, o vago atua na diminuição da pressão sanguínea, desacelerando o pulso, a frequência cardíaca e as contrações musculares do trato intestinal e reduzindo o ritmo respiratório. Quando essas funções se acalmam, sua atenção se volta toda para o trabalho com imagens.

Enfatizo a expiração porque a respiração que acalma o corpo começa com ela, não com a inspiração. A respiração habitual, em que o ar primeiro entra e depois sai, é estimulante porque excita o sistema nervoso simpático e a medula suprarrenal, que secreta adrenalina. A respiração que inicia com a expiração, por outro lado, estimula o sistema nervoso parassimpático e o nervo vago, que ajudam o corpo a se acalmar.

Quando estiver à vontade com a respiração e sentir-se pronto para começar o trabalho de imaginação, *expire três vezes*. Pode parecer estranho, mas é muito simples: expire e inspire, expire e inspire, expire, totalizando três expirações e duas inspirações. Em seguida, comece o exercício, respirando normalmente.

Durante o trabalho de imaginação, a atenção fica centrada nas imagens e a respiração segue seu próprio ritmo. Terminada a visualização, você pode expirar e inspirar mais uma vez antes de abrir os olhos.

Você levará apenas alguns segundos para fixar essa inversão no jeito de respirar. Expirar primeiro e inspirar depois será uma prática natural quando você tiver aprendido a imaginar.

Dr. Gerald Epstein

Duração do exercício

Faça cada exercício rapidamente! O valor das imagens está no choque de luz que elas dão no sistema; é isso que promove a cura. Você só precisa de uma centelha, nada mais que a chama de um pequeno fósforo para disparar todos os fogos de artifício. A cura é acionada por esse golpe súbito. A cura pela imaginação assemelha-se ao processo homeopático, no qual uma quantidade mínima de substância estimula a reação de cura do corpo. *Menos é mais* — essa é a regra básica do trabalho com imagens. Quanto mais rápida, mais poderosa é a imagem.

A imaginação incita o movimento interior. Experimentamos esse movimento interior vital como sensação ou emoção. Enquanto as sensações são físicas, as emoções são movimentos mentais análogos aos movimentos físicos, que consistem, essencialmente, em atos de vontade. Quando os movimentos ocorrem internamente, são vida. A imaginação é a forma tomada por esses movimentos. Ao experimentar um estímulo ou choque, seja de uma fonte externa ou interna, você reage. Portanto, se sua imaginação tocá-lo interiormente, isso significa que ela é potente.

Não é preciso muito tempo para experimentar uma sensação. As sensações variam conforme a pessoa e o problema, mas geralmente incluem tremor, pulsação, calor, coceira, dor, formigamento, zumbido e outras semelhantes. Se experimentar a sensação, é sinal de que a imaginação fez o seu trabalho. Caso não experimente sensação alguma após um período de tempo relativamente curto, não tente provocá-la usando aquela mesma imagem. Procure outra.

Muitas pessoas pensam que com mais esforço produzirão mais resultados, mas com a imaginação se dá o contrário. A maior parte dos exercícios deste livro dura no máximo um minuto. Muitos acham que esse é o tempo mínimo que poderiam ou deveriam levar, principalmente quando se trata de uma enfermidade grave. Sua ansiedade cria a ideia de que não devem "poupar esforços". Mas o esforço árduo é simplesmente desnecessário no trabalho

Curar para a imortalidade

com a imaginação. Depois de uma primeira experiência com imagens mentais, você só precisa de pequenos lembretes para estimular o corpo a se recordar da atividade de cura. É necessário exercitar a imaginação, mas essa prática não deve se tornar uma obsessão. Um único estímulo é suficiente para acionar os mecanismos fisiológicos de reparação. O psicólogo russo Ivan Pavlov condicionou cães a salivar quando ouviam soar um sino. No trabalho de imaginação, nós nos condicionamos a estimular a cura com uma imagem mental. Assim como o sino de Pavlov, a imagem é o estímulo, e a reação, tal como a salivação dos cachorros, é o processo de cura.

Os exercícios com imagens mentais são desenvolvidos para estimular o sistema nervoso simpático e provocar a reação "Lute ou fuja", induzindo a glândula suprarrenal a secretar adrenalina. Quando o corpo reage, usamos outra imagem para produzir uma resposta tranquilizadora que o ajuste ao mundo desperto depois que você abrir os olhos. Vejamos um exemplo.

Nome: **A espada de dois gumes**

Feche os olhos e expire três vezes. Imagine-se segurando uma espada de dois gumes. Mova a espada a partir do peito até um obstáculo à frente. Então afaste-a novamente e desfira um golpe definitivo no obstáculo, sabendo que, se não o fizer, a espada baterá no obstáculo e ricocheteará em você, partindo-o ao meio com sua lâmina afiada (choque). Saiba que, ao golpear o obstáculo, você está se tornando decisivo (tranquilização). Ao terminar, expire e abra os olhos. (Esse é um exercício excelente para superar a indecisão.)

Em resumo, a imagem verdadeira é curta e não requer um longo período preliminar de relaxamento. Ela não determina de antemão o que será descoberto; tampouco se trata de um resultado predefinido. Os melhores exercícios começam com o choque; depois vêm a correção e, em seguida, o senso de triunfo. Choque,

Dr. Gerald Epstein

correção e triunfo — em torno desses três elementos você pode construir seus exercícios.

Hora do dia

Em geral, recomendo os exercícios logo no início do dia, antes do café da manhã, ao entardecer e no fim do dia, antes de dormir. Cada um desses momentos é um ponto de transição poderoso: entre o sono e a vigília, o dia e a noite, a vigília e o sono, respectivamente. Em alguns casos, a hora de praticar o exercício é determinada pelo tipo de mal-estar — por exemplo, para dores, você talvez precise praticar a cada cinco minutos; para inchaços, a cada meia hora; para tosse, a cada duas ou três horas.

Um momento especialmente propício para fazer exercícios com imagens mentais é o começo do dia, como preparação para as atividades que virão. Incorpore-o ao seu ritual matinal diário, praticando-o antes de iniciar qualquer atividade, exceto urinar. Isso o prepara para enfrentar o dia com uma atitude positiva.

O modo como iniciamos o dia tem profunda influência sobre nossa maneira de agir e de nos relacionar com os outros. Muitas pessoas notaram que despertar de manhã de um sonho perturbador pode afetar negativamente seu humor e seu comportamento. Às vezes, simplesmente "acordamos com o pé esquerdo" e passamos o dia irritados, cometendo erros no trabalho ou nos envolvendo em discussões. Ao favorecer um estado de espírito equilibrado, os exercícios com imagens mentais ajudam a definir sua perspectiva e seu humor ao longo do dia.

Aplicando as imagens

No início de cada exercício, informo o nome, a intenção geral, a frequência e duração de cada um. (No que diz respeito ao propósito de um exercício, lembre-se de que a intenção é que conta!)

Geralmente recomendo a prática em ciclos: fazer o exercício por 21 dias e descansar sete. Esse ciclo corresponde ao ritmo biológico presente em todos nós, mais visivelmente nas mulheres,

Curar para a imortalidade

que estão acostumadas a um ciclo de aproximadamente três semanas de regulação hormonal seguidas por mais ou menos uma semana de menstruação.

Se você conseguir realizar sua intenção antes de completar o ciclo prescrito, pode interromper a prática se quiser. Mas é possível que algumas doenças ou indisposições crônicas ainda não tenham desaparecido depois dos 21 dias; nesse caso, ciclos adicionais são recomendados.

Mantenha os olhos fechados durante todos os exercícios, salvo indicação contrária. Se ficar com os olhos fechados for incômodo para você no começo, deixe-os abertos e só feche-os quando se sentir confortável para fazê-lo. (Crianças e adolescentes geralmente ficam mais à vontade com os olhos abertos.)

Às vezes, não faço referência à expiração. Não se trata de um descuido; é só que, nesses casos, fechar os olhos é suficiente. Depois de pouco tempo você instintivamente saberá que alguns exercícios, em certas situações, não requerem uma respiração especial.

Quando estiver imaginando, talvez você se observe fazendo alguma coisa e se dê conta de que há dois de você. Com a prática, isso deve mudar; você deixará de se observar e simplesmente relaxará. Então passará a se imaginar na primeira pessoa, e não mais na terceira.

Criando seus exercícios

Você pode de repente se ver modificando o exercício ao praticá-lo. Vá em frente. Deixe que se manifeste seja lá o que for que lhe ocorra. Se encontrar seu próprio repertório de imagens, use-o. Participe de sua cura.

Purificação

Procure criar imagens purificantes. A purificação é um ingrediente essencial na cura. Você pode fazê-la por meio de imagens de escovas douradas, água, espanadores, penas, jatos de ar etc. Um fluxo

Dr. Gerald Epstein

espiralado de água azul também pode ser muito eficaz. Encontre o meio de purificação que combina com você.

Onde encontrar imagens

Existe um número considerável de fontes das quais você pode derivar os exercícios imaginais, entre elas conversas, dicionários e livros de sabedoria que você aprecie.

O dicionário é um estímulo tremendo para a criação de imagens. Ali você encontra a definição das palavras e sua decomposição em sílabas. Primeiro, leia a definição para encontrar uma imagem. Se não surgir nenhuma, procure a origem etimológica da palavra — esta geralmente desperta imagens. Na verdade, foi exatamente isso que fiz ao conceber os exercícios para a cura da *tireoide*. Se as sílabas não produzirem um estímulo imagético, então você pode encontrá-lo na definição ou na raiz etimológica da palavra. Pesquise o vocábulo que deu origem a ela. A partir dele, é possível derivar muitas palavras de qualidade pictórica que apresentam entre si uma relação orgânica. Por exemplo, o vocábulo que originou a palavra "tireoide" tem relação com "floresta" e/ ou com "porta". Uma imagem relacionada com porta ou floresta pode imediatamente sugerir-se para um exercício para a cura da tireoide.

O *American Heritage Dictionary* é excelente para essa finalidade, pois traz no final um dicionário dos radicais de origem indo-europeia. É uma ferramenta indispensável para a criação de exercícios imaginais. Sob a palavra "próstata", por exemplo, há vários radicais repletos de imagens que, reunidas de maneira lírica, produzirão um exercício imaginal.

De repente você se descobre um poeta, criando imagens autorais que servirão de instrumento para sua cura. Depois de praticar certo exercício algumas vezes, você pode dispensar as palavras, pois a única instrução de que vai precisar é simplesmente fazer o exercício.

· 192 ·

Curar para a imortalidade

As conversas são outra fonte de exercícios com imagens mentais, especialmente aquelas em que descrevemos nossa situação por meio de uma imagem. Se você se ouvir dizendo "Eu me sinto no fundo do poço", crie um exercício no qual sai do poço escalando suas paredes. Leve as ferramentas necessárias para fazer essa escalada. Na imaginação não existem regras.

Um homem chamado Jimmy me disse certa vez: "Quero acabar com essa intrepidez, digo, timidez". Ao falar de sua timidez, ele revelou o impulso que estava bloqueando — e que lhe disse que ele poderia construir um exercício para "ir da timidez para a intrepidez". Jimmy poderia visualizar uma imagem que *para ele* estivesse associada com a timidez, reconhecê-la por alguns segundos e então visualizar a imagem da intrepidez. Assim ele abriria uma nova possibilidade, pois enxergaria outro caminho. A imaginação abre portas para novas possibilidades.

Assim como o acrobata que anda na corda bamba não pode chegar ao outro lado se não se enxergar lá primeiro, Jimmy foi da timidez para a intrepidez sabendo que estava se tornando corajoso e arrojado.

Ler é outra maneira muito útil de encontrar imagens. Por exemplo, na *Encyclopedia of things that never were* [Enciclopédia das coisas que nunca aconteceram], encontrei recentemente um verbete para "espartos". Descobri que, na mitologia grega, os espartos eram os mais cruéis guerreiros, tão cruéis que, quando já não tinham inimigos para destruir, eles se voltaram uns contra os outros e se dizimaram até o último homem. Estavam a serviço do rei Cadmo de Tebas. Usando essa imagem, criei um exercício de cura para o câncer que é excelente para pessoas que gostam de imagens agressivas. (Para quem não gosta, essas imagens são contraproducentes.) O exercício é o seguinte:

Feche os olhos e expire três vezes. Veja-se como um lavrador preparando o terreno para receber a semente no lugar onde se localiza a doença. Expire uma vez. Veja-se agora como um guerreiro. Pegue e domine o dragão. Retire dele todos os dentes e plante-os nos sulcos que você abriu ao redor da doença. Cubra-os com um pouco de terra. Mova-se para um dos lados e veja pontas de lanças brotarem da terra, depois as hastes das lanças e o topo emplumado dos elmos de bronze. Aparece o restante das cabeças e, quando seus lábios ultrapassam a linha do chão, elas emitem um grito aterrorizante que enfraquece todas as células cancerígenas. Então surgem os corpos. Esses espartos vestem armadura de bronze e carregam escudo, lança e uma espada dourada no cinto. Eles se alinham em fileiras, exibindo rostos cruéis e empedernidos.

Eles agora caçam o inimigo câncer, destruindo-o por completo e extirpando-o de todos os lugares do seu corpo. Quando terminam, eles se voltam uns contra os outros. Depois que eles se destruírem, veja e perceba como o seu corpo se sente. Expire e abra os olhos.

Esse exercício pode ser feito por um a dois minutos, três vezes ao dia: de manhãzinha, ao acordar, às 5 ou 6 da tarde e antes de dormir. O câncer de pulmão de uma senhora de 72 anos desapareceu depois que ela praticou esse exercício três vezes ao dia, por 21 dias.

Primeiros exercícios com imagens

Os sete exercícios a seguir foram criados a partir do *Livro dos Mortos* egípcio, um dos mais importantes textos de cura já escritos. Suas origens remontam a 4.000-5.000 a.e.c. (antes da era comum). Os quatro primeiros devem ser usados para a cura geral. Pratique qualquer um deles uma vez por dia, durante 21 dias, por um a dois minutos. Use apenas um exercício a cada período de 21 dias e espere sete dias antes de iniciar outro exercício. Os três últimos destinam-se a propósitos específicos e claramente expressos.

Nome: **Serpente no sol**

Feche os olhos e expire duas vezes. Veja a serpente da doença entrar no sol e ser queimada. Veja-a vomitar o mal que causou. Veja o deus-sol egípcio, Ra, beijar o veneno e torná-lo mágico.

Curar para a imortalidade

O vômito da serpente se converte em ouro. (Não é preciso conhecer a aparência de Ra; imagine apenas que ele é belo.)

Expire uma vez e deixe que essa luz dourada impregne você por dentro e por fora, por cima e por baixo, sabendo que sua doença está desaparecendo. Expire de novo e abra os olhos.

Nome: **Ra**

Feche os olhos e expire três vezes. Veja-se, sinta-se e perceba-se como uma andorinha voando rumo ao céu. Pouse nas mãos do deus-sol egípcio, Ra. Ele enterra você no ovo azul do mundo. Expire uma vez. Sinta-se e perceba-se no chão. Agora, comece a erguer-se, tornando-se uma nova pessoa e crescendo em direção ao sol. Então expire e abra os olhos.

Se você for uma pessoa religiosa, pouse nas mãos de Deus em vez de nas de Ra.

Nome: **Graça de Deus**

Feche os olhos e expire três vezes. Veja, perceba, viva e sinta a graça de Deus como três liras tocando. Expire uma vez. Veja, perceba, viva e sinta a graça de Deus como um único fio que envolve o seu corpo, tornando-se o tecido que cobre todo o seu ser. Expire e abra os olhos.

Nome: **Bastões de luz**

Expire lentamente uma vez enquanto fecha os olhos. Veja e perceba 10 mil bastões de luz erguendo-se contra a escuridão. Saiba que os demônios fugiram. Expire e abra os olhos.

Nome: **O falcão de ouro**
Intenção: autotransformação

Dr. Gerald Epstein

Frequência: no início da manhã e ao entardecer, por um minuto, durante 21 dias

Feche os olhos e expire três vezes. Veja-se, perceba-se e sinta-se como um falcão de ouro que está se libertando de um ovo azul e elevando-se acima do mundo. Expire uma vez. Veja-se pairando com suas asas douradas. Saiba o que é viver, amar, conhecer, mudar, abraçar o infinito. Não se esqueça dessa transformação.
Expire e abra os olhos.

Nome: **Tornando-se a andorinha**
Intenção: trazer fé para si mesmo
Frequência: de manhã cedo e ao entardecer, por um minuto, durante 21 dias

Feche os olhos e expire três vezes. Veja a medula escura de seus ossos tornar-se clara.
Expire três vezes. Veja-se transformar na andorinha que voa acima do mundo das formas. Expire uma vez. Agora, tornando-se informe, assuma a forma que primeiro vier à sua imaginação.
Expire mais uma vez. Seja a andorinha que passa entre os dois mundos: o céu e a terra. Saiba no que acreditar.
Expire três vezes. Suba a escada do céu. Roce as estrelas com suas asas e voe direto para o coração do universo. Retorne lenta e tranquilamente, pousando suavemente na terra. Volte à sua forma humana. Expire e abra os olhos.

Nome: **A chama dourada**
Intenção: saúde geral e bem-estar
Frequência: de manhã cedo e na hora de dormir, por um minuto, durante 21 dias

Feche os olhos e expire três vezes. Veja e saiba que você pertence exclusivamente à chama dourada de uma lamparina. Expire uma vez. Saiba que essa lamparina, inacessível a nós, mantém acesa a nossa coragem e o nosso silêncio.

Expire e abra os olhos.

Mais exercícios de Colette Aboulker-Muscat para a cura geral

Nome: **Rochas marítimas**
Intenção: para ver com clareza; para gnose, prognóstico e cura
Frequência: de manhã cedo e ao entardecer, por até três minutos, durante 21 dias

Feche os olhos e expire três vezes. Veja-se como o mar na maré alta, totalmente quieto, sem ondulações, brilhante e cheio. Saiba que, com a maré alta, nada pode perturbar o mar nem você. Expire uma vez. Olhe sob a superfície calma e clara e observe as rochas escarpadas e fortes que representam o "mal-estar" potencial ou real, doenças ou dificuldades emocionais, cicatrizes ou incômodos. Expire. Perceba e sinta como é que você, quando em plena forma e elevado como a maré, resiste a elas e controla as consequências de sua presença. Expire uma vez. Reconheça a origem das rochas pelo que elas são. Mas, para ter certeza do que são, espere que o nível da maré baixe. Olhe para aquelas das quais quer se livrar. *Respire* e *concentre* suas energias com segurança. Assegure-se e faça-o! Tenha certeza do sucesso. Veja a principal rocha que o perturba desaparecer, desintegrando-se na maré que sobe e depois recua. Expire e abra os olhos. Leve os 21 dias para livrar-se da rocha principal, reconhecendo-a, observando-a e percebendo-a.

Nome: **Tirando a armadura**
Intenção: relaxamento e autotransformação

Dr. Gerald Epstein

Frequência: de manhã, durante 21 dias; de um a dois minutos na primeira semana, de 30 a 60 segundos na semana seguinte e de 15 a 30 segundos na terceira

Feche os olhos e expire três vezes. Imagine-se em pé diante de um portão, vestindo sua armadura — a que você usa para se proteger do mundo. Expire uma vez e comece a tirar a armadura peça por peça, o elmo primeiro, deixando todas as peças para trás e vendo-se nu. Expire uma vez. Abra o portão e entre no jardim, fechando o portão atrás de você. Veja-se em um exuberante jardim, repleto de pássaros, flores e árvores. Ouça os pássaros cantarem e sinta a fragrância das flores. Veja uma piscina límpida no centro do jardim; entre na água fresca e cristalina da piscina e lave-se por inteiro. Saia da piscina e então mergulhe novamente, até o fundo, onde se encontra algo importante para você. Traga isso para a superfície e saia da piscina; encontre então roupas novas para vestir. Saia do jardim pelo portão e, quando estiver fora, expire e abra os olhos.

Nome: **Agonia e êxtase**
Intenção: cura geral
Frequência: uma vez por dia, durante 21 dias, por um a dois minutos

Feche os olhos e expire três vezes. Vivencie e saiba o que é a vida e a morte. Depois de vivenciá-las, tente saber o que realmente são. Tendo conhecido e vivenciado a vida e a morte, livre-se da raiva, da culpa, da ansiedade, da doença e da velhice. Agora queime-as. Depois, queime as cinzas. Observe o que sente e saiba que as cinzas se queimaram. Em seguida, perceba que você pode fazer qualquer coisa. Saiba então que suas mãos são o céu e a terra. Com elas, você é capaz de tecer sua vida. Saiba que é capaz de tecê-la com os fios e as cores que escolher. Veja e reconheça como se desenvolve o padrão que você começou a tecer. Expire e abra os olhos.

Curar para a imortalidade

Nome: **A jornada de cura**

Intenção: cura geral e purificação

Frequência: uma vez ao dia, durante uma semana, por três minutos. Esse exercício pode ser repetido no mesmo horário, todo ano, por um período de sete dias.

Feche os olhos e expire três vezes. Veja-se numa praia, aos pés de um penhasco. Saiba como chegou até lá. Olhe para o penhasco branco e, com uma pedra pontiaguda, grave todos os sentimentos aflitivos que vêm incomodando e assediando você. Grave esses traços profundamente no penhasco. Estenda então uma vela de barco na praia, na base do penhasco. Pegue uma marreta e um cinzel e quebre os traços. Veja as pedras se desfazendo e caindo do penhasco na vela branca. Embrulhe-as na vela branca e amarre os quatro cantos, de modo a fazer um saco. Depois, junte a madeira retirada de um naufrágio no fundo do mar e construa um barco. Entre nele e comece a velejar, partindo da praia onde está. Atravesse os canais e encontre pessoas de vários países. Relacione-se com elas adotando uma resposta diferente dos traços habituais contidos no saco. Por fim, dirija-se à parte mais profunda do oceano Pacífico e jogue o saco ali, vendo-o sumir de vista. Volte, sentindo-se mais leve. Leve o barco na direção oposta, voltando pelo Pacífico, pelos canais, e parando ao longo do caminho para conhecer as pessoas e entendê-las. Então regresse à praia de onde partiu. Olhe agora para o penhasco limpo e use uma peça de metal pontuda, se precisar, para lembrar-se de *não* tocar nessa limpeza. Suba agora para o topo do penhasco com sua recente leveza e, numa campina ali em cima, deixe-se acalmar e relaxar. Então expire e abra os olhos.

Exercícios de cura específicos

Os quatro exercícios a seguir referem-se a condições específicas que afetam a grande maioria das pessoas. Se você conhece alguém nessa situação, mostre-lhe o exercício ou, com a permissão da

Dr. Gerald Epstein

pessoa, faça o exercício para ela como um processo de cura a distância. Madame Muscat criou os três primeiros e eu, o quarto.

Nome: **Saudação à areia**
Intenção: relaxar
Frequência: de manhã cedo e na hora de dormir, por até três minutos, em ciclos de 21 dias, descansando uma semana entre um ciclo e outro

Feche os olhos. Expire lentamente três vezes e imagine-se deitado numa praia. Veja o sol acima de você, à direita. Sinta o calor salutar e a luz radiante que envolve, cobre, incuba e penetra você. Veja-se esticar os braços na direção do sol e apanhar os raios, trazendo-os de volta para o centro nervoso do seu plexo solar (localizado cerca de 5 cm abaixo da extremidade inferior do osso esterno). Expire uma vez. Sinta e veja os raios se espalharem do seu plexo solar, que se torna o centro radiante do seu organismo. Veja e sinta os raios se tornarem cada vez mais azuis, como a luz azul que circunda o sol e ilumina o céu, e agora flui por dentro de você, como um longo e calmo rio, irradiando sua luz vivificante. Sinta todo o seu organismo estimulado pela corrente da vida, que emana uma força cheia de tranquilidade e alegria.

Nome: **Vendo o amanhã**
Intenção: livrar-se de um sentimento ou uma situação dolorosa
Frequência: de manhã, por até um minuto, durante 21 dias ou menos, se o problema se resolver antes disso

Feche os olhos e expire três vezes. Imagine-se *agora* na situação que lhe causa dor. Veja então qual é o seu aspecto daqui a uma semana, daqui a um mês e daqui a um ano, sabendo, em cada caso, que a situação atual está no passado. Observe o que você percebe e sente. Agora expire e abra os olhos.

Curar para a imortalidade

Nome: **Seja uma árvore**
Intenção: curar o câncer
Frequência: de manhã cedo e na hora de dormir, por 20 a 30
    segundos, durante 21 dias; se fizer mais ciclos de 21 dias,
    descanse uma semana entre um ciclo e outro

Para pessoas religiosas: feche os olhos. Expire lentamente e visualize seu corpo como uma árvore sacudida pela mão de Deus. Veja e perceba a casca morta desprender-se do tronco e todos os insetos caírem no chão, longe de você. Expire e abra os olhos.

Para pessoas não religiosas: feche os olhos. Expire lentamente e visualize seu corpo como uma árvore sacudida por uma enorme tempestade. Veja e perceba a casca morta desprender-se do tronco e todos os insetos caírem no chão, longe de você. Expire e abra os olhos.

Nome: **De servo a soberano**
Intenção: mudar a atitude de vítima
Frequência: uma vez ao dia, de manhã cedo, por até três minu-
    tos, durante 21 dias

Feche os olhos. Expire duas vezes. Veja e saiba o que significa ser "vítima das circunstâncias".

Expire uma vez. Perceba e saiba que a vítima é você quando está privado da vontade. Veja, perceba e saiba que sem vontade não podemos criar nada. Expire uma vez. Perceba e saiba que, sem criar, somos sempre "filhos do acaso" e tudo nos parece acontecer de maneira acidental. Expire uma vez. Saiba que, com vontade, podemos transformar o acaso em escolha. Expire três vezes. Veja, perceba, sinta e saiba que a escolha é filha da vontade e mãe da liberdade.

Expire uma vez. Perceba e sinta que estar sem vontade é estar enfeitiçado. Expire de novo. Conheça esse feitiço.

Dr. Gerald Epstein

Expire duas vezes. Como a vítima sem vontade, você agora está sob o encantamento do mago que o está preparando para o sacrifício.

Expire uma vez. Agora expulse os seres encantados que estão esgotando sua criatividade. Não hesite em vencê-los. Expire uma vez. Veja e perceba o que é triunfar. Convença-se da vitória.

Expire uma vez. Veja-se tornando-se famoso, seu nome sendo dito em voz alta. Expire e abra os olhos.

Criei os exercícios a seguir para diferentes sistemas anatômicos e fisiológicos: nervoso, digestório, ósseo, urinário, respiratório e circulatório. Os exercícios promovem a cura do sistema como um todo, e não de partes específicas.

Nome: **A galáxia**

Intenção: limpar e curar o sistema nervoso

Frequência: uma vez ao dia, de manhã, ao despertar, por três ciclos de 21 dias. Na primeira semana de cada ciclo, pratique por um a dois minutos; na segunda semana, por 30 a 60 segundos; na terceira, por 15 a 30 segundos.

Feche os olhos e expire três vezes, lentamente. Veja-se, perceba-se e sinta-se alcançando uma estrela nova na galáxia. Traga para baixo a energia dessa estrela em um jorro de luz branca, para ativar os astrócitos do seu cérebro. (Essas células em forma de estrela contêm a enzima que estimula os neurônios a acionar sua substância eletroquímica.) Perceba-os liberando suas enzimas, que você vê como raios de luz amarela encobrindo e vivificando todos os neurônios. Veja e perceba os neurônios emitindo seus impulsos elétricos azuis, que se movem rapidamente pelas fibras nervosas, como as luzes de pouso em um aeroporto. Veja e sinta o movimento desses impulsos, que fluem para o corno anterior da coluna espinhal e, dali, atravessam as fibras nervosas, seguindo diretamente para os músculos.

Curar para a imortalidade

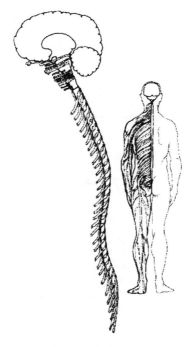

SISTEMA NERVOSO

Veja e sinta seus músculos contrair e relaxar, enviando um facho de luz vermelha de volta para as fibras nervosas, num fluxo contrário ao da luz azul, que atinge todos os neurônios do cérebro. Observe o que acontece. Expire devagar e abra os olhos.

Nome: **Tornando-se a cobra**
Intenção: limpar o sistema digestório
Frequência: uma vez ao dia, ao acordar, por um a dois minutos, durante 21 dias. Esse exercício também pode ser feito por um minuto, meia hora antes de cada refeição.

Feche os olhos e expire três vezes. Veja-se abrindo gentilmente, com um zíper, sua cavidade abdominal. Alcance o tubo digestivo e retire-o. Vire-o do avesso e lave-o nas águas frescas e límpi-

Dr. Gerald Epstein

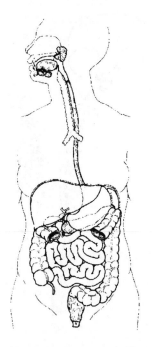

SISTEMA DIGESTÓRIO

das do riacho que corre da montanha, usando uma delicada escova dourada. Veja, perceba e sinta a água correndo pelo tubo, eliminando todos os detritos removidos pela escova dourada. Veja os detritos como filamentos pretos ou cinza que desaparecem rio abaixo. Quando terminar, tire o tubo da água e deixe que o sol o seque e preencha toda a cavidade. Vire o tubo do lado direito e coloque-o de volta na cavidade abdominal, fechando o zíper no seu abdome.

Expire lentamente uma vez. Veja e sinta-se agora como uma cobra. Pegue um pouco de comida e coma. À medida que a comida passa pelo sistema digestório, perceba e sinta as ondas peristálticas empurrando-a ritmadamente pelos diferentes níveis. Perceba-a descendo da boca para a faringe, o esôfago, o estômago, o duodeno, o jejuno, o íleo, o ceco, o cólon ascendente, o cólon transverso, o cólon descendente, o reto e o ânus. Veja o bolo fecal sair, perfeitamente formado, como um charuto compacto e dourado, e enterrar-se bem fundo no solo. Saiba que a cobra tem a função digestiva perfeita e que sua digestão é tão natural quanto a dela.

Quando terminar, expire e abra os olhos.

CADUCEU

Nome: **O caduceu**
Intenção: fortalecer ou alongar o sistema ósseo
Frequência: toda manhã, ao acordar, por um a dois minutos

Feche os olhos e expire três vezes. Veja as duas cobras do caduceu enrolando-se em torno de sua coluna espinhal, subindo de baixo para cima até o alto da coluna. Enquanto elas fazem isso, veja, perceba e sinta sua coluna alongar-se, endireitar-se e tomar a forma da cobra.

Expire três vezes, lentamente. Veja-se atando os ossos das costas e do pescoço com um lençol. Enrole o lençol bem apertado ao redor do seu corpo. Observe agora o sol erguer-se acima de você enquanto se levanta para vê-lo. Saiba que essa atadura é tão apertada

Dr. Gerald Epstein

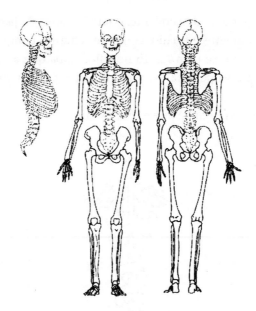

SISTEMA ESQUELÉTICO

que você pode andar firmemente, com os pés fincados na terra e a cabeça projetada para o céu.

Expire uma vez. Veja seus ossos como se fosse a primeira vez, sabendo como eles se encaixam. Ame os seus ossos. Ouça seus braços chamando seus pulsos e cotovelos, suas pernas chamando seus tornozelos e joelhos. Ouça seus pés conversando com sua cabeça e seu crânio.

Expire três vezes. Veja, sinta e conheça seu corpo como o livro de todas as suas lembranças, como os ossos do Deus vivo. Quando terminar, abra os olhos, expirando lentamente.

Nome: **O reservatório da saúde (1)**
Intenção: limpar e fortalecer o sistema urinário
Frequência: de manhã cedo, ao entardecer e na hora de dormir, por um a dois minutos, em ciclos de 21 dias, descansando uma semana entre um ciclo e outro

Curar para a imortalidade

Feche os olhos e expire três vezes. Veja seus rins como um grande reservatório, cercado por uma linda paisagem que filtra todas as impurezas do corpo. Observe-as fluindo das camadas do reservatório pelos muitos canais que se encontram no fundo até chegarem e se despejarem nos ureteres, que as transportam para a bexiga. Ali, elas se misturam num só fluxo, que atravessa a uretra e sua extremidade, indo depositar-se no fundo da terra. Expire uma vez e veja que da terra onde o fluxo penetrou está nascendo uma fruta, um vegetal ou uma flor. Saiba que, durante essa fertilização, o trato urinário se curou. Expire e abra os olhos.

Nome: **O reservatório da saúde (2)**
Intenção: limpar e fortalecer o sistema urinário
Frequência: de manhã cedo, ao entardecer e na hora de dormir, por um a dois minutos, em ciclos de 21 dias, descansando uma semana entre um ciclo e outro

Veja, perceba e sinta que seus rins são um grande reservatório que filtra um vasto volume de sangue. Observe esse sistema de filtragem em camadas, cada uma delas disposta como grãos de milho numa espiga. Perceba o sangue fluir por essas camadas e

SISTEMA URINÁRIO

os resíduos dissolvidos se separarem do sangue. O novo sangue purificado retorna para cima através da grande veia renal até o coração. Expire uma vez. Veja e perceba os resíduos fluindo em duas correntes espiraladas. Essas correntes amarelas, com filamentos pretos ou cinza, passam pelos ureteres e entram na bexiga, onde se encontram para formar uma forte corrente espiralada que redemoinha e se despeja na uretra, fluindo através dela e de sua extremidade em um longo arco e desaparecendo na terra. Sinta, ao mesmo tempo, o movimento ascendente e ritmado do sangue rumo ao coração, onde recebe oxigênio puro.

Expire e abra os olhos.

Nome: **A luz branca**
Intenção: limpar e curar o sistema respiratório
Frequência: se está sentindo dificuldade para respirar, uma vez a cada uma ou duas horas, por até três minutos. Se não tem problemas respiratórios, uma vez ao dia, de manhã cedo, por um a dois minutos, durante 21 dias.

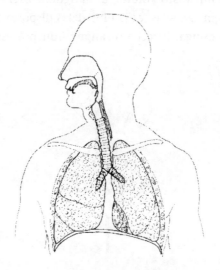

SISTEMA RESPIRATÓRIO

Curar para a imortalidade

Feche os olhos e expire três vezes. Agora inspire. Veja, perceba e sinta a luz branca entrar pelo nariz e fluir pela árvore brônquica. Observe a luz passar pela laringe até os brônquios e dali para os pulmões. Veja os pulmões se expandirem como um fole, deixando a luz entrar. Observe e sinta o peito se expandir ao mesmo tempo. Enquanto expira, veja o fole se contrair com força para expulsar o ar impuro — agora misturado com gás carbônico — pela boca e lançá-lo na atmosfera como fumaça cinzenta, semelhante à do cigarro. Ao mesmo tempo, observe e perceba seu peito se contrair. Repita o exercício mais duas vezes, sabendo que sua árvore respiratória está funcionando ritmadamente. Abra os olhos.

Nome: **O coração infinito**
Intenção: regular e limpar o sistema circulatório
Frequência: se você tem algum problema circulatório, a cada hora, por um minuto, durante 21 dias; para limpar a circulação, de manhã cedo e na hora de dormir, por um minuto, durante 21 dias

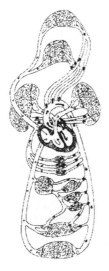

SISTEMA CIRCULATÓRIO

Dr. Gerald Epstein

Feche os olhos e expire três vezes. Veja, perceba e sinta a árvore vascular assumir a forma do símbolo do infinito (∞), com o coração no centro. Saiba que sua circulação está se movendo infinitamente como esse infinito, sem jamais parar. Veja a circulação mudar de vermelha para azul, depois de azul para vermelha, e perceba-se entrando no ritmo dessa ondulação eterna. Saiba que esse fluxo leva vida para todo o seu corpo. Expire e abra os olhos.

Voltando para Deus

Os próximos exercícios têm a finalidade de ajudar você a voltar para a realidade invisível. Eles giram em torno do arrependimento, que significa "voltar novamente". O arrependimento implica, portanto, o retorno a Deus.

Madame Muscat forneceu o primeiro exercício; assumo inteira responsabilidade pelo segundo, sobre os dez mandamentos.

Nome: **Voltando para você ou Lembrando-se de você**

Intenção: cessar o comportamento destrutivo habitual; conectar-se com a realidade invisível

Frequência: uma vez ao dia, de manhã cedo, por até três minutos, durante 21 dias

Feche os olhos. Expire lentamente uma vez. Saiba, vivencie e sinta o arrependimento como um fenômeno universal.

Expire de novo. Saiba que o arrependimento é a mais alta expressão da capacidade humana de escolher livremente.

Expire três vezes. Veja, vivencie e sinta o arrependimento como o caminho para se libertar da teia que amarra a sua vida.

Expire duas vezes. Perceba e sinta a relação do arrependimento com o tempo. Expire uma vez. Veja e experimente a importância da mudança do tempo para o presente e o futuro.

Expire de novo. Veja e saiba que, ao voltar novamente, somos capazes do verdadeiro arrependimento. Expire uma vez. Veja,

Curar para a imortalidade

saiba e sinta que o arrependimento só traz respostas quando *realmente* nos afastamos de nossos erros.

Expire lentamente e abra os olhos.

Nome: **Os dez mandamentos**
Intenção: conhecer sua natureza moral
Frequência: uma vez ao dia, de manhã cedo, por até três minutos, durante 21 dias

Feche os olhos e expire três vezes.

1. Saiba e sinta que não há outro deus a não ser Deus. Expire lentamente três vezes.
2. Imagine-se no museu da sua vida pessoal passada. Veja-se quebrando todas as estátuas que colocou ali e rasgando todas as pinturas que fez. Expire três vezes.
3. Torne-se uma semente plantada na terra. Perceba-se e sinta-se crescer como semente, e saiba de onde vêm os nutrientes. Expire três vezes.
4. Veja-se e vivencie-se caminhando para trás durante o dia. Observe o que experimenta. Expire três vezes.
5. Veja, sinta e saiba que seus pais são criação sua. Nasça de novo, de uma maneira diferente. Expire duas vezes.
6. Veja e sinta a raiva. Afaste-se olhe-a de novo e ria. Expire. Escolha a vida. Perceba o que está sentindo. Expire três vezes.
7. Saiba como separar o óleo da água. Não deixe-os se misturar novamente. Expire uma vez. Veja e saiba que, quando deixamos que eles se misturem, adulteramos de novo a nossa força vital. Expire três vezes.
8. Veja e saiba o que significa a afirmação: "Roubar dos outros é furtar-se à vida. Roubar de si mesmo é furtar dos outros a sua presença". Expire três vezes.
9. Veja, sinta e saiba que o silêncio é de ouro. Expire uma vez. Veja o silêncio tornar-se dourado. Expire uma vez. Observe o

silêncio dourado envolver você. Perceba o que experimenta. Expire três vezes.

10. Veja-se sentado à suntuosa mesa de um banquete. Você está na presença de estranhos. Expire uma vez. Coma a refeição, mas comece cada prato cedendo sua porção a um dos estranhos. Observe o que sente. Expire uma vez e abra os olhos.

Despertando para o espírito

A próxima série de exercícios, fornecida por Madame Muscat, abre a possibilidade de começar a despertar-se para o espírito. Pratique um por dia, durante 21 dias, e espere sete dias antes de fazer o exercício seguinte. A sequência é você que escolhe.

Nome: **Luz**
Intenção: despertar para o espírito
Frequência: uma vez ao dia, de manhã cedo, por um a dois minutos

Feche os olhos e expire três vezes. Você está em um antigo barco egípcio, comprido e estreito, passando por um túnel escuro na água. Está tão escuro que você não consegue enxergar coisa alguma. Você ouve a água batendo no casco e o ruído dos remos. Então, na frente do barco, você começa a ver o indistinto contorno de uma vela. É quase impossível distingui-la. Você caminha até a proa do barco e encontra a vela, agora mais nítida, tremulando ao vento. Embaixo da vela, você encontra uma bola, que se torna mais visível à medida que mais luz começa a entrar.

Quando a cena fica mais clara, você vê que a bola é dourada e que sua luz ilumina tudo, e que a vela, presa ao mastro, é radiante e transparente. Seu corpo se torna o mastro, coberto por essa vela, enquanto você assiste ao sol nascer *bem devagar* à sua frente. Enquanto observa o nascer do sol, você se percebe erguendo-se com ele. Então, retira a vela do mastro e a coloca ao redor dos ombros,

Curar para a imortalidade

como um manto branco. Perceba as sensações que ocorrem e continue a observar o nascer do sol.

Saia do barco e volte para a cadeira. Abra os olhos e continue a observar o sol, descrevendo as sensações para si mesmo.

Nome: **O vento vitorioso**
Intenção: entrar na vida do espírito e voltar-se para ele
Frequência: uma vez ao dia, de manhã cedo, por um a dois minutos, durante 21 dias

Feche os olhos e expire três vezes. Imagine-se em uma vasta campina, iluminada, quieta e verdejante. Perceba o vento vitorioso agitando a relva verde. A campina está coberta de flores e o vento sopra. Sinta-o na pele. Olhe para a floresta iridescente na orla da campina. As árvores estão balançando. Olhe para o rio que margeia a campina. Observe-o da campina. Sinta a eletricidade que emana das correntes que serpenteiam pelo rio. Veja-se mergulhar da campina para os redemoinhos da água. Em seguida, entre na vastidão translúcida do rio. Perceba e veja acima de você as ondas esverdeadas e sinuosas do rio. Expire quatro vezes. Fique ali sob a água — e então *salte* para a campina. Escute o mistério sussurrante contido no falar, suspirar e balançar da floresta prateada. Expire uma vez. Olhe para o alto e à direita, *entre* no vácuo celestial das espirais de energia que circulam entre a campina e o céu. Perceba-as devolvendo você ao vazio e então de volta à imensidão relvada da campina. Expire e abra os olhos.

Nome: **O espelho negro**
Intenção: entrar na vida espiritual
Frequência: uma vez ao dia, de manhã cedo, por um a dois minutos, durante 21 dias

Feche os olhos e expire três vezes. Observe atentamente cada uma de suas limitações terrenas. Coloque-as, uma a uma, no grande saco dos segredos. Expire uma vez. Com uma pá, cave uma tri-

Dr. Gerald Epstein

lha profunda enquanto carrega o saco, seguindo a passagem que você está abrindo até as profundezas do mundo subterrâneo. Siga adiante até chegar ao lago negro oculto. Expire uma vez. Abra o saco e jogue cada uma das limitações na água escura. Ao atirá-las, nomeie-as em voz alta, para si mesmo. Veja as limitações desaparecerem, uma a uma, na água escura. Expire uma vez. Agora que se libertou das limitações, faça o caminho de volta para a superfície da terra. Expire a cada novo passo e a cada novo esforço, sentindo que, ao subir, você recupera a liberdade. Perceba como você se torna diferente à medida que vai se reintegrando à natureza humana e à realidade. Expire uma vez. Observe a transcendência acontecer quando você encontra uma brecha na escuridão e um retorno para a claridade. Veja-se clarear. Expire uma vez. Perceba que a clareza resulta do fato de você ter eliminado suas restritivas e frustrantes limitações. Expire e abra os olhos.

EXERCÍCIOS COM ESPELHO

O espelho cumpre uma função especial. Como mencionei no Capítulo 2, olhar no espelho mostra-nos "o quadro todo", por assim dizer. Erga uma das mãos diante do espelho. O reflexo que você vê é a sua outra mão. Sua mão se inverteu. O espelho lhe revelou "o quadro todo".

As mãos invertidas também definem o significado da analogia. Embora as duas mãos apresentem semelhanças evidentes, *não são iguais*. Há diferenças e semelhanças óbvias entre elas. As duas mãos são análogas entre si, reflexos especulares uma da outra. Além disso, o físico e o não físico, o exterior e o interior, se refletem. Espelhar é sinônimo de estabelecer analogias.

O espelho é a linha que separa a realidade concreta dos outros níveis de realidade. A imagem que nele se reflete é forma sem substância; ela *não* tem realidade que se possa localizar no espaço dimensional ou mensurável. Na prática, os espelhos são artefatos que nos mostram, de maneira imparcial e verdadeira, o oposto de

Curar para a imortalidade

nossa visão costumeira, sem se prender a nossas reações habituais à vida cotidiana.

A capacidade do espelho de refletir a vida interior foi mostrada por Oscar Wilde em *O retrato de Dorian Gray*, romance em que a decadência do protagonista se reflete em seu retrato, espelhando suas mudanças interiores. Os espelhos aparecem também em outras formas de expressão literária. No conto de fadas *Branca de Neve e os sete anões*, a rainha-bruxa tem um espelho mágico que o tempo todo lhe oferece respostas — e certezas. O exemplo clássico da experiência especular foi fornecido por Lewis Carroll nas aventuras de *Alice no país dos espelhos*.

O trabalho com imagem utiliza o espelho de duas maneiras. Alguns exercícios são feitos diante dele, com os olhos abertos, por aproximadamente um minuto, a fim de obter algo na situação presente. Outros, usados para propiciar a transformação interior ou o despertar de novas possibilidades, consistem em imaginar várias experiências no espelho com os olhos fechados. Vejamos alguns exercícios.

Exercícios com espelho de olhos abertos

Mirar-se no espelho pode ajudar você a alcançar alguns objetivos imediatos, como sair-se bem em uma entrevista de emprego, um primeiro encontro, uma apresentação em público, um torneio de xadrez, entre centenas de outras possibilidades. Para os exercícios a seguir, use o espelho do banheiro, ao se lavar de manhã.

Nome: **Exercício com espelho de olhos abertos**
Intenção: obter algo
Frequência: uma vez ao dia, de manhã

Primeiro, imagine um círculo branco ao redor do espelho. Saiba que ele está ali, para que você não tenha de manter essa imagem. Olhe-se então no espelho e diga a primeira frase relevante associada à situação que você vai enfrentar. Por exemplo, se for

Dr. Gerald Epstein

uma entrevista de emprego, você pode dizer: "Olá, muito prazer; meu nome é Bill Smith". As palavras devem ser articuladas de maneira *lenta, enfática* e *muito clara*. Preste bastante atenção aos seus lábios enquanto pronuncia as palavras. Ao mesmo tempo, visualize ao lado do seu rosto a imagem daquilo que deseja — por exemplo, Bill Smith conseguindo o emprego. Assim que completar a frase, veja o círculo branco se abrir. O exercício não deve durar mais que o tempo necessário para a articulação da frase. Lembre--se: não se preocupe com o resultado.

Exercícios com espelho de olhos fechados

Há inúmeras aplicações terapêuticas para os exercícios desse tipo, realizados com espelhos de uma ou duas faces e de três faces.

Exercícios com espelho de uma face

O espelho de uma face mostra o seu rosto agora, sua verdade presente. Nesse espelho, encontram-se imagens construtivas ou destrutivas. Você pode perpetuar o significado interno das imagens construtivas imaginando que está diante do espelho, limpando com a *mão direita* a imagem nele refletida, da *esquerda* para a *direita*. Essa atividade tem o efeito de colocar a imagem no futuro, pois o movimento para a direita significa futuro e transformação. Inversamente, você pode remover o impacto de imagens perturbadoras imaginando que está diante do espelho, afastando a imagem para fora dele, da *direita* para a *esquerda*, com a *mão esquerda*. Esse movimento para a esquerda empurra as coisas para o passado.

O espelho de uma face pode ser usado de muitas outras maneiras. Eis alguns exemplos:

Nome: **Exercício com espelho de uma face (1)**
Intenção: eliminar sentimentos inquietantes
Frequência: duas vezes ao dia, de manhã cedo e ao entardecer, por 15 a 30 segundos, durante 21 dias

Curar para a imortalidade

Feche os olhos. Expire três vezes, contando de trás para a frente do 3 para o 1. No 1, expire novamente e veja o 1 tornar-se 0. Observe o 0 aumentar de tamanho e tornar-se um espelho circular. Olhando-se no espelho, *veja* e *elimine* as falhas e limitações. Expire mais uma vez e limpe a imagem para a direita, com a mão direita. Agora, no espelho vazio, veja e elimine a *repressão* e a *frustração*; depois, a *inveja* e a *cobiça*; em seguida, a *insegurança* e a *incerteza*, a *dúvida* e a *hesitação*; por fim, a *hostilidade*. A cada etapa, limpe a imagem da esquerda para a direita. Quando terminar, expire e abra os olhos.

Nome: **Exercício com espelho de uma face (2)**
Intenção: corrigir lembranças dolorosas
Frequência: toda manhã, por 30 a 60 segundos, durante 21 dias

Você pode usar o espelho de uma face para olhar o passado, ver acontecimentos e experimentar os sentimentos que eles despertaram então.

Feche os olhos e expire duas vezes, lentamente.

Imagine-se naquela época, resolvendo uma situação dolorosa. Com a mão direita, limpe a situação da esquerda para a direita. Expire uma vez e abra os olhos.

Nome: **Exercício com espelho de uma face (3)**
Intenção: encontrar um rumo na vida ou tomar uma decisão
Frequência: uma vez, sempre que necessário, em cada situação

Feche os olhos e expire três vezes. Encontre no espelho um caminho que leve para uma porta no alto, à direita. Observe na porta uma placa informando o propósito do exercício — por exemplo, "Porta da decisão" ou "Escolha da profissão". Atravesse a porta, feche-a atrás de você e veja o que encontra. Em seguida, retorne pela porta, faça o caminho de volta e saia do espelho. Visualize-se diante do espelho, vendo o que descobriu nele e limpando essa imagem da esquerda para a direita. Agora expire, vendo o espelho desaparecer, e abra os olhos.

Exercícios com espelho de duas faces

Enquanto os exercícios com o espelho de uma face são voltados basicamente para a purificação, os que utilizam o espelho de duas faces dão-nos a oportunidade de ver uma possibilidade futura. Naturalmente, o que você descobrir no espelho deverá ser colocado em prática na vida cotidiana.

O espelho de duas faces é excelente para curar distúrbios físicos e emocionais. Eis aqui dois exemplos.

Nome: **Exercício com espelho de duas faces (1)**
Intenção: corrigir algo
Frequência: sempre que você se der conta de algo a corrigir

Feche os olhos e expire uma vez, lentamente. Veja no espelho a imagem da característica, qualidade ou aspecto físico que não aprecia ou considera deficiente em você. Vire então o espelho rapidamente e veja do outro lado o aspecto corrigido. Observe sua aparência. Limpe a imagem para a direita com a mão direita. Veja o espelho desaparecer e abra os olhos.

O exercício a seguir é para pessoas indecisas.

Nome: **Exercício com espelho de duas faces (2)**
Intenção: tomar uma decisão ou colocá-la em prática
Frequência: uma vez ao dia, por 21 dias

Feche os olhos e expire uma vez, lentamente. Veja-se entre dois espelhos. No espelho da esquerda, olhe-se e sinta-se uma múmia, experimentando todas as sensações de ser uma múmia. Pegue a ponta da bandagem que recobre o umbigo e desenrole-a. Faça uma bola com ela e atire-a no centro de uma nuvem grande e escura que se formou no céu azul acima de você. Veja a nuvem se desmanchar e liberar a chuva armazenada, que cai sobre você, lavando-o e purificando-o. Expire uma vez. No espelho da direita, veja-se cantando, dançando, feliz. Então, limpe essa imagem para a direita com a mão direita. Veja os espelhos desaparecerem, expire e abra os olhos.

Exercício com espelho de três faces

O espelho de três faces oferece a possibilidade de transformação, permitindo que você olhe para o que era, é e será. Aqui, o *será* se refere à sua intenção acerca de uma chance futura. Imagine um espelho de três faces diante de você: uma face está à sua esquerda; outra, no centro; e a terceira, à sua direita.

> *Nome:* **Exercício com espelho de três faces**
> *Intenção:* fazer mudanças na sua vida ou encontrar uma nova direção
> *Frequência:* uma vez ao dia, sempre que sentir a necessidade de fazer alguma mudança ou dar um novo rumo à sua vida

Feche os olhos e expire três vezes. No espelho da esquerda, veja como era; no do centro, como é agora; no da direita, uma possibilidade futura. Depois de olhar à esquerda, limpe a imagem para a esquerda com a mão esquerda. Então expire uma vez e olhe no espelho do centro. Se a imagem que ali está lhe causa dor, limpe-a para a esquerda com a mão esquerda; se for uma imagem proveitosa, limpe-a para a direita com a mão direita. Expire outra vez e volte-se para o espelho à sua direita. Limpe essa imagem para a direita com a mão direita. Expire novamente e abra os olhos, à medida que os espelhos desaparecem.

EXERCÍCIOS COM ESPIRAIS

A espiral representa o movimento da vida. No desenvolvimento embrionário, a mórula e a blástula se movimentam em espiral.

A Via Láctea se movimenta em espiral. Outros exemplos de espirais são os tornados, as conchas dos moluscos e a estrutura do DNA. O movimento espiralado combina os deslocamentos vertical e horizontal e é a forma final do movimento. Como a espiral denota o movimento de liberdade, por meio dela podemo-nos mover para fora da dimensão espaço-tempo por um breve momento. A espiral representa ainda o crescimento, por isso está associada com a criatividade. Ela é o símbolo não apenas da criação, mas também do nascimento e da destruição, da matéria e do espírito, da renovação e do declínio, da geração e da decomposição na vida cotidiana. Por fim, a espiral significa ainda encontrar o que temos de melhor, o ritmo da vida.

Podemos usar espirais imaginárias ou concretas, na forma de desenhos. Para o tratamento de fobias, compulsões e distúrbios sexuais, usamos espirais imaginárias para nos livrar de velhos hábitos. No caso da depressão, as espirais são utilizadas para energizar. Para problemas físicos como artrite ou espasmos musculares, usamos o movimento das espirais para massagear os músculos e purificar os ossos (veja a página 171).

Nome: **A espiral colorida**
Intenção: livrar-se de um problema sexual (impotência, frigidez), de uma compulsão ou fobia
Frequência: uma vez ao dia, por 21 dias ou menos, se o problema for eliminado antes

Feche os olhos e imagine-se desenhando uma espiral em círculos concêntricos, no sentido horário, começando de dentro para fora. Desenhe a espiral em cores, partindo do centro. Comece usando a cor de que você não gosta e prossiga com as cores de que gosta menos; depois, aquelas de que você gosta, as de que mais gosta e, por último, sua cor favorita, projetando-se para a direita como uma flecha. A figura ficará parecida com esta:

Curar para a imortalidade

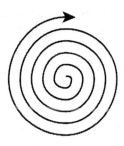

Em seguida, desenhe essa mesma espiral numa folha de papel branco.

O próximo exercício usa a atividade física em vez da imaginária para aliviar a depressão relacionada com a perda de energia e motivação.

Nome: **A espiral de energia**
Intenção: energizar-se
Frequência: toda manhã, sempre que necessário, por dois a três minutos

Em um bloco de desenho, trace espirais com o lápis, no sentido horário, começando de dentro para fora — como na figura acima. Desenhe quantas espirais desejar, mantendo-se concentrado na sua intenção.

EXERCÍCIO DO PLANO DE VIDA

No século 12, o proeminente médico e professor Maimônides escreveu o influente livro *Guia dos perplexos*. Nesse livro, ele explicava como podemos superar as características que nos incomodam evocando as tendências opostas e colocando-nos, assim, em equilíbrio. Maimônides se referia basicamente à união dos opostos, método descrito nas mais antigas tradições espirituais como o caminho do desenvolvimento interior.

Dr. Gerald Epstein

A união dos opostos é um ato de vontade mental que nos impele a agir e a pensar fora do padrão habitual. Na medicina da mente, esse processo se chama *plano de vida* e foi desenvolvido por Muriel Lasry-Lancri, em Paris. No plano de vida, selecionamos as características que quisermos e as convertemos em seus opostos, por meio de um ato de vontade.

As características podem incluir quaisquer atributos emocionais ou físicos que lhe causam sofrimento. Para descobrir as características opostas que podem substituí-las, basta fechar os olhos e perguntar-se quais delas surgiriam se essas tendências indesejáveis fossem eliminadas. A resposta se apresentará a você como uma sensação, um sentimento, uma imagem ou uma palavra. Então, sempre que notar a presença do traço incômodo, você poderá mudá-lo, lembrando-se do atributo oposto.

Associar uma cor aos dois atributos pode ajudá-lo a se lembrar da sua intenção de fazer essa mudança. Quando perceber a característica perturbadora, *pare* um momento e reconheça-a, feche os olhos e, com o olho da mente, visualize o nome da tendência. Da direita para a esquerda, veja a linha colorida saindo do nome da tendência até um ponto central e, dali, para o atributo oposto, visualizado como uma palavra. Então abra os olhos. É simples assim; o processo todo não dura mais do que alguns segundos. Faça isso toda vez que perceber a característica perturbadora entrando em sua experiência de vida cotidiana, por 21 dias. No primeiro dia, estabeleça para si mesmo a intenção de substituir [nome da característica] por [nome da tendência oposta] e defina que o lembrete será a cor [nome da cor]. Trabalhe uma característica de cada vez, pelo período de 21 dias.

Ao fazer o exercício do plano de vida, a tendência oposta pode se manifestar a você não como uma palavra, mas como uma imagem, uma sensação ou um sentimento. Não há nenhum problema nisso. Com o tempo, você logo verá ou sentirá a característica oposta, mesmo sem a linha colorida. Além disso, se esquecer de usar a vontade e recair na característica habitual, daí em diante,

Curar para a imortalidade

quando perceber que esqueceu de usar o plano de vida, pare imediatamente e faça o exercício.

Tomemos como exemplo o traço da ansiedade. Vamos supor que o atributo oposto seja o equilíbrio. Encontre espontaneamente uma cor que una os dois — azul, digamos. No primeiro dia, diga que vai trocar a ansiedade pelo equilíbrio e que seu lembrete será a cor azul. Então, quando se perceber ansioso, *pare* um instante e feche os olhos. Veja a palavra "ansiedade" e a linha azul que sai dessa palavra, cruza o ponto central e chega até o seu oposto, *equilíbrio*. Nesse momento, diga a palavra "equilíbrio" em silêncio e então abra os olhos.

Ao término dos 21 dias, interrompa o plano de vida por sete dias. Terminado esse intervalo, avalie se a nova qualidade se imprimiu em você. Em caso afirmativo, escolha outra característica e reinicie o trabalho. Se, no final dos sete dias, você avaliar que o *imprinting* não ocorreu, continue a trabalhar nessa característica por mais dois ciclos de 21 dias, com um intervalo de uma semana entre um e outro.

EXERCÍCIOS DE PARAR

Um dos elementos fundamentais no treinamento da vontade é o que chamo de "parar". Nossa educação e habituação nos condicionam a nos entregar às experiências. Quando sentimos frustração ou dor, física ou mental, buscamos alguma forma de alívio e, para isso, geralmente nos atiramos às experiências. Inúmeras tentações nos impelem a procurar alguma gratificação que supostamente nos trará felicidade: "Se essa experiência não trouxe a felicidade esperada, não se preocupe — a próxima trará". Essa educação deficiente tem nos induzido a repetir o erro. A serpente seduziu Eva a experimentar a maçã: assim, ela alcançaria a felicidade e a imortalidade. Eva tinha a opção de parar e escutar a voz de Deus, mas não a fez. O resto é história — a nossa história. Diante da opção de parar, observar e escutar ou de mergulhar na experiência, em geral escolhemos a segunda.

Deter a habituação e dar uma nova direção para a vontade é, em si, um ato de vontade. Deter as atividades reflexivas e colocar a vontade sob o controle consciente é um ato de cura.

Os exercícios para parar são uma técnica de reversão para romper hábitos. São exercícios simples de fazer e, embora de curta duração, podem ter efeitos profundos quando praticados de forma regular. O princípio consiste em alterar momentaneamente o ritmo de uma atividade habitual ou retardar um padrão emocional de reatividade que causa problemas.

Essa parada dá um choque rápido no sistema, estimulando o corpo a responder de uma nova maneira enquanto desperta você mentalmente. Os exercícios compreendem: 1) parar uma atividade habitual momentaneamente (por exemplo, não acender a luz); 2) deixar de fazer, por um breve tempo, algo de que gosta muito ou é significativo para você (por exemplo, não beber café por um período de 24 horas); 3) limpar um pequeno espaço por um ou dois minutos, toda manhã, durante 21 dias, com a intenção de purificar-se; 4) reverter na sua mente os acontecimentos do dia antes de dormir.

Entre as inúmeras atividades cotidianas que você pode parar, comece pelas mais habituais ou das quais gostaria de se livrar. Escolha apenas um elemento para trabalhar em um período de três semanas. Entre as atividades mais comuns estão:

1. telefonar;
2. atender ao telefone;
3. fumar;
4. comer;
5. acender a luz;
6. girar a maçaneta da porta.

Cada exercício encerra uma intenção. Se deseja parar de fumar, detenha-se por um momento para se recordar de sua intenção — dizendo "Não fume" ou vendo-se jogar fora o cigarro — antes de

Curar para a imortalidade

tirar o fósforo da caixa ou de riscá-lo, ou enquanto o aproxima da ponta do cigarro. A ação de parar dura apenas um instante. Se você completará a ação ou não, isso é com você.

Ao fazer um telefonema, interrompa a ação por um breve instante ao digitar o número. Nesse instante, pronuncie a intenção do exercício ou visualize uma imagem que represente a sua intenção. Por exemplo, se a sua intenção for "paciência", antes de teclar o número diga a si mesmo "Paciência". Aceite sem julgar o que acontece a seguir. Se vai praticar o exercício no momento de comer, faça uma pausa ao levar o garfo ou a colher à boca.

Parar é uma prática contínua, que você deve lembrar-se de exercitar regularmente por 21 dias, fazendo então um intervalo de uma semana. Se perceber que sua intenção requer mais trabalho, repita o exercício por mais dois ciclos. Caso contrário, mude para outro.

Se você se esquecer de fazer o exercício em algum momento, não se recrimine nem se censure. Simplesmente aceite o fato e prossiga com a prática, mas reinicie o ciclo de 21 dias, já que o ritmo foi interrompido.

EXERCÍCIOS DE DESCRIAÇÃO

A descriação é uma técnica da vontade que usa a imaginação para remover crenças indesejáveis da consciência. Essa técnica tem uma longa história; fez parte, por exemplo, do budismo tibetano durante séculos, conforme descreve o livro *A mente oculta da liberdade*, do lama Tartang Tulku[17]. No campo das imagens mentais, no Ocidente, há muito tempo se sabe que as imagens perturbadoras — as crenças — precisam ser eliminadas da consciência.

No século 20, o movimento teosófico psíquico-espiritual publicou importantes trabalhos indicando que todos os movimentos da mente — sejam impulsos, sentimentos, imagens ou pensamentos cognitivos — se tornam formas mentais, ou formas-

17. São Paulo: Pensamento, 1981. [N. E.]

-pensamento, dotadas de contorno e dimensionalidade, mas sem substância, volume ou massa.

Essas formas mentais são análogas às formas físicas e se traduzem em atividade física. Somos nós que as criamos; são como filhos gerados por nossa mente. Ao nascerem, ganham vida própria e exercem influência sobre nós, da mesma maneira que nossos filhos físicos. Atendemos a suas solicitações, assim como cuidamos, educamos e alimentamos nossos filhos. *Uma vez criados*, os objetos do mundo externo e também os internos, como as formas mentais, podem ter poder sobre nós.

Para todos os efeitos práticos, os eventos da mente são formas mentais e crenças que ganharam corpo. Como as crenças são algo que podemos controlar, é possível criá-las e descriá-las à vontade, produzindo assim grandes mudanças em nossa vida.

Primeiro, acostume-se com o fato de que toda percepção dos sentidos, todo sintoma físico e toda experiência emocional são crenças. Visualize a imagem perturbadora — ou a palavra, caso nenhuma imagem se materialize para você — numa lousa. Com um apagador, apague a imagem da direita para a esquerda com a mão esquerda. No lugar da imagem apagada, visualize uma nova imagem ou palavra que represente sua decisão de escolher a vida. Esse exercício deve ser feito de manhã cedo e ao entardecer, por 21 dias. Uma pessoa apagou a palavra perturbadora, e a palavra "vida" apareceu no centro da lousa. Depois de repetir esse processo, ela sentiu uma mudança extremamente benéfica em sua atitude perante a vida.

CANTO

Cantar é outra maneira de mudar as tendências habituais. Culturas de todo o mundo utilizam o canto há muito tempo para aquietar a mente e estabelecer uma nova vibração harmônica. O canto é uma forma de música, cujo efeito curativo é conhecido de longa data, desde os tempos bíblicos inclusive, quando Davi tocava lira para amenizar a melancolia de Saul. Os homens de Ulisses foram

Curar para a imortalidade

atraídos para a morte pelo canto das sereias. Nas tradições ocidentais, o canto é utilizado nas liturgias judaica e católica (cantos gregorianos) e no ritual do *zikr*, entre os islâmicos.

Embora não haja estudos quantitativos sobre os efeitos do canto, estes foram descritos pelas pessoas que os experimentaram. Todos sabem que a música pode produzir "estados alterados"; o dr. John Diamond desenvolveu um amplo estudo sobre a capacidade dos sons de afetar o tônus muscular e aumentar os níveis de energia[18].

Palavras-chave para abrir algo internamente	*Palavras-sino* para promover a harmonia e o equilíbrio	*Palavras-* *-necessidade* para mudar um hábito
Misericórdia	Emoção	Energia
Fortaleza	Fundação	*Mazal tov*
Bravura	Energia	Finalização
Competência	Harmonia	Leoa
Corajoso(a)	Equilíbrio	Síntese
Expansão	Plenitude	Direção
Vigor	Amém	Calma
Arrependimento	*Shalom*	Paciência
Abertura	Unidade	Centralidade
Clareza	Liberdade	Temperança
Desperto(a)	Sabedoria	
Sacrifício	Intenção	
Atenção	Renovação	
Consciência	Mandala	
Resistência	Tornar-se	
	Proporção	

18. Dr. John Diamond, *Behavioral Kinesiology* (São Francisco: Harper, 1979).

Dr. Gerald Epstein

Nosso exercício de canto utiliza a escala musical ocidental. As palavras a ser cantadas se agrupam em três categorias: *chave, sino* e *necessidade*. As *palavras-chave* são usadas para produzir ou promover equilíbrio, harmonia ou ressonância. As *palavras--sino* são usadas para abrir caminhos ou libertar algo. As *palavras-necessidade* são usadas para mudar um hábito. Qualquer palavra cantada, a despeito do grupo a que pertença, atua como tranquilizante ou antidepressivo natural. Uma lista inicial dessas palavras é apresentada no quadro acima, mas você pode compilar o seu próprio conjunto de palavras, escolhendo as mais adequadas à sua situação.

Em pé, com a postura ereta e relaxada, feche os olhos e respire profundamente. Pronuncie a palavra enquanto expira; respire novamente se precisar. A palavra deve ser cantada da seguinte maneira: a primeira sílaba é curta e nítida; a segunda é pronunciada claramente, por um tempo maior; na terceira e na quarta, os movimentos da boca acentuam a pronúncia, até que a sílaba desapareça melodicamente, terminando com um som enfático e claro.

Digamos que você esteja se sentindo confuso e nebuloso e decidiu cantar a palavra "clareza". Separe-a em três sílabas distintas: CLA-RE-ZA.

Primeira sílaba: CLA é cantada ao som de mi, curta e nítida.

Segunda sílaba: RE é cantada ao som de dó, claramente e por um tempo maior.

Terceira sílaba: ZA é cantada ao som de ré, de maneira enfática.

Deixe-se levar pela palavra enquanto a entoa. Entre na palavra e torne-se ela, sem nenhum pensamento ativo.

Os exercícios de cantar devem ser praticados por 21 dias. Cante a palavra três vezes de manhã, ao começar o dia, e três vezes à noite, antes de se recolher. Cada sessão não deve durar mais que um minuto e meio. No primeiro dia do ciclo, diga a si mesmo qual é a sua *intenção* ou o que deseja obter com o exercício. Você pode dizer, por exemplo: "Estou fazendo este ciclo de canto para ganhar competência". Cante então a palavra "competência" por três semanas, faça um intervalo de sete dias e depois inicie outro ciclo, com uma nova palavra.

ORAÇÃO

Assim como imaginar é pensar com Deus e contemplar é descansar com Deus, orar é falar com Deus. A prece é uma súplica interna que recitamos em silêncio ou verbalmente para pedir ajuda à realidade invisível. Qualquer forma de invocar a realidade invisível pode ser considerada uma prece — a imagem mental, por exemplo, é a prece concretizada. Partindo desse princípio, o dr. Randolph Byrd estudou os efeitos positivos da prece em pacientes que sofriam de doenças coronarianas[19] e descobriu que aqueles que recebiam orações apresentavam índices de gravidade significativamente menores durante o período de internação hospitalar. Em relação ao grupo controle, eles necessitavam de menos assistência ventilatória e de menos antibióticos e diuréticos.

A eficácia da prece em melhorar nossa vida é maior quando ela não é específica, ou seja, quando não pedimos um resultado direto. Devemos evitar rezar a Deus pedindo coisas como "Cure meu câncer" ou "Faça que eu ganhe na loteria". Essas preces dirigidas geralmente não são atendidas, o que nos deixa ressen-

19. Randolph C. Byrd, "Positive therapeutic effects of intercessory prayer in a coronary care unit population", *Southern Medical Journal*, v. 81, n. 7, jul. 1988, p. 826-29. O estudo foi realizado durante dez meses com 192 pacientes no grupo de oração e 201 no grupo controle.

Dr. Gerald Epstein

tidos ou desapontados com Deus. A prece dirigida não funciona justamente porque encerra a expectativa de um resultado. A preocupação com o resultado é um impedimento para que ela que se realize. A prece dirigida nos torna mais apegados ao resultado que a Deus.

Uma demonstração disso é o paradoxo do qual tantas vezes ouvimos falar: "Quando eu já tinha perdido toda a esperança de que conseguiria o que eu queria, aí aconteceu". Perder toda a esperança significa livrar-se da *falsa esperança*, isto é, das ideias sobre o porvir, da expectativa de alcançar resultados ou recompensas futuros. A esperança associada ao futuro é *sempre* falsa, pois coloca a nossa atenção no resultado. No momento em que abrimos mão de controlar o futuro, geralmente obtemos uma resposta que atende exatamente ao que queríamos.

Portanto, a prece não pode ser dirigida. Isso significa que pedimos ajuda para que nossa vontade se fortaleça, a fim de que possamos alcançar algo. Por exemplo: "Por favor, me dê força e coragem para enfrentar minha doença"; ou "Por favor, me mostre como encontrar a resposta para o que me perturba". Essas preces buscam uma direção, não um resultado. No evangelho de São Mateus, está escrito: "Pois todo o que pede recebe; o que busca encontra; e àquele que bate, a porta *será aberta*" — não somos nós que abrimos a porta; ela é que se abre para nós. Todas as nossas preces são construídas em torno dessa máxima.

Milagre é aquilo que nos acontece pela primeira vez, ou aquilo que introduziu algo novo em nossa vida. O milagre não tem precedente; é algo que não experimentamos antes, nem individualmente nem em grupo. Contudo, os milagres não acontecem do nada. São um processo alquímico que transforma algo que já existe em outra coisa. São fatos que ocorrem na realidade invisível e afetam a realidade visível. A abertura do Mar Vermelho aconteceu no Mar Vermelho. Moisés bateu o cajado numa pedra e a água jorrou. Jesus converteu a água em vinho — a água já estava lá. A prece é um catalisador dessas ocorrências milagrosas.

Curar para a imortalidade

A prece não pode ser uma barganha com a realidade invisível: "Serei bom se você fizer isso por mim". Não há como negociar com o Divino. Pedimos, buscamos e batemos à porta, e as respostas vêm. Mas devemos dar o primeiro passo. Temos de demonstrar nossa confiança no invisível antes do fato, não depois dele. Primeiro, faça as mudanças necessárias e então veja o que acontece. Há um componente moral na prece. Se alguma coisa nela não estiver de acordo com os mandamentos, a prece não pode ser atendida. A realidade invisível não pode tomar parte de um ato moralmente impuro. Não se pode negar, porém, que há pessoas que rezam para convocar o auxílio de forças obscuras. Mas o preço a pagar por isso recai não só sobre o indivíduo que recorre a esse auxílio como também sobre as pessoas a seu redor, que podem cair sob o domínio desse demônio. Ocorrem-me aqui os exemplos de Hitler e Stalin.

Observo efeitos extremamente benéficos no meu trabalho clínico quando introduzo os anjos. A angeologia é um dos temas centrais das três principais tradições religiosas do Ocidente. Existem 109 referências aos anjos no Antigo Testamento e 174 no Novo Testamento. A tradição islâmica tem uma vasta angeologia. A arte cristã renascentista e medieval retrata uma profusão de anjos. O catolicismo primitivo pregava a existência do anjo da guarda. É antiga a ideia de que nascemos com pelo menos um anjo guardião, que está a postos para nos ajudar *sempre que o invocamos*. Esta última frase é vital. O anjo da guarda não pode se apresentar se não o invocarmos. Filo, místico e filósofo helenista judeu do século 1, dizia-o sucintamente: "Não duvide, os anjos são reais". Relatei minha experiência pessoal com meu anjo da guarda no Prefácio deste livro.

Os anjos (e os demônios) são uma realidade, seres do mundo invisível que nos rodeia. Precisamo-nos acostumar ao fato de que o mundo invisível é uma realidade que nos afeta. Há uma constante interação entre o nosso mundo visível, formado por expe-

· 231 ·

Dr. Gerald Epstein

riências, acontecimentos e comportamentos, e o mundo invisível da imaginação, dos sonhos, das crenças e das entidades.

Se levamos uma vida virtuosa, temos acesso mais fácil ao reino dos anjos e podemos pedir que nos ajudem. Esses anjos são amistosos e estão à disposição para nos servir e ajudar de todas as maneiras possíveis. São emissários do ser divino. Os anjos da guarda não se envolvem diretamente nos assuntos humanos, a menos que sejam convocados.

Testemunhei muitos casos de pessoas que pediram ajuda a seus anjos e foram atendidas, inclusive no trabalho clínico. O anjo deve ser invocado ativamente; do contrário, está fadado a permanecer em um estado de sono crepuscular, entorpecente, o que é uma tragédia para ele. É preciso chamá-lo.

Feche os olhos e visualize sobre sua cabeça uma nuvem de presença maternal, verde. Peça então o que deseja ao seu anjo da guarda, sem receio nem hesitação — nenhuma ajuda é banal ou extravagante demais. Lembre-se, no entanto, de que se não for algo moralmente correto não poderá realizar-se. E não se preocupe com o resultado. Na minha experiência, os indícios de que algo aconteceu geralmente aparecem dentro de 24 a 72 horas. O anjo guardião nunca se interpõe entre nós e Deus; na verdade, ele é um acompanhante que nos conduz ao divino.

Descobri que, de maneira geral, recorremos a Deus nos momentos críticos, para pedir por nós ou por algum ente querido, e ao anjo da guarda quando precisamos de ajuda emocional em alguma situação imediata do dia a dia.

As preces a seguir podem ser usadas para a cura geral por meio de imagens mentais; elas provêm do manancial criativo de Madame Muscat, que as adaptou das escrituras sagradas:

1. Feche os olhos e expire três vezes. Veja-se como uma chama reluzente que queima, brilhante, sem nome nem forma. Saiba e veja que o encontro total com o infinito está eternamente dentro de nós.

Curar para a imortalidade

2. Feche os olhos e expire três vezes. Ouça o silêncio e escute a vida dentro de você auxiliando-o na vida. Expire uma vez; veja e escute a vida dentro de você auxiliando-o na vida.
3. Feche os olhos e expire três vezes. Veja e saiba, ao olhar pela janela interior, que você é o seu próprio guardião. Expire uma vez; veja, sinta e saiba, ao olhar para fora, que você é o guardião de seus irmãos.
4. Feche os olhos e expire três vezes. Sinta e saiba que você *realmente* está diante do seu Criador. Escute-o responder-lhe.

Faça cada uma dessas preces durante sete dias, toda manhã: a prece 1 na primeira semana, a 2 na segunda, a 3 na terceira e a 4 na quarta.

EXERCÍCIOS PARA A RESSURREIÇÃO

Os exercícios finais deste capítulo representam o clímax transcendente ao qual nos conduz a medicina da mente. Os dois exercícios para a ressurreição aqui descritos foram concebidos por Madame Muscat e por mim, respectivamente.

Nome: **O despertar de Osíris**
Intenção: ressuscitar
Frequência: uma vez ao ano, sempre no mesmo dia, de manhã cedo, por até três minutos

Osíris, assassinado por seu irmão Set, foi cortado em 14 pedaços, cada um deles enterrado em uma parte diferente do Egito.

Feche os olhos e expire três vezes. Assim como fez Ísis, esposa de Osíris e deusa da sabedoria, você tem de recolher os 14 pedaços. Veja-se procurando os ossos até sentir que os encontrou. Reúna-os todos e monte a coluna vertebral. Pegue uma corrente magnética feita pelas mãos de duas pessoas e coloque-a na nuca, na altura da vértebra cervical, para despertar o morto. Enquanto faz isso, diga "SA" (o hieróglifo que significa vida), para trazê-lo à vida novamente. Veja, sinta e perceba o que acontece. Expire uma vez. Encontre então um vaso com água limpa e despeje-o sobre Osíris, dizendo internamente "CRI" (que significa movimento). Em seguida, diga internamente "CHIMS" (que significa VÁ!), para ressuscitar Osíris para a vida eterna. Expire três vezes. Agora que ressuscitou o morto, você precisa se banhar e purificar no Lago do Mistério. Veja-se nadando para o sul, no canal que há dentro do lago, e emergindo no final do lago. Visualize um escaravelho (como o da ilustração abaixo) e diga internamente "CHH" (que significa ressurreição e recriação), enquanto observa suas novas criações ganharem forma, agora e para sempre.

Nome: **Atrasando os ponteiros do tempo**
Intenção: ressuscitar
Frequência: uma vez por semana, antes de dormir, no seu sabá, por um minuto

Feche os olhos e expire três vezes. Veja diante de você um relógio com os ponteiros dos segundos e das horas marcando a hora em que está fazendo o exercício. Expire uma vez, lentamente, e atrase os ponteiros do relógio até a hora do acontecimento interno ou externo que o angustiou. Corrija essa experiência e, quando terminar, adiante os ponteiros para o tempo presente. Sinta e saiba que sua fisiologia e suas emoções se harmonizaram. Expire e abra os olhos.

9. RESSURREIÇÃO

cura para a imortalidade

> Morte, tu morrerás.
>
> —John Donne,
>
> *Morte, não te orgulhes*

Este capítulo nos leva à ressurreição, o ponto alto da medicina da mente. Tradicionalmente, o judaísmo, o cristianismo e o islamismo definem a ressurreição como a restituição da vida às almas mortas. No entanto, há um sentido de ressurreição que essas grandes tradições religiosas não enfatizam, mas constitui um aspecto central das religiões ocidentais: a morte não é inevitável e pode ser vencida. Ou seja, *podemos pôr fim à morte.*

Para os leitores sem inclinação espiritual, a possibilidade da vida eterna pode parecer inacreditável. Mas a possibilidade de prolongar a vida não é incompreensível nem irracional — tampouco inalcançável. Recentemente, num programa de tevê sobre a longevidade, cientistas disseram que, num futuro não muito

Dr. Gerald Epstein

longínquo, a engenharia genética permitirá que os seres humanos vivam por *200 mil a 300 mil anos*. De início, não pude acreditar que cientistas modernos estivessem abordando com seriedade e bom-senso a realidade física da imortalidade. Contudo, a extensão da vida é considerada uma possibilidade real. O que venho apresentando neste livro são maneiras de prolongar a vida usando a mente.

Para os leitores com inclinação espiritual, a superação da morte tem um significado especial. O corpo geralmente é entendido como a morada temporária de um convidado invisível chamado alma. A alma habita o invólucro físico na Terra para aprender lições que a levem de volta a Deus, uma vez que se apartou dele. Na tradição mística judaica (e, mais tarde, no misticismo cristão), as esferas física e espiritual da vida são uma só — isto é, o corpo e o espírito estão ligados para sempre. O corpo, a mente e o espírito formam uma trindade harmoniosa, fazendo a união com Deus. O corpo, assim como a alma ou o espírito, é imortal. Não estamos destinados à morte. Em vez de morrer, podemos desenvolver um corpo capaz de ressuscitar, feito de liberdade, amor e luz; e uma fisiologia *diferente*, indestrutível, tal como imaginam os cientistas que mencionei.

Quando agimos movidos por amor ou ódio, verdade ou falsidade, moralidade ou imoralidade, nossa biologia e fisiologia sofrem alterações concomitantes, claras e profundas, conforme atestam inúmeras evidências acumuladas nas últimas décadas. Um estudo concludente realizado pelo psicólogo David McClelland na Universidade de Harvard demonstrou essa relação moral biomental. Em seu experimento, o dr. McClelland exibiu um filme violento a um grupo de 40 estudantes de Harvard, depois de medir uma fração de anticorpos retirada do interior da bochecha. A fração que ele mediu foi a IgA (imunoglobulina A). Após o filme, a fração IgA dos alunos diminuiu. Em seguida, ele exibiu um filme sobre a Madre Teresa, e cerca de metade dos alunos comentou que ela era uma farsante ou charlatã. Apesar de seus comentários,

Curar para a imortalidade

esses alunos, assim como o restante da amostra, apresentaram um aumento da fração IgA.

Outro estudo, conduzido no Mount Sinai Hospital de Nova York, examinou as funções imunológicas de uma amostra de tamanho considerável, reunindo aproximadamente 30 viúvas e viúvos recentes. Os que estavam claramente deprimidos com a morte do parceiro mostraram uma redução notável nas reações imunológicas. De fato, as medições foram tão precisas que os pesquisadores, depois de monitorar os níveis das funções imunológicas durante alguns meses, conseguiram prever quais indivíduos não se recuperariam do luto e quais poderiam morrer em breve. Aqueles cujas funções imunológicas não se normalizavam após vários meses tinham grande risco de adoecer e morrer. O prognóstico se confirmou. Um estudo feito em outra instituição médica descobriu uma correlação entre o sorrir e o aumento das reações imunológicas, ao passo que expressões carrancudas correspondem a um declínio delas.

O movimento que leva à ressurreição abarca, portanto, não apenas uma mudança social, emocional e espiritual, mas uma alteração fisiológica, acompanhada de um aumento de leveza. Essas mudanças, creio eu, serão cada vez mais possíveis e se concretizarão, finalmente, quando a trindade da verdade, do amor e da moral descer sobre a Terra. O advento dessa trindade nos permitirá criar um "corpo capaz de ressurreição", abrangendo as vidas física, emocional, social e espiritual, à medida que nos afastarmos da vontade de poder rumo à vontade de amor. Nesse corpo capaz de ressurreição, a natureza física se une à espiritual, pois nossa vida é dedicada à verdade e nosso coração é devotado ao amor. O coração permite que se cumpram os mandamentos divinos na Terra e abre a possibilidade de que a luz de Deus brilhe através de nós.

A imortalidade que Deus nos ofereceu se baseia no reconhecimento de que somos feitos à sua imagem e semelhança — somos portadores da semente imortal de Deus (a imagem) e da virtude moral de Deus (a semelhança). A imagem e a semelhança estão indissociavelmente ligadas.

A imortalidade, pela perpetuação da semente imortal que se manifesta em nós, depende claramente de nos fazermos à semelhança de Deus, tornando-nos moralmente virtuosos. O mundo é uma criação moral de Deus, e, ainda que nos tenha sido dada a tarefa de preservá-lo, podemos também destruí-lo. Quando alcançarmos a semelhança com Deus e nos tornarmos moralmente virtuosos, seremos imortais. Cabe a cada um aceitar ou recusar a tarefa, mas essa é *a* tarefa essencial de todos nós. Portanto, o problema fundamental da vida humana é o mesmo que Adão e Eva enfrentaram no Éden. Estamos todos diante do mesmo dilema moral e devemos tomar uma decisão a esse respeito.

A serpente prometeu a imortalidade a Eva se ela comesse o fruto da árvore da ciência. Ao usurpar o lugar de Deus, como Deus também nos podemos tornar imortais. O objetivo da medicina e das ciências naturais é encontrar um meio de alcançar a longevidade e a imortalidade recorrendo ao expediente concebido pela serpente — ou seja, controlar e dominar o "futuro". A medicina tenta chegar à imortalidade curando todas as enfermidades do planeta. As ciências naturais tentam descobrir as leis e as operações da natureza, para que assim possamos ganhar domínio sobre ela e criar os meios para conquistar a longevidade.

Em minha opinião, esses objetivos não serão atingidos, pois dependem de circunstâncias que não podemos controlar, como o resultado dos acontecimentos. Ao usar a vontade, a imaginação e a memória para efetuar uma mudança em nossa mente e em nosso coração, unindo a mente e o corpo num misto de intuição e amor a serviço da verdade, podemos cumprir a profecia do fim da morte feita por antigos sábios há 30 ou 40 séculos.

A ideia de que podemos vencer a morte requer que deixemos de rotulá-la como algo ruim e afastemos pensamentos como "Deve ser terrível não poder viver para sempre e ter de morrer"

Curar para a imortalidade

ou "Devo ser um fracasso nessa medicina da mente porque fiquei doente e isso não deveria ter acontecido".

As técnicas da medicina da mente nos ajudam a entender como *pedir* a ressurreição. Não podemos ressuscitar. Essa possibilidade só pode ser concedida pelo reino do espírito — por Deus. Contudo, podemos pedir, buscar e bater à porta — em outras palavras, rogar. Na medicina da mente, podemos ligar a vontade individual à vontade divina, criando uma mudança na consciência. Os três elementos que tornam isso possível são a verdade, o amor e a moral.

A cura começa e termina com a verdade. A doença é um desdobramento da inverdade, e o movimento da doença para a saúde está em corrigir a inverdade e tornar-se verdadeiro consigo mesmo. A tarefa básica da vida é buscar a verdade, o caminho mais curto para encontrar Deus. Deus nos deu imagens e glifos pelos quais podemos descobrir quem realmente somos e o que precisamos fazer para corrigir nossos erros; os dez mandamentos, que nos permitem agir moralmente, de acordo com a verdade divina; e a ressurreição, a possibilidade de viver à imagem e semelhança de Deus, como seres imortais, substituindo a vontade de poder pela vontade de amor.

Não é difícil discernir o que é falso na vida. Quando vivemos no passado ou no futuro, ou em desarmonia com os dez mandamentos, não estamos vivendo a verdade.

A crença falsa mais difundida de todas é a de que envelhecemos, adoecemos e, por fim, morremos. Parece totalmente absurdo, até mesmo inadmissível, acreditar no contrário, já que quase toda a nossa experiência passada nos mostra que a morte é inevitável. Digo "quase" porque a Bíblia relata que Enoque e Elias não morreram.

Nas tradições religiosas e espirituais do Ocidente, a morte não é considerada um fato absoluto. Ela pode ser vencida. *Não* deve ser aceita como uma consequência natural ou normal da vida. Era

Dr. Gerald Epstein

isso o que queriam dizer os sábios antigos quando falavam em ressurreição.

Ressuscitar significa reviver depois de morto, não morrer ou experimentar um renascimento em vida. Na Bíblia, o profeta Eliseu ajudou a trazer um menino de volta à vida. No livro do profeta Ezequiel, os mortos são restituídos à vida no vale dos ossos. Outros profetas falam dos tempos do Messias, quando os mortos levantarão e voltarão à vida. O livro de Daniel fala dos dias em que não haverá morte. Jesus demonstrou a possibilidade da ressurreição, primeiro, ao fazer Lázaro voltar dentre os mortos e, depois, ao retornar ele próprio da morte, depois de ter sido morto pelos romanos. Para enfatizar a importância da ressurreição, Maimônides — talvez o mais influente pensador da vida judaica desde a Idade Média — dizia que ninguém poderia se considerar judeu se não acreditasse na ressurreição. Todo judeu que vai à sinagoga para orar de manhã, em qualquer lugar que seja, repete essa declaração. Um pensador contemporâneo, o rabino Adin Steinsaltz, um dos mais proeminentes porta-vozes do pensamento judaico moderno, escreveu recentemente:

A visão básica do judaísmo acerca da morte, que, conforme se diz, teve início com a expulsão de Adão do Jardim do Éden, é a de que ela não é um fenômeno natural e inevitável. A morte é a vida enferma, distorcida, pervertida, apartada do caminho da sacralidade, identificado com a vida [...] O pior mal do mundo é a morte [...] O remédio é a fé na ressurreição. Em última instância, "a morte e o mal" — equivalentes entre si — são descartados como coisas efêmeras; não fazem parte da verdadeira essência do mundo...

No combate da vida contra a morte, do ser contra o não ser, o judaísmo manifesta descrença na persistência da morte e sustenta que ela é um obstáculo temporário que pode ser, e será, superado. Profetizando um mundo em que não haverá morte, um sábio escreveu: "Estamos cada vez mais próximos de um mundo

Curar para a imortalidade

no qual triunfaremos sobre a morte, no qual a morte não nos alcançará".[20]

A tradição ocidental sempre afirmou que os meios para chegar à imortalidade estão ao nosso alcance, em nosso ser individual, e que, quando os colocarmos em prática, Deus curará nossas aflições físicas e emocionais. As ações que nos fazem lembrar-nos de nós mesmos nos trazem de volta à vida, tal como fez Ísis com Osíris. Por meio dessas ações, alcançamos a vida imortal.

A ciência e a religião, a medicina e a cura, encontram-se no espírito do caminho para a ressurreição. Religião significa estar ligado a Deus. É a ciência da vida interior. Os primeiros médicos eram também sacerdotes, e os primeiros a realizar curas eram profetas. A tradição profética dos judeus aponta para a possibilidade de retorno ao estado paradisíaco, tranquilo, do Éden.

O povo judeu anunciou a ideia de que todos os seres humanos estariam destinados a tornar-se profetas, seres evoluídos que se comunicam diretamente com Deus. O elemento profético foi incorporado, no cristianismo, na pessoa de Jesus e, no islamismo, na pessoa de Maomé.

É nessa visão do ser humano profético que se inspira a medicina da ressurreição. Esses homens e mulheres começam como pessoas comuns, que sofrem, cometem erros, adoecem e usam suas experiências para fazer um balanço de suas vidas e lançar-se em uma nova jornada, dessa vez de volta, como o filho pródigo, para seu *verdadeiro* lar.

Descobri os estágios da evolução moral do indivíduo no livro *The vision and the way*, de Jacob Agus[21], no qual o autor descreve a "escada da virtude" usando o esquema da página seguinte.

20. Adin Steinsaltz, *The strife of the spirit* (Northvale, NJ: Jason Aronson, 1988), p. 194-95.
21. Jacob Agus, *The vision and the way* (Nova York: Frederick Ungar, 1966).

Dr. Gerald Epstein

A ressurreição implica certas condições que temos de preencher. Ela não nos é dada livremente; precisamos merecê-la. Embora possamos alcançá-la, tal como a iluminação, não é um direito assegurado. Temos de mudar nossa consciência, substituindo a vontade de poder, a dominação, a cobiça e o egoísmo pela vontade de amor, pela cooperação, comunhão e pelo altruísmo. Essa nova consciência é um prenúncio da era messiânica, na qual se revela um messias — um ser que dissemina o conhecimento — ou o próprio conhecimento se dissemina por muitas pessoas que tiveram a experiência direta das glórias e promessas que se encerram na vontade de amor.

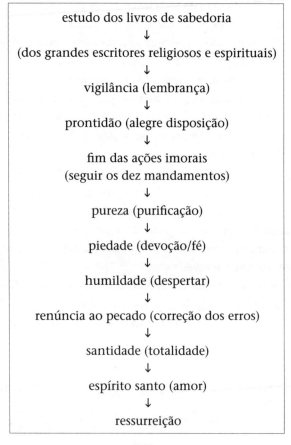

estudo dos livros de sabedoria
↓
(dos grandes escritores religiosos e espirituais)
↓
vigilância (lembrança)
↓
prontidão (alegre disposição)
↓
fim das ações imorais
(seguir os dez mandamentos)
↓
pureza (purificação)
↓
piedade (devoção/fé)
↓
humildade (despertar)
↓
renúncia ao pecado (correção dos erros)
↓
santidade (totalidade)
↓
espírito santo (amor)
↓
ressurreição

Curar para a imortalidade

O messias é uma pessoa, ou um conjunto de pessoas, que mostra o *caminho* para esse conhecimento. Não se trata *jamais* de um salvador. Cada um de nós tem de salvar a si próprio para se libertar do ciclo interminável de destruição, morte e renascimento.

O modo ocidental de fazer isso é mergulhar neste mundo doente para curar a ele e a nós mesmos. Cada um de nós cria sua própria era de ouro. Nenhum dos messias que apareceram ao longo da história se declarou um salvador; foram guias que mostraram o caminho. Esse é o único papel legítimo que cabe ao messias.

Precisamos ter a vontade individual de que o caminho nos seja revelado e, por meio dele, encontremos a salvação. De tempos em tempos, Deus nos envia emissários para nos mostrar os erros que estamos cometendo. É só o que ele pode fazer: mostrar. Cada um de nós escolhe o que fazer com esse conhecimento. A escolha está sempre em nossas mãos, assim como o livre-arbítrio.

Nenhum dos grandes personagens messiânicos — Moisés, Jesus, Buda, Krishna — anunciou ou instituiu uma era messiânica, uma era dourada de verdade, amor, paz e harmonia. Essa era de ouro gloriosa, a ser vivida aqui na Terra, ainda está por vir. Estamos hoje no limiar desse novo tempo, no qual haverá ressurreição, com o fim da morte e da doença, tal como as conhecemos. A vontade humana se unirá com a vontade divina, e a experiência de iluminação e união será vivida em massa, como nunca antes se registrou na história da humanidade.

Existem hoje, à nossa disposição, incontáveis métodos que nos permitem lembrar o que somos — essa é a parte fácil. A parte difícil está em despertar nosso interesse em encontrar o caminho de volta para a existência edênica e sustentar a motivação de fazê-lo. Os encantos e atrativos do mundo material são tremendos.

Cada um de nós é chamado a trilhar o caminho edênico, abandonando o apego às noções materialistas e o interesse arrogante pelas coisas. E nisso reside a dificuldade! Não importa quantas técnicas estejam ao nosso alcance — e há muitas —, elas terão pouca serventia se não houver um sistema de valores concomitante que as valorize. Já vi pessoas que não conseguem encontrar significado na vida porque não compreenderam a importância de ter um sistema de valores que preze a renúncia. É preciso fazer um voto de pobreza e rejeitar as riquezas deste mundo, em vez de tornar-se um "materialista espiritual" que se ilude acreditando que está levando uma vida espiritual, enquanto acumula bens materiais. O materialismo espiritual está por trás do atual interesse popular em médiuns de transe e canais mediúnicos que cobram caro para desvendar o futuro, promovendo assim as virtudes da prosperidade e do acúmulo material. Aqui, os dogmas espirituais são amoldados aos desejos materialistas predominantes por meio da racionalização. Não conheço, porém, nenhum sistema espiritual genuíno no qual a pobreza voluntária não seja um pré-requisito para o retorno ao Éden.

A ressurreição requer que sejamos capazes de vencer a gravidade terrena — ou seja, tudo que nos atrai para baixo — para ser puxados *para cima* pela gravidade celestial. A força para conquistar essa capacidade é a força vital construtiva, outrora chamada de *zoë* (pronuncia-se "zo-é"). *Zoë* é um termo grego para força vital. Outro vocábulo grego é *bios*. *Zoë* significa a vida que dá vida, enquanto *bios* é a vida derivada. Na medicina espiritual, há uma força vital, Deus, que comanda o universo e permeia a existência planetária. É *zoë*, a força vertical que vem de cima e penetra o plano ou mundo físico. As estrelas canalizam essa força, vinda de outras galáxias, universos e níveis de realidade, até nós. Ela é análoga, suponho, à energia *chi* descrita na medicina oriental.

Bios é a energia derivada que flui da fonte e energiza os seres sencientes dos reinos animal e vegetal, que são presenças vivas em nosso planeta. *Bios* flui de uma geração para outra pelas correntes hereditárias do ecossistema humano. É a vitalidade que emana da fonte vivificante, *zoë*, e a força da vida biológica. Há outras energias, como a eletricidade, mas ela não é vital. Ela não

Curar para a imortalidade

preserva a vida e, para ser gerada, requer que algo morra. O mesmo se pode dizer das energias combustíveis: vapor, nuclear, petróleo e gás. A força de *zoë*, por outro lado, é essencial e preserva a vida; ela é vivificante ou dá vida.

Ao nos libertarmos da gravidade terrestre para ser atraídos pela gravidade celestial, nossa atenção se afasta da árvore da ciência do bem e do mal rumo à árvore da vida. A leste do Éden, os querubins guardam a árvore da vida. Ninguém pode olhar para essa árvore e continuar vivo. Brandindo suas espadas flamejantes, os querubins cegam qualquer um que ouse se aproximar. Essa proteção é para o nosso bem. Não estamos prontos para ver como é essa árvore. No decorrer do meu trabalho interior, tive um lampejo dela. Eis seu aspecto:

Ela é *invertida*, ao passo que a árvore da ciência do bem e do mal tem o seguinte aspecto:

Dr. Gerald Epstein

Essa revelação vinda do alto me encheu de infinita esperança e inexprimível alegria. Governadas pela gravidade celestial, as raízes dessa árvore crescem para cima, enquanto os ramos se voltam para baixo — numa *inversão* de nossa percepção habitual. As raízes recebem nutrientes de cima, da realidade invisível, de *zoë*. A vida significa que devemos reverter nossas tendências nos planos físico, emocional, social e moral. Escolher a vida é reverter a escolha que Adão e Eva fizeram no Éden. A vida significa que somos nutridos pelo alto, que estamos inextricavelmente ligados à realidade invisível para a perpetuação da existência.

Os capítulos anteriores deste livro explicaram as técnicas que levam à reversão de nossas percepções habituais e à possibilidade de ressurreição. Essas etapas se reúnem sob duas ações: *lembrar* e *despertar*. Primeiro temos de trabalhar para não esquecer quem somos e o reconhecimento que devemos à realidade invisível; para não esquecer que temos autoridade sobre nós e não nos deixar escravizar por autoridades externas. O oposto desse esquecimento é a lembrança, personificada no arquétipo de Osíris e Ísis, descrito no Capítulo 7. Reconstituir-nos física e mentalmente — ou seja, remembrar-nos — é o primeiro grande passo. Com ele vem a restauração da vida pelo despertar do sono, o estado de hipnose ao qual nos entregamos. Quando nos lembramos e acordamos, abrimo-nos para a possibilidade de ressurreição como um chamado que vem do alto, em vez de responder ao chamado inferior conhecido como "morte". Podemos escolher entre ser atraídos pela gravidade terrestre — aquela que a ciência natural está sempre tentando vencer — ou ser atraídos pela gravidade celestial. Podemos escolher entre morrer ou viver. Como disse Deus de tantas maneiras diferentes: "Escolha a mim e viva!"

Três dicotomias ajudam a nos orientar nessa relação. São elas:

Esquecer — Lembrar
Dormir — Despertar
Morte — Ressurreição

Curar para a imortalidade

O esquecimento é um sono parcial da mente consciente, no qual desaparecem alguns conteúdos mentais. O sono é o esquecimento completo das percepções sensoriais e das ações. No sono, a percepção sensorial continua, mas em outro nível de realidade, chamado vida onírica. A morte é um esquecimento ou sono que atinge todo o nosso ser — a consciência e as funções corporais. Na morte, desaparecemos totalmente da percepção sensorial e do mundo corporal. Os estados de esquecimento, sono e morte são graus de cessação[22]. O objetivo terapêutico da medicina espiritual é tirar-nos da escuridão do esquecimento, do sono e da morte para a luz da lembrança, do despertar e da ressurreição.

A lembrança é um despertar parcial da mente consciente, ao passo que o despertar do sono é a lembrança da consciência como um todo. A ressurreição é o despertar total da consciência do corpo, da alma e do espírito, vivenciada como lembrança constante e liberdade plena.

Para os que acreditam em reencarnação, preciso esclarecer a distinção entre esse fenômeno e a ressurreição. Reencarnação é o retorno da alma à vida terrena na forma física. Por meio de nascimentos sucessivos, a alma consegue superar as provações da vida na Terra, vencendo as limitações do sofrimento, da doença e da morte. Essa oportunidade se apresenta a nós repetidas vezes por um ato de graça. Na reencarnação, o ser físico jamais volta a aparecer neste mundo; é alma presa no corpo que retorna. O ser físico que conhecemos desaparece com a morte e nunca mais regressa. A reencarnação nos proporciona um período prolongado para carregar as dores da vida que nós mesmos criamos. As consequências geradas por nós são o nosso carma, termo indiano que

---

22. Devo essa compreensão a Valentin Tomberg, autor de dois livros fundamentais que merecem uma leitura atenta: *Meditations on the tarot* (Rockport: Element Books, 1991; traduzido no Brasil como *Meditações sobre os 22 arcanos maiores do tarô*) e *Covenant of the heart* (Rockport: Element Books, 1992), reintitulado *Lazarus come forth!* (Great Barrington: Lindisfarne Books, 2006).

se tornou parte do nosso vocabulário. Significa, essencialmente, que toda ação que praticamos acarreta uma consequência, com a qual devemos arcar.

Essa consequência pode ser benéfica ou dolorosa, mas é inevitável na vida humana. Carma também significa que a toda ação corresponde uma reação, que pode partir do mundo ou de nós mesmos, como nos sentimentos de culpa.

A ressurreição, por sua vez, é a prática alquímica de transmutar o mal em bem, a restrição em liberdade, o sono em vigília, a morte em vida. É a superação da morte, na qual ressurgimos livres das limitações do sofrimento, da doença e da morte, sem criar carma para nós mesmos. É a vitória final sobre a doença e a morte, a oportunidade de libertar o mundo da escravidão a elas. A ressurreição anula a necessidade de reencarnação.

O que a possibilidade de ressurreição reserva para as gerações futuras? A medicina da mente pode ser ensinada às crianças, para que se livrem de repetir compulsivamente os erros de seus ancestrais. A educação infantil abrange vários elementos, todos de aplicação prática: 1) os preceitos morais, demonstrados ativamente para mostrar como se encaixam nas situações da vida; 2) a compreensão de que a crença cria a experiência e a dissolução das crenças; 3) o valor e o exercício da imaginação como ferramenta útil para entender que a crença cria a experiência; 4) a prática de alcançar um estado de paz por meio da renúncia, em vez da aquisição. A atmosfera que prevalecerá com esses ensinamentos é a do amor.

Tendo como pilares a verdade, o amor e a moral, a medicina espiritual pode levar ao que chamo de era da medicina da ressurreição. Divulgando informações, como neste livro, podemos franquear o acesso aos meios capazes de produzir mudanças substanciais em nosso mundo e transformá-lo, de um lugar hostil e ameaçador, em outro agradável e acolhedor. Neste livro, apresentei contextos, métodos e técnicas que nos permitem assumir o comando da nossa vida. O fator crucial para mudar o mundo é a

Curar para a imortalidade

compreensão de que a realidade interna cria a realidade externa: o invisível cria o visível. Usando as técnicas da medicina da mente, podemos destruir as crenças falsas que impregnam a consciência coletiva e tornar nossa realidade pessoal saudável, feliz, criativa e produtiva. Cada um de nós, ao participar da criação de uma nova realidade pessoal para si mesmo, pode ajudar a construir uma nova crença coletiva. A nova crença coletiva que caracteriza a era da ressurreição está expressa nas palavras que o poeta John Donne escreveu centenas de anos atrás: "Morte, tu morrerás".

APÊNDICE

O quadro a seguir sintetiza os conteúdos deste livro. A Tabela Periódica da Vida Espiritual e da Medicina Espiritual do Ocidente reúne todos os ingredientes essenciais da medicina da mente.

Tabela Periódica da Vida Espiritual e da Medicina Espiritual do Ocidente

12 Técnicas	3 Fundamentos	4 Memórias	3 Lógicas	4 Espelhos
Imaginação	Vontade	Factual	Quantitativa	Interno—Externo
Vontade	Imaginação	Lógica	Funcional	Acima—Abaixo
Memória	Memória	Moral	Qualitativa	Antes—Depois
Parar		Vertical		Passado—Futuro
Reverter				
Plano de vida		**3 Votos**	**3 Dicotomias**	**6 Jogos (engodos)**
Canto		Obediência	Esquecer—Lembrar	Teologia
Descriar		Pobreza	Dormir—Acordar	Governo
Pensar por analogia		Castidade	Morte—Ressurreição	Artes médicas
Auto-observação				Grandes empresas
Dez mandamentos				Ciência
Oração				Forças Armadas

Dr. Gerald Epstein

12 Falsas crenças	6 Ações limitantes	Cadeia da desintegração
O propósito da vida é atingir um estado de paz e buscar o prazer, evitando a dor	Queixar-se	Expectativas
Devemos obter aprovação	Defender direitos sem questionar	Desapontamento
Devemos obter atenção	Criticar	Mágoa
Devemos ser importantes	Tentar ser diferente	Crítica
A experiência gera a crença	Agradar os outros	Estados emocionais perturbadores: culpa, raiva, medo, ansiedade e seus derivados
A gravidade só nos atrai para baixo	Fazer o que dizem as autoridades	Sintoma físico e/ou desejo de substâncias viciantes dentro de uma a 72 horas
A forma dá origem à função		
O acaso existe		
A morte é inevitável		
Verdade e realidade são a mesma coisa	7 Chaves da cura	
Devemos ser aceitos	Sacrifício	
As autoridades externas sabem mais de nós que nós mesmos	Dor	
	Quietude	
	Purificação	
	Reversão	
	Perdão	
	Fé	

· 252 ·

Curar para a imortalidade

Os quatro acrônimos a seguir cobrem os aspectos essenciais do modelo da medicina espiritual do Ocidente. São lidos na horizontal e constituem um recurso mnemônico eficaz para nos ajudar a recordá-los.

A	C	S
P	L	M
V	I	M
D	E	N

1.

A	C	S	=
Amor	Calma interior	Sistema de valores	ingredientes para a auto-cura

2.

P	L	M	=
Purificação	Luz	Movimento	elementos essenciais para o trabalho com imagem

3.

V	I	M	=
Vontade voluntária	Imaginação	Memória	remédios da mente

4.

D	E	N	=
Dúvida	Expectativa	Negação	criadores de doença

Dr. Gerald Epstein

A Tabela Periódica e os quatro acrônimos são a contribuição especial que me foi dada para compartilhar com todos. Esses dois recursos contêm todos os lembretes de que necessitamos para encontrar o caminho em direção à autocura e à transformação.

Espero que essa contribuição sirva de ponte entre nós para uma conexão eterna.

Amor e amém.

ÍNDICE REMISSIVO

A

Aboulker-Muscat, Colette. *Ver* Muscat, Colette Aboulker-.

Abraão e Isaque (episódio bíblico), 114

Acaso, 37, 38
inexistência do, 30-32,

Aceitação/rejeição, 142

Adão e Eva. *Ver* Jardim do Éden.
síndrome de, 157

Ágape, 123

Agente da cura, papel do, 118-119,

"Agonia e êxtase" (exercício), 198

Agus, Jacob, 241

Aids, 112, 139

Alergia, 177

Alquimia, 167

Amigo espiritual, 121

Amin, Idi, 47

Amor, 77, 248. *Ver também Ágape*.
como ingrediente da medicina da mente, 46, 47
do agente da cura pelo paciente, 123-125
e Deus, 46
e expectativa, 145
e realidade moral, 76-77
e verdade, 28, 46
pela doença, 126

Dr. Gerald Epstein

Analogia, 36, 52-60, 148, 172, 214, 252

Anjos, 231, 232

Ansiedade, 32, 42, 55-58, 88, 100, 112, 129, 135, 137, 143-145, 173, 188, 198, 223-256
e padrões, 143
realidade da, 19, 43, 72, 77, 83

Aprovação/desaprovação, 71, 144

Árvore da ciência do bem e do mal, 245

Atenção/desprezo, 71

"Atrasando os ponteiros do tempo"(exercício), 234

Aura, 140, 172

Autoridade
externa, 38, 45, 56, 71, 86-88, 125, 159, 160, 253
sobre si mesmo, 38, 85, 159, 246

Avicenna, Mary Elizabeth, 125, 269

B

"Bastões de luz" (exercício), 195

Becker, dr. Robert, 172

Blake, William, 183

Budismo, 178, 225

Byrd, dr. Randolph, 229

C

"Caduceu, O" (exercício), 205-206

Câncer, 40-42, 56-57, 77-78, 100, 112, 126. *Ver também* Melanoma.
de mama, 130
de ovário, 129
do pâncreas, 40
exercícios para, 127-131, 201
quimioterapia e radiação, 40, 139

Canto, 226-229

Carma, 247-248

Carroll, Lewis, 215

Castidade (voto), 103

Causa e efeito,
leis de, 30, 32, 37, 53, 77
pensamento de, 53, 60

Causalidade horizontal, 36, 36, 39, 77

Causalidade vertical, 34, 36, 51-74

Célula, funcionamento da, 172

"Chama dourada, A" (exercício), 196-197

Chaves da cura, sete, 105-115

Cistos mamários, 59

Cobiça, 99-101

Colite ulcerativa, 170

Compulsão, exercício para eliminar a, 219-221

Controle, 67-68, 151

"Coração infinito, O" (exercício), 209-210

Curar para a imortalidade

Correspondência, 32, 53, 55. *Ver também* Pensamento analógico.

"Crença cria a experiência, A" (conceito), 51, 59-71

Crenças, 59-74. *Ver também* Falsas crenças mudança, 67

Criação, relato da. *Ver* Jardim do Éden.

Criatividade, 56, 202, 220

Cristianismo. *Ver* Religiões ocidentais.

Cura, 154, 239-240. *Ver também* Chaves da cura, sete. exercícios de, 183-197 princípios da, 161-181

D

Daniel, livro de, 240

"De servo a soberano" (exercício), 201-202

Decisão, exercícios para, 217-218

DEN (dúvida, expectativa e negação), 133-160 reversão da, 162

Descondicionamento, 178

Descriação, exercícios de, 225

Desvio moral, como causa de doenças, 94, 138

Deus, 28, 47, 48, 49, 64-66, 180 seres humanos criados à imagem de, 52, 64, 66, 80, 152-156, 237-238

usurpação de, 41, 43, 62, 65, 76, 79, 80, 134, 138, 238.

Deuteronômio, livro do, 96

Dez mandamentos, 65, 80, 103, 210, 239, 242
Décimo, 99-101, 77
na prática clínica, 101-103
na vida cotidiana, 83-84
Nono, 97-99, 137
Oitavo, 96-97, 102
Primeiro, 41, 84-86
Quarto, 90
Quinto, 73, 90-92
Segundo, 47, 74, 86-89, 139
Sétimo, 95-96
Sexto, 92-95, 97
Terceiro, 89-90

"Dez mandamentos, Os" (exercício), 211-212

Diamond, dr. John, 227

Doença. *Ver* Enfermidade.

Donne, John, 249

Dor, 119, 142
como chave de cura, 110-111
crenças sobre a, 62
evitando a. *Ver* Prazer, buscando o, e evitando a dor.
exercício para superar a, 200
significado da, 65

Dormir/despertar, 246

· **257** ·

Dúvida, 134-141, 155, 160. *Ver também* DEN.

exercício para vencer a, 159

E

"Encontrando a sala do silêncio" (exercício), 56-57

Energia, exercício para aumentar a, 221

Enfermidade, 45, 140-142

atitude cooperativa com, 126

causas da, 75-76. *Ver também* DEN.

Enxaqueca, 147-149

Epstein-Barr, síndrome de, 68

Esclerose múltipla, 177-178

Escolas herméticas, 167

Escudo moral, 75-104

"Espada de dois gumes, A" (exercício), 189-190

Espelhamento, 51-59, 60. *Ver também* Realidade invisível.

e negação, 145-155

Mente e corpo, 33

"Espelho negro, O" (exercício), 213-214

Esperança, 166

Espirais, exercícios com, 219-220

"Espiral colorida" (exercício), 220-221

"Espiral de energia, A" (exercício), 221

Espírito, exercícios para o, 212-214

Espiritualidade, como fator de cura, 28-29

Esquecer/lembrar, 246

Esquizofrenia, 180

Estado de paz, busca do, 62, 65, 71, 142, 145

Estímulo-reação, arco de, 176

Estrela de Davi, 10, 36, 37

Eva. *Ver* Jardim do Éden.

"Exercício com espelho de duas faces" (exercício), 218-219

"Exercício com espelho de olhos abertos" (exercício), 215-216

"Exercício com espelho de três faces", (exercício), 219

"Exercício com espelho de uma face" (exercício), 216-217

Exercícios com espelho, 214-219

Êxodo, livro do, 73, 80

Expectativa, 133, 141-145. *Ver também* DEN; Futuro.

exercício para superar a, 159

Experiência, 42-43, 54, 56

"Experiência gera crença, A" (conceito), 38, 61-62, 70

Ezequiel, livro de, 168, 240

F

"Falcão de ouro, O" (exercício), 195-196

Falsas crenças, 70-71, 72, 73, 239, 249
  como vontade de poder, 45
  exercício para mudar, 70

Fantasias e alucinações, 42, 165-166. *Ver também* Experiência.

Fausto, dr., 100

Fé (como chave de cura), 108-109

Filhos dos profetas, 167

Filo de Alexandria, 268

Fobia, exercício para eliminar, 220-221

"Forma deriva da função, A" (conceito), 60

Fox, Michael J., 157

Freud, Sigmund, 14, 72

"Função deriva da forma, A" (conceito), 38, 70

Funções imunológicas, 237

Futuro de uma ilusão, O, 157

Futuro, 154, 230. *Ver também* Expectativa.
  expectativas quanto ao, 141
  inexistência do, 41, 48-49,

G

Gabor, Dennis, 53

"Galáxia, A" (exercício), 202-203

Gênesis, 34, 77. *Ver também* Jardim do Éden.

Gerente do pensamento. *Ver* Observador.

Gibson, Bob, 90, 119, 143, 158

Glifos, 56, 58, 158, 165, 239. *Ver também* Imagens mentais.

Gnose, 54, 55, 197,

Goethe, Johann Wolfgang von, 100

"Graça de Deus" (exercício), 195

Graça, 38

Gravidade
  falsa crença na, 70
  terrestre e celestial, 245-246

Greenfield, Frances, 129

H

Hábitos, 163

Hitler, Adolf, 45, 47, 231

Holografia, 53, 60

Horizontal, causalidade. *Ver* Causalidade horizontal.

Hussein, Saddam, 47

I

Imagens mentais, 165-173. *Ver também* Trabalho com imagem.
  no tratamento do câncer, 126
  realidade das, 33

Imagens que curam, 15, 16, 155
Imaginação. *Ver também* VIM.
  como processo mental na
    cura, 166
  realidade da, 42
Imortalidade, 235-249. *Ver*
  também Morte.
Importância/inferioridade, 71,
  144-146
Intuição, 41, 162
Islamismo. *Ver* Religiões ocidentais.

J
Jardim do Éden, 46, 62, 77,
  141,
  como origem da dúvida,
    134
  dando nome aos animais
    no, 60
  descida ao nível físico da
    realidade, 61
  e expectativa, 143
  falta de fé de Eva no, 95
  inverdades da serpente no,
    137
  tentação de Eva no, 61-62
"Jardim do Éden, O" (exercício), 107-108
Jesus, 60, 240-241, 243
Jó (relato bíblico), 130-131
Jones, Jim, 47
"Jornada de cura, A" (exercício), 199

Judaísmo. *Ver* Religiões oci-
  dentais.
Julgamento, 83
Jung, Carl, 180
Juramento de Hipócrates, 123

K
Kelly, Walt, 150
Kirlian, fotografia, 140
Krishna, 243

L
Lasry-Lancri, Muriel, 222
Lázaro (relato bíblico), 240
Lembranças dolorosas, exercí-
  cio para corrigir, 217
Levin, Jeffrey S., 28
Livre arbítrio, 32, 64, 77, 79,
  163, 243
  e cura, 123
Livro dos Mortos egípcio, 194
Ló, mulher de (relato bíblico),
  93
Lógica, 38, 40
  diferenciada de verdade,
    39-42
Longevidade, 73
"Luz" (exercício), 212-213

M
Maimônides, 221, 240
Mar Vermelho, abertura do,
  230
"Maré" (exercício), 171

Materialismo espiritual, 244
Mateus, evangelho de, 104, 230
McClelland, Dr. David, 236
Medicina convencional
  comparada com a medicina da mente, 27-49
  e dúvida, 134-141, 144
  passividade dos pacientes na, 120
Medicina da mente, 27-49. *Ver também* Chaves da cura, sete; VIM.
Medicina espiritual. *Ver* Medicina da mente.
Medicina oriental, 244
Meditação
  em ação, 163
  realidade da, 33
Mein Kampf, 45
Melanoma, 126. *Ver também* Câncer.
Memória factual, 179
Memória lógica, 179
Memória moral, 179-181
Memória vertical, 180
Memória
  como função mental na cura, 173-178
  tipos de, 179-180
Mente, 31, 34
Messias, 243-244
Milagres, 37, 39
Moisés, 80, 98, 230, 243,

Moral, 47, 179-180, 248
  e amor, 76-77
Morfopsicologia, 55
Morte, 18, 61-62
  e Deus, 28, 48
  e dúvida, 137
  falsa crença na inevitabilidade da, 48, 70, 123-124, 236
  superação da, 22, 48, 49
Morte/ressurreição, 242-243
Muscat, Colette Aboulker-, 9, 13, 197-199, 268

N
Naessens, Gaston, 139
Natureza moral, exercício para conhecer a, 76, 211
Negação, 133, 145-155. *Ver também* DEN.
  exercício para superar a, 159-160
"Nova Era", consciência da, 61

O
"O despertar de Osíris" (exercício), 233-234
"O que está em cima, está embaixo" (aforismo), 21
Obediência (voto), 103
Oração, 229-233
Osíris e Ísis (mito), 173-174, 233-234, 246

P

Pacientes, passividade dos, 120

Padecente, 122-123

Padrões humanos, 144, 145, 154

ausência de amor nos, 144

falsa crença nos, 45-46

Parar, exercícios para, 223-225

Passado, inexistência do, 41-42, 43

Pavlov, Ivan, 189

Pensamento analógico, 52-53, 56

e espelhamento, 58

Perdão (como chave de cura), 109-110

Placebo, 122

"Plano de vida" (exercício), 221-223

Pobreza (voto), 103-104

Pogo (cartum), 150

Poluição ambiental, 77

Posição do faraó, 185-186

Prazer, buscando o, e evitando a dor, 62, 63, 66, 71, 79, 142, 145

Presente, estar no, 41, 48, 55, 142, 156-157

Problemas sexuais, exercício para eliminar, 220-221

Provérbios, livro dos, 133

Providência divina, 30-33, 38. *Ver também* Realidade invisível; Acaso.

Psiquiatria, 43-44

Purificação (como chave de cura), 106-107

Q

Quietude (como chave de cura), 111-112

R

"Ra" (exercício), 195

"Raciocínio "se-então", 40, 41, 86. *Ver também* Causa e efeito; Lógica.

Realidade espiritual. *Ver* Realidade invisível.

Realidade invisível, 30-31, 37, 52, 246

e experiência, 54-55

exercício para conectar-se à, 210

Realidade objetiva, 21, 38,

Realidade subjetiva, existência da, 38

Realidade vertical, 37. *Ver também* Realidade invisível.

Realidade

como foco da medicina da mente, 42-44

comparada com a verdade, 38, 42

e imaginação, 165-173

negação da, 145-155

Reencarnação, 73, 247, 248

Curar para a imortalidade

Relacionamento de cura, 117-131

Relaxamento, exercícios de, 197-198

Re-membrar. *Ver* Memória.

"Reservatório da saúde, O" (exercício), 206-208

Respiração, 186-187

Resposta condicional, 175

Ressurreição, exercício para, 233-234

Reversão (como chave de cura), 112-114

"Reversão noturna" (exercício), 113-114

Rivera, Geraldo, 39-47

"Rochas marítimas" (exercício), 197

S

Sabá, 82, 90

Sabedoria hermética, 173

Sacrifício (como chave de cura), 114-115

Salomão, rei, 160

Samuels, Adrienne, 155

"Saudação à areia" (exercício), 200

"Seja uma árvore" (exercício), 201

Sentimentos inquietantes, exercício para eliminar, 216-217

Separação corpo-mente, 16

Sermão da Montanha, 80

"Serpente no Sol" (exercício), 194-195

Serpente. *Ver* Jardim do Éden.

Sexto relacionamento, 121

Shakespeare, 51

Sistema circulatório, exercício para, 209

Sistema digestório, exercício para, 203-204

Sistema nervoso, exercício para o, 202-203

Sistema ósseo, exercício para o, 205-206

Sistema respiratório, exercício para o, 208-209

Sistema urinário, exercícios para o, 206-207

Sistemas de crença, 145

e crianças, 71-74

Sodoma e Gomorra (relato bíblico), 93

Sofrimento, 139

e cura, 122-126

Sonhos, 166. *Ver também* Experiência.

realidade dos, 33, 42

Sorte, 32, 38

Stalin, 231

Steinsaltz, rabino Adin, 240

Sufis (místicos islâmicos), 41, 51

T

Tabela Periódica da Vida Espiritual do Ocidente, 34, 36

Teresa, Madre, 236

"Tirando a armadura" (exercício), 197-198

Tornando-se a andorinha" (exercício), 196

"Tornando-se a cobra" (exercício), 203-205

Trabalho com imagem, 215, 255. *Ver também* nomes de exercícios específicos; Imagens mentais.
e imaginação, 165-173
em exercícios com imagens, 184-199

Transformação, 167

Transmutação, 167

Tulku, Tartang, 225

U

Unidade corpo-mente, 174

V

"Vendo o amanhã" (exercício), 200

"Vento vitorioso, O" (exercício), 213

Verdade, 46, 71, 77, 122, 134, 156, 248
como foco da medicina convencional, 42-44
comparada com a lógica, 39-42, 45
comparada com a realidade, 42-45, 71
e amor, 28, 45
e cura, 147, 235
negação da, 145-155

Vertical, causalidade. *Ver* Causalidade vertical.

Vício, 85

Vida interior, 57, 58, 165, 166, 185, 186

Vida, escolha da, 37, 122, 137

Vietnã, *flashbacks* do, 175

Violência contra crianças, 72, 73

Vítima, atitude de, exercício para superar a, 201-202

"Voltando para você ou Lembrando-se de você" (exercício), 210-211

Voracidade alimentar, 136

X

Xamã, 169-170

Y

Yom Kippur, 83

AGRADECIMENTOS

Agradeço, em primeiro lugar, a todos os professores que tive a boa sorte de conhecer ao longo da vida e contribuíram para minha evolução. Não quero dizer com isso que este seja o meu último livro, mas trata-se de minha obra magna, o corolário, até o momento, de uma vida inteira de estudos e experiências como médico e alguém dedicado à busca espiritual.

Acredito, com este livro, estar cumprindo minha missão nesta existência: compartilhar com o maior número possível de pessoas, próximas e distantes, por meio do contato pessoal e destes textos, formas de proporcionar-lhes a cura e colocá-las no caminho do espírito e da união com Deus. Foi como médico que escrevi todos os livros e artigos que publiquei anteriormente, visando oferecer soluções médicas (ou seja, de cura) para que as pessoas recuperassem o bem-estar e a confiança em si mesmas. Não procurei então rotular meu trabalho de espiritual porque o contexto não o exigia.

Dr. Gerald Epstein

Neste livro, escrevo novamente como médico, mas os meios de cura que agora apresento têm implicações cósmicas. A importância que atribuo ao tema deste livro obriga-me a conferir os créditos àqueles que me ajudaram ao longo do percurso. Listo-os a seguir, na ordem em que entraram na minha vida.

Max e Celia Epstein, meus pais, que me deram a oportunidade de vir a este mundo e descobrir o que hoje sei. Este livro é um tributo à sua querida memória.

Allen Koenigsberg, que entrou na minha vida quando eu tinha 12 anos, dirigindo minha atenção para a existência e a verdade da percepção extrassensorial e da parapsicologia e despertando-me para a importância de seguir as batidas do meu próprio tambor.

Perle Besserman, minha primeira esposa, que direcionou minha percepção para a existência e a verdade da vida do espírito e seu supremo valor em nossa vida. É a buscadora mais séria e sincera que já conheci.

Sybil Ferguson, provavelmente a maior sensitiva de nossa época, considerada por alguns a entidade espiritual viva mais importante enquanto esteve neste mundo. Ela sempre foi um grande incentivo e apoio para mim. Sua memória é venerada.

Colette Aboulker-Muscat, a influência mais significativa na minha vida. Foram seus ensinamentos, filtrados por minha experiência, que inspiraram todos os livros que escrevi. Graças a ela encontrei meu verdadeiro caminho espiritual. Colette foi um exemplo do amor que um ser humano pode sentir, não apenas por esta alma felizarda, mas por toda a humanidade. Este livro é dedicado a ela.

Filo de Alexandria, o iluminado filósofo judeu helenista que me ajudou, com seus textos, a sondar as profundezas do judaísmo espiritual que está no cerne do Antigo Testamento. Lê-lo é sempre uma fonte de satisfação para mim.

Medard Boss, psiquiatra suíço falecido, que propiciou um contexto significativo para a compreensão do ser humano, tanto por

Curar para a imortalidade

meio de sua pessoa quanto de seus textos. Guardo como um tesouro a breve relação que tive com ele.

Valentin Tomberg, que escreveu anonimamente o livro *Meditações sobre os 22 arcanos maiores do tarô*, um farol de luz eterna legado a nós como uma dádiva de amor. Tomei conhecimento desse livro por intermédio de um desconhecido, numa livraria, que me disse para comprá-lo. (Estou convencido de que ele era um anjo que me concedeu essa graça.) Embora já falecido, Tomberg foi um professor "vivo" para mim, que me guiou através do período mais tormentoso e ameaçador da minha existência.

Bob Gibson, ex-médico que nos brindou com um dos mais simples, claros e poderosos guias de prática espiritual que se possa imaginar. Dizem que esse livro foi transmitido a ele por um anjo. Seu trabalho é realmente um presente dos céus.

Minha atual esposa, Rachel, que, além de organizar o conteúdo e o fluxo deste livro, me mostrou o que significa receber amor, permitir-se o alimento. Ela me trouxe uma grande dádiva nesta vida.

Gostaria de saudar algumas pessoas com quem pude contar ao longo dos anos, principalmente quando precisei: Sheikh Musaffer, Jim Tumelty, Barry Flint, Mark Seem, Ingo Swann, Jerome Rainville, Harry Palmer, Tobi Sanders, Harris Dientsfrey, os textos de Ceanne DeRohan, Mary Montgomery, Mary Elizabeth Avicenna e Anita Eshay. Por todas elas senti, e por algumas ainda sinto, profundo amor e gratidão. Espero que meu trabalho faça jus aos esforços que dedicaram a mim.

Agradeço ainda a Caroline Shookhoff por seu primoroso trabalho na preparação dos originais desta obra, pela habilidade com que com que leu e deu coesão ao meu manuscrito.

Estou em débito também com Manuela Soares, cujo talento editorial foi essencial para organizar o volume de informações deste livro.

Tenho outra dívida de gratidão com Janet Thormann-Mackintosh, que me ajudou com maestria na edição final desta obra.

Dr. Gerald Epstein

Por fim, registro meu apreço por Leslie Meredith, minha editora na Bantam Books, que acompanhou com perseverança minhas ideias sobre a dimensão espiritual da cura e contribuiu de maneira significativa para o meu próprio entendimento.

E, para terminar, uma menção a Janet Biehl, editora de texto extraordinária que realizou um excelente trabalho ao polir meus originais.

leia também

IMAGENS QUE CURAM
Dr. Gerald Epstein
REF. 2004   ISBN 978-85-7183-058-5

A ideia de que a mente tem grande influência sobre o corpo é conhecida há milênios. Porém, o Ocidente encara o tema com grande ceticismo. Somente há algumas décadas – e graças a pioneiros como o autor deste livro – o fenômeno da interligação entre saúde física e mental vem sendo estudado.

Nesta obra, o dr. Gerald Epstein apresenta a visualização como caminho para a cura. Psiquiatra experiente, ele ensina técnicas eficazes para ajudar a curar as mais diversas moléstias, como ansiedade, asma, dores de cabeça, estresse e infecções.

Baseado em sua experiência de mais de três décadas trabalhando com visualização e em sua credibilidade reconhecida mundialmente, o autor apresenta o poder das imagens mentais e explica como ocorre a conexão "corpomente". Em seguida, dá os fundamentos básicos da terapia com imagens e também ensina a melhor maneira de praticar os exercícios. Os distúrbios são agrupados por tipos e compreendem dezenas de enfermidades. Para cada uma delas são apresentados, de maneira clara e objetiva, um ou mais exercícios.

No caso de problemas em órgãos específicos – como aumento de próstata ou glaucoma –, ilustrações extremamente didáticas facilitam o processo de visualização.

Considerado um best-seller em todo o mundo e traduzido em onze idiomas, este livro também oferece práticas de visualização para o bem-estar geral, proporcionando ao leitor aquilo que todos buscamos: o equilíbrio entre mente e corpo.

www.gruposummus.com.br

IMPRESSO NA
sumago gráfica editorial ltda
rua itauna, 789   vila maria
02111-031   são paulo sp
tel e fax 11 **2955 5636**
sumago@sumago.com.br